쉽게 알아보는

# 자본시장법과 분쟁해결방법

편 저 : 대한법률편찬연구회

법문북스

쉽게 알아보는

# 자본시장법과 분쟁해결방법

편 저 : 대한법률편찬연구회

법문북스

# 머 리 말

자본시장과 금융투자업에 관한 법률, 일명 자본시장법은 자본시장의 공정성·신뢰성·효율성을 높여 국민 경제의 발전에 이바지하는 것을 목적으로 2007년 8월 3일 제정되어 2009년 2월 4일부터 시행되어지고 있습니다. 자본시장법은 종전의 증권거래법, 선물거래법, 간접투자자산운용업법, 신탁업법, 종합금융회사에 관한 법률, 증권선물거래소법의 6개 법을 폐지·통합하여 법 체계를 획기적으로 개편하였습니다.

자본시장법의 시행으로 증권사·자산운용사·선물회사의 겸영 허용, 금융투자상품의 범위가 열거주의에서 포괄주의로 변화되는 등 규제가 많이 완화되었습니다. 또 투자자 보호 차원에서 투자 상품에 대한 설명의무를 의무화했고, 고객 수준에 맞는 투자위험상품을 추천하도록 하는 등의 적합성 원칙을 명문화하기도 하였습니다.

자본시장법은 총 6개의 법을 통합한 법인만큼, 내용이 방대하고 일반인이 이해하기 어려운 부분이 많습니다. 따라서 이 책은 자본시장법의 내용을 일반인이 이해하기 쉽도록 최대한 간략하게 설명하도록 노력하였습니다. 그리고 관련 판례와 질의응답을 추가하여 이론적인 내용에 대한 이해를 쉽도록 하였습니다.

특히 일반인들이 관심이 많은 주식에 대한 설명을 바탕으로 주식의 발행시장과 유통시장, 주식을 취득함으로써 얻게되는 주주의 권리, 주식거래 시 계좌설정 방법과 주식매매 시 유의사항 등 주식거래 전반에 대해서 설명하고 있습니다. 또한 금융분쟁이 발생하였을시 분쟁해결 방법에 대해서도 설명하고 있습니다. 더불어 상황에 따른 처분사유를 부록에 첨부하여 법적용에 대한 이해도를 높일 수 있도록 노력하였습니다.

아무쪼록 이 책이 일반인이 자본시장법을 이해하는 데 미력하나마 도움이 되기를 바라며, 이 책이 만들어지기까지 도움을 주신 법문북스 김현호 대표님과 편집진에게 감사의 말씀을 전하고 싶습니다.

편저자

# 차 례

## 제1장 금융투자와 펀드는 무엇인가요?

### 제1절 금융투자와 펀드에 대해 알아봅시다.


1. 금융투자의 개념 ········· 3

1-1. 금융투자란? ········· 3

1-2. 금융투자의 종류 ········· 3

■ 투자권유 ········· 4

■ 투자설명 ········· 5

■ 부당한 투자권유 ········· 6

■ 투자 의사결정 ········· 7

2. 펀드의 개념 ········· 8

2-1. 펀드란? ········· 8

2-2. 펀드의 특징 ········· 8

■ 펀드투자에 필요한 정보 ········· 11

■ 펀드보유 시 확인해야 할 정보 및 유의사항 ········· 12

3. 「자본시장과 금융투자업에 관한 법률」로의 통합 ········· 12

3-1. 「자본시장과 금융투자업에 관한 법률」로 통합되기 전 개별법률의 내용12

3-2. 「자본시장과 금융투자업에 관한 법률」로의 통합이유 ········· 13

■ 자본시장법 시행으로 달라지는 점 ········· 14

4. 「자본시장과 금융투자업에 관한 법률」의 특징 ········· 15

4-1. 포괄주의 규율체제의 도입 ········· 15

4-2. 기능별 규율체제로의 전환 ········· 15

4-3. 업무범위의 확대 ········· 15

4-4. 투자자 보호제도의 강화 ········· 16

■ 자본시장법의 시행과 펀드 ······ 18

## 제2절 관련법령

1. 「금융위원회의 설치 등에 관한 법률」 ······ 20
1-1. 금융분쟁 조정 담당 ······ 20
1-2. 합의권고 및 조정위원회 회부 ······ 20
1-3. 분쟁조정위원회의 심의 및 조정안 수락권고 ······ 20
1-4. 조정안의 수락 또는 불수락 ······ 20

2. 「자본시장과 금융투자업에 관한 법률」 ······ 21
2-1. 금융투자상품 ······ 22
■ 보험상품과 예금 ······ 22
■ 주식거래 ······ 22
■ 원금보장형 ELS, 원금보장·비보장 ELD ······ 22
■ 펀드 ······ 22
2-2. 증권의 정의 ······ 24
2-3. 파생상품의 정의 ······ 24
2-4. 금융투자업 및 금융투자업자 ······ 25
2-5. 금융투자업자의 영업행위 규칙 ······ 25
2-6. 투자자 및 보호수단 ······ 26
2-7. 집합투자기구 ······ 27
2-8. 집합투자증권 ······ 28
2-9. 집합투자재산 ······ 29

3. 「증권관련집단소송법」 ······ 29
3-1. 증권관련집단소송의 정의 ······ 29
3-2. 소송제기사유 ······ 30
3-3. 소송제기 및 허가요건 ······ 30

3-4. 소송허가 결정 ··· 30
3-5. 확정 판결의 효력 및 금전 등의 분배 ··· 30

4. 「소비자기본법」 ··· 31
4-1. 한국소비자원의 분쟁조정 ··· 31
4-2. 분쟁조정의 효력 ··· 31

## 제2장 금융의 기능별 분류

### 제1절 금융투자상품

1. 금융투자상품이란? ··· 35
1-1. 금융투자상품의 정의 ··· 35
1-2. 금융투자상품의 종류 ··· 36
■ 펀드의 금융투자상품 여부 ··· 37

2. 금융투자상품에서 제외되는 것 ··· 38
2-1. 금융투자상품 제외 품목 ··· 38
3. 증권 ··· 38
3-1. 증권의 개념 ··· 38
3-2. 증권의 종류 ··· 39

4. 파생상품 ··· 41
4-1. 파생상품의 개념 ··· 41
4-2. 기초자산의 개념 ··· 42
4-3. 파생상품의 종류 ··· 44
4-4. 파생상품시장의 기능 ··· 44
■ 파생상품 등의 거래 ··· 46
■ 파생상품의 투자위험 ··· 46
■ 파생상품 위험 확인방법 ··· 47

## 제2절 금융투자업


1. 금융투자업이란? ······ 48

1-1. 금융투자업의 정의 ······ 48

1-2. 금융투자업의 종류 ······ 48

■ 투자의사 결정의 일임(一任) ······ 54

1-3. 금융투자업자 ······ 55

■ 금융투자업자의 현황에 대한 정보 ······ 57

2. 금융투자업의 진입규제 ······ 58

2-1. 무인가 및 미등록 금융투자업의 금지 ······ 58

2-2. 금융투자업의 인가 ······ 59

2-3. 금융투자업의 등록 ······ 62

■ 유용한 법령정보 ······ 65

3. 금융투자업의 건전성 규제 ······ 66

3-1. 금융투자업자의 금융투자업무 범위 ······ 66

3-2. 금융투자업자의 업무위탁 규제 ······ 68

3-3. 금융투자업자의 경영건전성 및 재무건전성 규제 ······ 70

■ 금융투자업의 건전성 규제 1 ······ 73

■ 금융투자업의 건전성 규제 2 ······ 73

■ 집합투자업자의 직접 판매와 이해상충 방지체계 ······ 74

4. 금융투자업자의 영업행위 규칙 ······ 75

4-1. 금융투자업자의 신의성실의무 및 투자자이익 우선의무 ······ 75

4-2. 상호(商號)사용 제한 ······ 75

4-3. 금융투자업자의 투자광고 규제 ······ 78

4-4. 금융투자업자의 이해상충 관리와 정보교류의 차단 ······ 79

4-5. 직무관련 정보의 이용금지 등 ······ 81

4-6. 금융투자업자의 손해배상 책임 ······ 85

## 제3절 투자자


1. 투자자 개요 ··· 87

1-1. 투자자의 구분 ··· 87

1-2. 전문투자자 ··· 87

1-3. 일반투자자 ··· 90

- ■ 유용한 법령정보 ··· 91
- ■ 유용한 법령정보 2 ··· 91
- ■ 자본시장법상 전문투자자 ··· 92
- ■ 자본시장법상 전문투자자 관련 규정의 해석 ··· 92
- ■ 일반투자자와 전문투자자의 구분 ··· 93
- ■ 투자자 자기책임의 원칙 ··· 93

2. 투자자 보호제도 ··· 94

2-1. 금융투자업자의 고객파악의무(know your customer rule) ··· 94

- ■ 투자자 정보의 확인 ··· 96
- ■ 투자자 정보의 확인 2 ··· 96

2-2. 금융투자업자의 설명의무 ··· 97

- ■ 투자설명을 알아듣기 어려운 경우 ··· 99

2-3. 부당권유 금지 ··· 100

2-4. 금융투자업자의 투자권유준칙 마련 및 공시의무 ··· 102

2-5. 투자권유대행인 제도의 도입 ··· 103

3. 투자권유 대행인 ··· 103

3-1. 투자권유대행인의 등록 등 ··· 103

3-2. 투자권유대행인의 영업 시 의무 ··· 104

3-3. 투자권유대행인에 대한 금융투자업자의 책임 등 ··· 106

- ■ 투자권유대행인의 투자권유 ··· 107
- ■ 투자권유대행인의 파생펀드 투자권유 허용 ··· 107
- ■ 투자권유대행인 등록제도 ··· 108
- ■ 투자자 정보의 확인 ··· 109

# 제3장 집합투자기구(펀드)

## 제1절 집합투자기구란 무엇인가요?


1. 집합투자기구란? ........ 113
1-1. 집합투자기구와 집합투자 ........ 113
1-2. 집합투자기구의 형태 ........ 114
1-3. 집합투자기구에 대한 규제체계 ........ 115
■ 집합투자업자의 직접 판매와 이해상충 방지체계 ........ 116
■ 집합투자업자가 판매회사와 업무위탁계약서를 체결해야 하는지? ...... 117


## 제2절 집합투자기구의 유형과 종류 등


1. 집합투자기구의 유형 ........ 118
1-1. 집합투자기구의 구조 ........ 118
1-2. 집합투자기구의 기본적 법률관계 ........ 118

2. 집합투자기구의 종류 ........ 120
2-1. 운용대상에 따른 집합투자기구의 종류 ........ 120
2-2. 특수한 형태의 집합투자기구 ........ 121
3. 집합투자기구의 설립 및 등록 ........ 125
3-1. 집합투자기구의 설립 ........ 125
3-2. 집합투자기구의 등록 ........ 126
3-3. 교차판매 집합투자기구의 등록 ........ 128

4. 집합투자기구의 해산 ........ 130
4-1. 투자신탁의 해지와 합병 ........ 130
4-2. 투자회사의 해산과 합병 ........ 134
4-3. 투자합자조합의 해산과 청산 ........ 137

## 제3절 집합투자기구의 관계회사

1. 집합투자기구의 관계회사 ········ 139
1-1. 일반사무관리회사 ········ 139
1-2. 집합투자기구평가회사 ········ 142
1-3. 채권평가회사 ········ 147

# 제 4장 집합투자증권

## 제1절 집합투자증권의 발행과 판매

1. 집합투자증권의 발행 ········ 155
1-1. 집합투자증권의 개념 ········ 155
1-2. 투자신탁의 수익증권 발행 ········ 155
1-3. 투자회사의 주식 발행 ········ 156
1-4. 집합투자증권의 공모 발행 ········ 157

2. 집합투자증권의 판매 ········ 164
2-1. 집합투자증권의 판매계약 체결 ········ 164
■ 펀드 가입절차가 복잡해진 이유는? ········ 165
2-2. 집합투자증권 판매자의 투자권유 ········ 166
2-3. 집합투자증권 판매의 제한 ········ 167
2-4. 집합투자증권의 판매수수료와 판매보수 ········ 168
■ 펀드의 보수 및 수수료 등을 비교할 수 있는 곳 ········ 170
■ 펀드 수수료 ········ 170
■ 펀드가입 시 유의사항 ········ 171

## 제2절 집합투자증권의 환매


1. 집합투자증권의 환매청구 ······ 172
1-1. 집합투자증권의 환매 청구 ······ 172
1-2. 집합투자증권의 환매 절차 ······ 172
■ 집합투자증권의 환매 정보를 알고 싶으면? ······ 176
■ 펀드의 환매 ······ 176

2. 환매가격 · 환매연기 ······ 178
2-1. 집합투자증권의 환매가격 및 환매수수료 ······ 178
2-2. 집합투자증권의 환매연기 ······ 179


# 제5장 집합투자재산

## 제1절 집합투자재산의 운용


1. 집합투자업자의자산운용 제한 등 ······ 185
1-1. 선관의무 및 충실의무 ······ 185
1-2. 자산운용의 지시 및 실행 등 ······ 185
1-3. 자산운용의 제한 ······ 187

2. 집합투자업자의자산운용 시 영업행위 제한 ······ 191
2-1. 불건전 영업행위의 금지 ······ 191
2-2. 성과보수의 제한 ······ 192
2-3. 의결권 제한 등 ······ 193

3. 집합투자업자의자산운용에 대한 공시 ······ 197
3-1. 자산운용보고서의 발급 ······ 197
■ 펀드보유 시 확인해야 할 정보와 유의사항 ······ 199
3-2. 수시공시 ······ 200

■ 중요사항에 대한 수시공시 사항을 확인할 수 있는 곳은? ······ 201
3-3. 영업보고서·결산서류의 제출 및 장부·서류의 열람 등 ······ 202

4. 집합투자업자의 자산운용 특례 ······ 203
4-1. 파생상품의 운용 특례 ······ 203
4-2. 부동산의 운용 특례 ······ 204

## 제2절 집합투자재산의 보관 및 관리

1. 집합투자재산의 보관 및 관리 ······ 206
1-1. 신탁업자의 선관주의의무 등 ······ 206
1-2. 집합투자재산 운용행위 감시 등 ······ 208

## 제3절 집합투자재산의 평가 및 회계

1. 집합투자재산의 평가 및 회계 ······ 211
1-1. 집합투자재산의 평가 및 기준가격 산정 ······ 211
1-2. 집합투자재산의 결산서류 ······ 213

# 제6장 금융분쟁 해결 방법

## 제1절 당사자간의 화해계약을 통한 해결

1. 당사자간의 화해계약을 통한 해결 ······ 219
1-1. 당사자간의 분쟁해결 ······ 219
■ 「민법」상 화해계약을 통한 분쟁해결 시 주의사항 ······ 220
1-2. 투자계약 시 손실보전행위의 금지 ······ 221
■ 손실보전행위의 금지 ······ 223

## 제2절 자율적 분쟁 조정제도를 통한 해결

1. 금융감독원을 통한 분쟁조정 ··· 224
1-1. 금융분쟁 조정 담당기관 ··· 224
1-2. 분쟁조정 처리절차 ··· 225
■ 펀드 관련 분쟁해결 ··· 228

2. 한국소비자원을 통한 분쟁조정 ··· 229
2-1. 한국소비자원의 분쟁조정 담당기관 ··· 229
2-2. 한국소비자원의 분쟁조정 절차 ··· 229
2-3. 한국소비자원의 불만처리 및 피해구제 제외 대상 ··· 230

3. 한국거래소 및 금융투자협회를 통한 분쟁조정 ··· 231
3-1. 한국거래소를 통한 분쟁조정 ··· 231
■ 한국거래소를 통한 분쟁조정 방법 ··· 233
3-2. 금융투자협회를 통한 분쟁조정 ··· 234
■ 금융투자협회를 통한 분쟁조정 방법 ··· 236

## 제3절 소송 등을 통한 해결

1. 민사소송을 통한 해결 ··· 237
1-1. 민사소송을 통한 구제 ··· 237

2. 증권관련집단소송 ··· 238
2-1. 증권관련집단소송 개요 ··· 238
2-2. 소송제기 사유 ··· 238
2-3. 소송제기 및 허가 요건 ··· 238
2-4. 소의 제기 및 허가 절차 ··· 240
2-5. 소송허가의 결정 등 ··· 241
2-6. 판결의 효력 ··· 242

# < 부 록 >


■ [별표 1] 금융투자업자 및 그 임직원에 대한 처분 및 업무 위탁계약 취소·변경 명령의 사유 ········· 245
■ [별표 2] 투자회사등에 대한 처분 사유 ········· 270
■ [별표 3] 일반사무관리회사 및 그 임직원에 대한 처분 사유 ········· 276
■ [별표 4] 집합투자기구평가회사 및 그 임직원에 대한 처분 사유 ········· 278
■ [별표 5] 채권평가회사 및 그 임직원에 대한 처분 사유 ········· 280
■ [별표 6] 경영참여형 사모집합투자기구 및 그 업무집행사원에 대한 처분 사유 ········· 282
■ [별표 7] 협회 및 그 임직원에 대한 처분 사유 ········· 285
■ [별표 8] 예탁결제원 및 그 임직원에 대한 처분 사유 ········· 287
■ [별표 8의 2] 금융투자상품거래청산회사 및 그 임직원에 대한 처분 사유 289
■ [별표 9] 증권금융회사 및 그 임직원에 대한 처분 사유 ········· 290
■ [별표 9의2] 신용평가회사 및 그 임직원에 대한 처분사유 ········· 292
■ [별표 10] 종합금융회사 및 그 임직원에 대한 처분 사유 ········· 294
■ [별표 11] 자금중개회사 및 그 임직원에 대한 처분 사유 ········· 296
■ [별표 12] 단기금융회사 및 그 임직원에 대한 처분 사유 ········· 298
■ [별표 13] 명의개서대행회사 및 그 임직원에 대한 처분 사유 ········· 300
■ [별표 14] 거래소 및 그 임직원에 대한 처분 사유 ········· 302
■ [별표 15] 금융위원회의 처분 사유 ········· 304

제1장

# 금융투자와 펀드는 무엇인가요?

# 제1절 금융투자와 펀드에 대해 알아봅시다.

## 1. 금융투자의 개념

### 1-1. 금융투자란?

「금융투자」란 주식이나 채권, 투자증권, 파생상품과 같은 금융투자상품이나 부동산과 같은 실물상품 등에 투자하는 것을 말합니다.

### 1-2. 금융투자의 종류

금융투자는 투자자산의 운용주체에 따라 다음과 같이 직접투자와 간접투자로 구분할 수 있습니다.

① 「직접투자」란 자신의 판단과 책임하에 직접 주식, 파생상품, 부동산, 실물자산 등에 투자하는 것을 말합니다.

② 「간접투자」란 전문적인 투자대행 기관이 불특정 다수의 일반투자자로부터 투자자금을 모아 이를 투자증권, 파생상품, 부동산, 실물자산 등에 운용하고 그 결과를 투자자에게 귀속시키는 것을 말합니다. 여기에서 투자를 위해 일반투자자로부터 모아진 자금의 운용단위를 펀드(Fund)라고 합니다.

## ■ 투자권유

**Q.** 투자권유는 어떻게 받아야 하나요?

**A.** 자본시장법은 투자자가 합리적인 투자의사결정을 할 수 있도록 금융투자회사가 준수하여야 할 투자권유의 방법과 절차를 규정하고 있습니다.

○ (고객알기의무) 먼저 금융투자회사는 투자자에게 투자권유를 하기에 앞서 투자자가 전문투자자인지 일반투자자인지 여부를 확인하고, 일반투자자인 경우 면담, 질문 등을 통해 투자자의 투자목적, 재산상황 및 투자경험 등을 파악해야 합니다.

○ (적합성 원칙과 설명의무) 금융투자회사는 면담 등을 통하여 파악한 투자자 정보에 기초하여 적합한 투자권유를 하고, 금융투자상품의 내용, 투자에 따른 위험, 수수료, 계약의 해지 등에 관한 사항을 투자자가 이해할 수 있도록 설명해야 합니다.

○ (투자자의 확인절차) 금융투자회사는 면담 등을 통하여 파악한 투자자 정보와 금융투자상품 등에 대한 설명에 대해 투자자가 이해하였음을 서명, 기명날인, 녹취, 전자우편, 우편, 전화자동응답시스템 등을 통해 확인받아야 합니다.

### ■ 투자설명

**Q.** 투자설명을 알아듣기 어려운데 어떻게 하지요?

**A.** 만약 금융투자회사가 투자자에게 고객알기의무, 설명의무 등을 제대로 지키지 않아 손해가 발생한 경우 투자자는 금융투자회사에 손해배상을 청구할 수 있으며 이 경우 자본시장법에 따라 원본결손액이 불법행위로 인한 손해액으로 추정됩니다. 따라서, 투자자에게 충분히 설명하는 일이 자본시장법이 정한 금융투자회사의 당연한 의무라는 것을 명심하고 이해하기 어려운 내용에 대해서는 이해할 수 있을 때까지 끝까지 설명을 요구하기 바랍니다.

## ■ 부당한 투자권유

**Q.** 부당한 투자권유 등에 어떻게 대응해야 하나요?

**A.** 금융투자회사는 투자자에게 반드시 이익이 나도록 보장한다거나, 손실이 나면 보전해 주겠다고 약속할 수 없습니다. 금융투자회사가 이러한 이익보장 및 손실보전 약정을 하였을 경우 동 약정은 무효이며 이러한 무효인 약정에 의하여 투자자가 지급받은 이익금은 법률상 원인이 없는 부당이득이므로 이미 투자자에게 지급되었다고 하더라도 다시 금융투자회사에 반환되어야 한다는 대법원 판례도 있습니다. 따라서 투자자 여러분은 이익보장이나 손실보전 약정 자체가 무효이고 위법이라는 사실을 명심해야 합니다. 금융투자회사는 불확실한 사항을 확실한 것처럼 단정적으로 판단하여 권유할 수 없습니다.

예를 들어, “특정 종목이 시세조종중이니 지금 당장 매수하여야 한다”라고 말하면서 권유하는 경우 등이 이에 해당합니다. 이러한 행위는 자본시장법에서 금지하고 있는“부당권유 행위”로서 이에 현혹되어서는 안되며, 특히 투자경험이 짧은 투자자는 특별히 주의해야 합니다. 이밖에도 자본시장법은 투자자가 요청하지 않은 투자권유, 투자자의 의사에 반하는 재권유를 금지하고 있습니다.

■ **투자 의사결정**

**Q.** 투자 의사결정을 금융투자회사에 맡길 수는 없나요?

**A.** 융위원회에 투자일임업 등록을 한 금융투자회사와 정식으로 투자일임계약을 체결한 경우에만 투자의사결정을 일임할 수 있습니다. 다만, 금융투자회사가 투자자에게 투자일임계약 체결을 권유하는 것은 투자권유에 해당하므로 금융투자회사는 고객알기의무, 적합성원칙, 설명의무 등 투자권유에 관한 제반 기준을 준수해야 합니다. 투자자와 투자일임계약을 체결한 금융투자회사는 투자일임재산의 운용현황, 운용경과 등 제반사항을 기재한 투자일임보고서를 3개월마다 1회 이상 일반투자자에게 교부해야 하며 투자자는 이를 통해 일임자산의 운용내역을 확인·관리해야 합니다.

## 2. 펀드의 개념

### 2-1. 펀드란?

- 「펀드」란 투자자로부터 모은 자금을 자산운용회사가 주식 및 채권 등에 대신 투자하여 운용한 후 그 결과를 투자자에게 돌려주는 간접투자상품을 말합니다
- 자본시장과 금융투자업에 관한 법률」에서의 "펀드"는 "집합투자기구"를 말하는 것으로서, "집합투자기구"란 집합투자를 수행하기 위한 기구를 말합니다.
- "집합투자"란 2명 이상의 투자자로부터 모은 금전, 그 밖의 재산적 가치가 있는 것을 투자자로부터 일상적인 운용지시를 받지 않으면서 재산적 가치가 있는 투자대상자산을 취득·처분, 그 밖의 방법으로 운용하고 그 결과를 투자자에게 배분하여 귀속시키는 것을 말합니다.

### 2-2. 펀드의 특징

① 펀드는 다양한 투자대상에 적은 돈으로도 쉽게 투자할 수 있다는 장점이 있습니다. 주식이나 채권 등에 직접 투자하려면 목돈이 필요하지만, 펀드는 적은 돈으로 투자할 수 있습니다.

② 펀드는 분산투자로 위험을 줄일 수 있습니다. 펀드는 주식 및 채권 등 여러 종목에 분산하여 투자하기 때문에 집중 투자에 따른 위험을 줄일 수 있습니다.

③ 펀드는 펀드매니저가 투자를 대신해 줍니다. 주식, 채권, 부동산 등 각 분야에 전문적인 지식을 갖춘 투자관리자가 투자·운용합니다. 다만, 펀드는 은행의 정기예금과는 달리 그 운용결과를 그대로 투자자에게 분배하는 실적배당원칙이 기본이며, 예금자보호대상에서는 제외됩니다.

## 2-3. 펀드의 종류

- 펀드의 종류는 투자하는 대상이나 투자성향 등에 따라 다양하게 구분되는데 투자대상에 따라 주식형펀드, 채권형펀드, 혼합형펀드, 초단기펀드(MMF), 파생상품펀드 등으로 구분할 수 있습니다.
- 주식형펀드의 경우 투자자산의 성격에 따라 정보통신·신기술 등 성장성이 높은 기업의 주식에 주로 투자하는 성장형펀드, 내재가치에 비해 저평가되어 수익성이 높은 기업의 주식에 주로 투자하는 가치형펀드, 배당을 많이 하는 기업의 주식에 주로 투자하는 배당형펀드 등이 있습니다.
- 한편, 펀드의 수익률이 코스피지수, 코스닥지수 등의 특정지수 변동에 따라 변하는 인덱스펀드, 특정지수 변동에 따라 움직이도록 만든 펀드를 거래소에 상장하여 주식처럼 매매가 가능한 상장지수펀드, 특정지수나 특정종목의 움직임에 따라 다양한 수익구조를 갖도록 설계된 주가지수연계펀드 등의 특수한 펀드도 있습니다.
- 조직 형태에 따라 투자신탁(계약형)과 투자회사(회사형)로 분류되는데 계약형은 위탁회사(자산운용회사), 수탁회사, 수익자의 3자 계약을 취하는 형태를 말하며, 회사형은 주식회사로 조직되어 투자자가 주주가 되는 형태로 뮤추얼펀드(Mutual Fund)라고도 합니다.
- 또한 환매제한 여부에 따라 개방형펀드와 폐쇄형펀드로 구분되는데 개방형펀드는 환매에 제한이 없는 펀드이며, 폐쇄형펀드는 만기이전에 환매가 제한되는 펀드입니다.
- 그 밖에 펀드설정 이후 추가로 납입할 수 있는지 여부에 따라 단위형펀드와 추가형펀드로 구분되는데 단위형펀드는 추가납입 제한된 펀드이며, 추가형펀드는 추가납입이 가능한 펀드입니다. 불특정인을 상대로 하느냐 특정인을 대상으로 하느냐에 따라 공모펀드와 사모펀드로 구분되기도 합니다.

## 2-4. 펀드에 대한 규제체계

집합투자기구, 즉 펀드에 대한 규제는 「자본시장과 금융투자업에 관한 법률」에 따릅니다. 「자본시장과 금융투자업에 관한 법률」 제2편(금융투자업자)에서는 집합투자업자의 펀드운용과 관련한 행위 규제, 펀드판매와 관련한 행위규제를 다루고 있으며, 제3편(증권의 발행 및 유통)에서는 집합투자증권의 공모 발행, 제5편(집합투자기구)에서는 펀드의 설립과 지배구조, 지분발행, 환매, 집합투자재산의 보관 및 관리 등에 관한 사항을 다루고 있습니다.

## ■ 펀드투자에 필요한 정보

**Q.** 펀드투자에 필요한 정보는 어떻게 확인할 수 있나요?

**A.** 펀드 투자를 시작하기 전이라면 한국투자자교육재단의 인터넷 홈페이지(http://www.invedu.or.kr)가 제공하는 교육자료를 이용하여 펀드 투자에 대한 기초지식을 쌓을 수 있습니다. 한국투자자교육재단은 펀드 투자자의 권익 향상과 자산운용산업의 건전한 발전에 기여하기 위해 설립된 투자자 교육 전문기관으로 펀드 재테크 자료 등 펀드 투자를 시작하기에 앞서 투자자가 참고할 수 있는 다양한 교육자료를 제공하고 있습니다.

## ■ 펀드보유 시 확인해야 할 정보 및 유의사항

**Q.** 펀드보유(환매)시 확인해야 할 정보 및 유의사항은?

**A.** 펀드 가입 이후 자산운용사와 판매회사, 보관·관리회사는 투자자가 가입한 펀드의 수익률 현황,투자규모 등을 유지·관리하며, 투자자에게 주기적으로 잔고를 통보하고 자산운용보고서를 제공하는 등 다음과 같은 사후관리 업무를 수행합니다.

○ (수동적 서비스) 투자자 전화 문의 등에 대한 응대, 투자자 보고서 발송(자산운용보고서, 자산 보관·관리보고서) 등

○ (적극적 서비스) 펀드 잔고 통보, 자산관리 보고서 발송, 우수(인기)펀드 추천, 투자자 세미나 개최 등

## 3. 「자본시장과 금융투자업에 관한 법률」로의 통합

### 3-1. 「자본시장과 금융투자업에 관한 법률」로 통합되기 전 개별법률의 내용

#### 3-1-1. 증권거래법

「증권거래법」은 증권의 발행과 매매, 그 밖의 거래를 공정하게 하고, 유가증권의 유통을 원활하게 하며, 투자자를 보호하기 위해 유가증권발행인의 등록, 유가증권신고, 유가증권의 공개매수, 증권업 허가, 유가증권시장, 한국증권선물거래소(유가증권시장 및 코스닥시장에서의 매매거래, 유가증권시장에서의 매매거래의 수탁, 회계 및 감독), 증권관계단체(증권금융회사, 한국증권업협회, 증권예탁결제원, 증권회사·명의개서대행회사 등), 상장법인등의 관리(상장법인등의 공시, 불공정거래행위의 금지, 상장법인등에 대한 특례 등) 등에 관한 사항을 규정하고 있었습니다.

#### 3-1-2. 선물거래법

「선물거래법」은 선물거래가 공정하고 원활하게 이루어지도록 하고, 위탁자 및 투자자를 보호하고 선물업의 육성 및 선물시장의 발전을 도모하기 위해 선물거래, 선물업의 허가, 선물협회 등에 관한 사항을 규정하고 있었습니다.

#### 3-1-3. 간접투자자산 운용업법

「간접투자자산 운용업법」은 간접투자기구 등의 구성과 자산운용 및 투자자를 보호하기 위해 자산운용회사(간접투자와 운용주체 및 관계인, 간접투자의 관계인), 간접투자기구(투자신탁, 투자회사), 간접투자증권의 발행(투자신탁의 수익증권, 투자회사의 주식), 간접투자증권의 판매 및 환매, 간접투자기구의 기관(투자신탁의 수익자총회, 투자회사의 기관), 간접투자자산의 운용, 간접투자기구의 해산 등(투자신탁의 해지 및 합병, 투자회사의 해산 및 합병), 공시 및 보고서, 특수한 간접투자기구 등에 관한 사항을 규정하고 있었습니다.

### 3-1-4. 신탁업법

「신탁업법」은 신탁회사의 건전한 경영을 기하고 수익자를 보호하기 위해 신탁업의 인가, 신탁업의 업무범위, 신탁회사의 회계, 신탁회사에 대한 감독, 외국금융기관의 국내지점 등에 관한 사항을 규정하고 있었습니다.

### 3-1-5. 종합금융회사에 관한 법률

「종합금융회사에 관한 법률」은 종합금융회사를 건전하게 육성하기 위해 종합금융회사의 영업인가, 종합금융회사의 업무범위, 종합금융회사의 행위제한, 종합금융회사에 대한 감독 등에 관한 사항을 규정하고 있었습니다.

### 3-1-6. 한국증권선물거래소법

「한국증권선물거래소법」은 유가증권의 매매거래 및 선물거래의 안정성과 효율성을 도모하기 위하여 한국증권선물거래소의 설립·운영에 관한 사항을 규정하고 있었습니다.

## 3-2. 「자본시장과 금융투자업에 관한 법률」로의 통합이유

자본시장에서의 금융혁신과 경쟁을 촉진하여 우리 자본시장이 동북아 금융시장의 중심으로 발돋움할 수 있도록 하고 경쟁력있는 투자은행이 출현할 수 있는 제도적 기반을 마련하며 투자자 보호를 선진화 하여 자본시장에 대한 신뢰를 높이기 위하여 종전의 「증권거래법」, 「선물거래법」, 「간접투자자산 운용업법」, 「신탁업법」, 「종합금융회사에 관한 법률」, 「한국증권선물거래소법」 등 자본시장과 관련된 6개의 법률을 하나로 통합하여 「자본시장과 금융투자업에 관한 법률」이 제8635호로 2007년 8월 3일 공포되어 2009년 2월 4일부터 시행되고 있습니다.

## ■ 자본시장법 시행으로 달라지는 점

**Q.** 자본시장법 시행으로 투자자보호와 관련하여 크게 달라지는 점은?

**A.** 자본시장법은 원본손실 가능성이 있는 금융상품을 금융투자상품으로 정의하고, 금융투자상품 투자자의 권익을 보호하기 위해 금융투자회사가 금융투자상품을 판매하는 경우 투자자의 경제적 상황 등에 적합한 상품을 권유하고 상품의 특성 등에 대해 투자자가 이해할 수 있도록 설명하게 하는 등 투자자 보호기준을 대폭 강화하였습니다.

## 4. 「자본시장과 금융투자업에 관한 법률」의 특징

### 4-1. 포괄주의 규율체제의 도입

증권, 선물 등 자본시장관련 금융상품을 「증권거래법」, 「선물거래법」 등에서 일일이 열거하던 과거의 규율방식(이를 "열거주의 방식"이라고 함)을 폐지하고, 투자성(원본손실가능성)이 있는 금융상품을 모두 금융투자상품이라는 개념으로 추상적으로 정의하여 이러한 정의에 해당하는 모든 금융투자상품을 「자본시장과 금융투자업에 관한 법률」의 규율대상이 되도록 하였습니다.

### 4-2. 기능별 규율체제로의 전환

- 「신탁업법」에 따른 신탁업, 「종합금융회사에 관한 법률」에 따른 종합금융회사 등 금융회사를 중심으로 규율하던 기관별 규율체제에서 경제적 실질이 동일한 금융기능을 동일하게 규율하는 기능별 규율체제로 전환하였습니다.
- 금융투자업, 금융투자상품, 고객(투자자)을 기준으로 경제적 실질에 따라 금융기능을 분류하여 금융기능이 동일하면 동일한 진입·건전성·영업행위 규제를 적용하도록 하였습니다. 이러한 금융기능의 특성에 따라 업규제를 차등적용 함으로써 금융업간의 규제차익이 사라지고 투자자 보호가 강화되도록 하였습니다.

### 4-3. 업무범위의 확대

기능별로 분류된 6개 금융투자업(투자매매, 투자중개, 집합투자, 투자자문, 투자일임, 신탁업)에 대해 상호간 겸영을 허용하고 금융투자회사의 업무범위 확대와 투자권유대행자 제도를 도입하는 등 자본시장의 효율성과 투자자의 편의를 높였습니다.

### 4-4. 투자자 보호제도의 강화

「자본시장과 금융투자업에 관한 법률」은 투자자를 위험감수능력(전문성, 보유자산의 규모 등)에 따라 일반투자자와 전문투자자로 구분하여 일반투자자를 상대로 하는 금융투자업에 대해 투자자 보호 규제를 집중 적용하고 전문투자자를 상대로 하는 경우에는 규제를 완화하였습니다. 투자자보호를 위한 제도는 아래와 같습니다.

#### 4-4-1. 신의성실 등(「자본시장과 금융투자업에 관한 법률」 제37조)

- 금융투자업자가 일반투자자에게 영업행위를 하는 때에는 신의성실의 원칙에 따라 공정하게 금융투자업을 해야 합니다.
- 금융투자업자는 정당한 사유 없이 투자자의 이익을 해하면서 자기가 이익을 얻거나 제삼자가 이익을 얻도록 해서는 안 됩니다.

#### 4-4-2. 투자자 확인(규제「자본시장과 금융투자업에 관한 법률」 제9조제6항 및 제46조제1항)

- 투자자를 일반투자자와 전문투자자로 구분합니다(「자본시장과 금융투자업에 관한 법률」 제9조제6항).
- 금융투자업자는 투자자가 일반투자자인지 전문투자자인지의 여부를 확인해야 합니다.

#### 4-4-3. 적합성 및 적정성의 원칙(규제「자본시장과 금융투자업에 관한 법률」 제46조 등) <제46조·46조의2 2021.03.25.(삭제)>

- 적합성의 원칙: 투자권유는 투자자의 투자목적, 재산상태, 투자경험 등에 적합하도록 해야 하며, 일반투자자로부터 서명, 기명날인, 녹취 등의 방법으로 확인을 받아 이를 유지·관리해야 한다.
- 적정성의 원칙: 일반투자자에게 투자권유를 하지 않고 파생상품 등을 판매하는 경우 면담·질문 등을 통해 투자자의 투자목적, 재산상태, 투자경험 등의 정보를 파악해야 한다.

### 4-4-4. 설명의무(규제「자본시장과 금융투자업에 관한 법률」 제47조·제48조) <제47조 2021.03.25.(삭제)>

- 금융투자업자의 투자권유 시 금융상품의 내용과 위험성 등에 대해 설명해야 한다.
- 금융투자업자의 설명의무 위반으로 발생한 일반투자자의 손해를 배상해야 한다.

### 4-4-5. 부당권유 금지(규제「자본시장과 금융투자업에 관한 법률」 제49조) <제49조 2021.03.25.(삭제)>

금융투자업자의 투자권유 시 거짓의 내용을 알리거나 투자자가 거부하는 취지의 의사표시를 하였음에도 계속해서 투자권유를 하는 행위는 아니 됨.

### 4-4-6. 약관 보고의무(규제「자본시장과 금융투자업에 관한 법률」 제56조)

약관의 제정·변경 시 금융위원회에 보고 및 공시를 의무화 함

### 4-4-7. 광고제한(규제「자본시장과 금융투자업에 관한 법률」 제57조)

<제57조 2021.03.25.(삭제)>

금융투자회사가 아닌 자의 투자광고 금지 및 금융상품의 위험 등 투자광고 필수 포함내용 규정

### 4-4-8. 이익보장금지(규제「자본시장과 금융투자업에 관한 법률」 제55조)

손실보전, 이익보장의 금지

## ■ 자본시장법의 시행과 펀드

**Q.** 자본시장법이 시행되면서, 펀드가입 절차가 복잡해 지고 까다로워 졌다고 하는데, 이전과 달라진 점은 무엇인가요?

**A.** 자본시장법은 투자자를 일반투자자와 전문투자자로 구분하여, 차등화된 행위 규제를 적용하였고, 이에 따라 투자자 보호에 대한 규제는 일반투자자에 집중되었습니다. 금융투자업자는 일반투자자에게 투자권유를 하기 전에 투자자의 투자목적과 재산상황 등을 파악해야 하며(적합성의 원칙, Know-your-customer-rule), 금융상품의 내용 및 위험에 대하여 설명하여(설명의무), 투자자에게 적합한 투자상품을 권유할 의무가 있습니다. 따라서 투자자는 상대적으로 펀드가입 시 절차가 까다로워 졌다고 볼 수도 있으나, 이는 모두 투자자의 보호를 위한 규정이라고 할 수 있습니다.

◇ 투자자 보호제도의 강화

☞ 「자본시장과 금융투자업에 관한 법률」은 투자자를 위험감수능력(전문성, 보유자산의 규모 등)에 따라 일반투자자와 전문투자자로 구분하여 일반투자자를 상대로 하는 금융투자업에 대해 투자자 보호 규제를 집중 적용하고 전문투자자를 상대로 하는 경우에는 규제를 완화하였습니다.

◇ 적합성의 원칙, 설명의무 등

☞ 금융투자업자는 일반투자자에게 투자권유를 하기 전에 면담·질문 등을 통하여 일반투자자의 투자목적·재산상황 및 투자경험 등의 정보를 파악하고, 일반투자자로부터 서명, 기명날인, 녹취, 그 밖의 방법으로 확인을 받아 이를 유지·관리하여야 하며, 확인받은 내용을 투자자에게 지체 없이 제공하여야 합니다.

☞ 금융투자업자는 일반투자자에게 투자권유를 하는 경우에는 일반투자자의 투자목적·재산상황 및 투자경험 등에 비추어 그 일반투자자에게 적합하지 아니하다고 인정되는 투자권유를 하여서는 아니 됩니다.

☞ 금융투자업자는 일반투자자를 상대로 투자권유를 하는 경우에는 금융투자상품의 내용, 투자에 따르는 위험, 그 밖에 사항을 일반투자자가 이해할 수 있도록 설명하여야 하며, 이러한 설명을 함에 있어서 투자자의 합리적인 투자판단 또는 해당 금융투자상품의 가치에 중대한 영

향을 미칠 수 있는 사항을 거짓 또는 왜곡하여 설명하거나 중요사항을 누락하여서는 아니 됩니다.

☞ 이 밖에, 금융투자자는 신의성실에 따라 공정하게 금융업을 수행해야 하고(신의성실의무), 투자자가 원하는 경우를 제외하고 방문, 전화 등에 의한 투자권유를 해서는 안됩니다(부당권유 금지), 또한 금융투자회사가 아닌 자의 투자광고가 금지됩니다(광고규제).

## 제2절 관련법령

### 1. 「금융위원회의 설치 등에 관한 법률」

#### 1-1. 금융분쟁 조정 담당

- 금융감독원은 금융투자업자와 이해관계인 사이에 발생하는 분쟁의 조정을 심의·의결하기 위해 금융분쟁조정위원회를 두고 있습니다.
- 금융투자업자와 분쟁이 있는 이해관계인은 금융감독원장에게 분쟁의 조정을 신청할 수 있습니다.

#### 1-2. 합의권고 및 조정위원회 회부

금융감독원장은 분쟁조정의 신청을 받은 경우 그 내용을 통지하고 합의를 권고할 수 있으며, 금융감독원장은 분쟁조정의 신청을 받은 날부터 30일 내에 합의가 이루어지지 않으면 바로 이를 조정위원회에 회부합니다.

#### 1-3. 분쟁조정위원회의 심의 및 조정안 수락권고

- 조정위원회는 조정의 회부를 받은 경우 60일 내에 이를 심의하여 조정안을 작성해야 합니다.
- 금융감독원장은 조정안을 신청인과 관계당사자에게 제시하고 수락을 권고할 수 있습니다

#### 1-4. 조정안의 수락 또는 불수락

금융감독원장은 당사자가 조정안을 수락하면 조정서를 작성하여 발급해야 합니다. 그러나 분쟁조정위원회의 조정안을 불수락하는 금융기관은 조정안을 수락하지 않는 사유를 적은 서면을 금융감독원장에게 제출해야 합니다.

## 2. 「자본시장과 금융투자업에 관한 법률」

### 2-1. 금융투자상품

- "금융투자상품"이란 이익을 얻거나 손실을 회피할 목적으로 현재 또는 장래의 특정시점에 금전, 그 밖의 재산적 가치가 있는 것(이하 "금전 등"이라 함)을 지급하기로 약정함으로써 취득하는 권리로서 그 권리를 취득하기 위해 지급하였거나 지급해야 할 금전 등의 총액이 그 권리로부터 회수하였거나 회수할 수 있는 금전 등의 총액을 초과하게 될 위험이 있는 것을 말합니다.
- 금융투자상품은 증권과 파생상품(장내파생상품, 장외파생상품)으로 구분합니다.

■ **보험상품과 예금**

**Q.** 보험상품이나 예금도 금융투자상품에 해당하는지?

**A.** 보험상품과 예금상품도 원본손실 가능성이 있다면 금융투자상품에 해당합니다. 다만, 원화표시 양도성예금증서는 금융투자상품에서 제외됩니다.(자본시장법 제3조)

■ **주식거래**

**Q.** 주식 계좌를 통한 주식 거래도 금융투자상품 거래에 해당하는지?

**A.** 주식 거래도 금융투자상품 거래에 해당합니다. 자본시장법은 금융투자상품을 증권과 파생상품으로 구분하며 증권에는 주식, 채권 등 종전 증권거래법에 의한 유가증권 뿐 아니라 상법에 의한 합자회사·유한회사·익명조합의 지분, 기업어음증권 등 투자자가 취득과 동시에 지급한 금전등 외에 추가로 지급할 의무가 없는 것으로서 현재 존재하거나, 앞으로 출현할 수 있는 다양한 종류의 증권을 포괄하고 있습니다(자본시장법 제4조).

■ **원금보장형 ELS, 원금보장·비보장 ELD**

**Q.** 원금보장형 ELS, 원금보장·비보장 ELD가 금융투자상품인지?

**A.** ELS는 원금보장 여부와 관계없이 자본시장법 제4조에 규정된 파생결합증권에 해당되므로 금융투자상품입니다. ELD(Equity Linked Deposit)는 예금으로 원금이 보장되므로 투자성(원본손실 가능성)이 없어 금융투자상품에 해당되지 않습니다.

■ **펀드**

**Q.** 펀드도 금융투자상품인지?

**A.** 펀드라는 용어는 자본시장법이 사용하는 용어는 아니지만, 자본시장법상

집합투자증권에 해당합니다. 집합투자증권은 투자신탁의 수익증권, 투자회사(뮤추얼펀드) 주식 등과 같이 투자자로부터 자금을 모아 자산운용회사가 운용하고 그 결과를 분배하는 금융상품으로 원본손실 가능성이 있어 금융투자상품에 해당합니다.

## 2-2. 증권의 정의

- "증권"이란 내국인 또는 외국인이 발행한 금융투자상품으로서 투자자가 취득과 동시에 지급한 금전 등 외에 어떠한 명목으로든지 추가로 지급의무(투자자가 기초자산에 대한 매매를 성립시킬 수 있는 권리를 행사하게 됨으로써 부담하게 되는 지급의무는 제외함)를 부담하지 않는 것을 말합니다.
- 다만, 다음의 어느 하나에 해당하는 증권은 「자본시장과 금융투자업에 관한 법률」 제2편제5항, 제3편제1장(제8편부터 제10편까지의 규정 중 제2편제5장, 제3편제1장의 규정에 따른 의무 위반행위에 대한 부분을 포함함) 및 「자본시장과 금융투자업에 관한 법률」 제178조·제179조를 적용하는 경우에만 증권으로 봅니다.
  ① 투자계약증권
  ② 지분증권, 수익증권 또는 증권예탁증권 중 해당 증권의 유통 가능성, 「자본시장과 금융투자업에 관한 법률」 또는 금융관련 법령에서의 규제 여부 등을 종합적으로 고려하여 「상법」에 따른 합자회사·유한책임회사·합자조합·익명조합의 출자지분이 표시된 것을 말합니다. 다만, 집합투자증권은 제외합니다.
- 증권은 채무증권, 지분증권, 수익증권, 투자계약증권, 파생결합증권, 증권예탁증권으로 구분이 됩니다.

## 2-3. 파생상품의 정의

- "파생상품"이란 다음의 어느 하나에 해당하는 계약상의 권리를 말합니다.다만, 해당 금융투자상품의 유통 가능성, 계약당사자, 발행사유 등을 고려하여 증권으로 규제하는 것이 타당한 것으로서 증권 및 장외파생상품에 대한 투자매매업의 인가를 받은 금융투자업자가 발행하는 증권 또는 증서로서 기초자산의 가격·이자율·지표·단위 또는 이를 기초로 하는 지수 등의 변동과 연계하여 미리 정해진 방법에 따라 그 기초자

산의 매매나 금전을 매수하는 거래를 성립시킬 수 있는 권리가 표시된 증권 또는 증서와 「상법」 제420조의2에 따른 신주인수권증서 및 「상법」 제516조의5에 따른 신주인수권증권는 그렇지 않습니다.

① 기초자산이나 기초자산의 가격·이자율·지표·단위 또는 이를 기초로 하는 지수 등에 의하여 산출된 금전 등을 장래의 특정 시점에 인도할 것을 약정하는 계약(선도 또는 선물)

② 당사자 어느 한쪽의 의사표시에 의하여 기초자산이나 기초자산의 가격·이자율·지표·단위 또는 이를 기초로 하는 지수 등에 의하여 산출된 금전 등을 수수하는 거래를 성립시킬 수 있는 권리를 부여하는 것을 약정하는 계약(옵션)

③ 장래의 일정기간 동안 미리 정한 가격으로 기초자산이나 기초자산의 가격·이자율·지표·단위 또는 이를 기초로 하는 지수 등에 의하여 산출된 금전 등을 교환할 것을 약정하는 계약(스왑)

④ 위의 계약과 유사한 대통령령으로 정하는 계약(대통령령 없음)

- 파생상품은 장내파생상품과 장외파생상품으로 구분됩니다.

## 2-4. 금융투자업 및 금융투자업자

- "금융투자업"이란 이익을 얻을 목적으로 계속적이거나 반복적인 방법으로 하는 행위로서 투자매매업, 투자중개업, 집합투자업, 투자자문업, 투자일임업, 신탁업 중 어느 하나에 해당하는 업(業)을 말합니다.
- "금융투자업자"란 투자매매업, 투자중개업, 집합투자업, 투자자문업, 투자일임업, 신탁업 등의 금융투자업에 대하여 금융위원회의 인가를 받거나 금융위원회에 등록하여 이를 영위하는 자를 말합니다.

## 2-5. 금융투자업자의 영업행위 규칙

- 공통영업행위 규칙

① 금융투자업자는 신의성실의 원칙에 따라 공정하게 금융투자업을 해

야 하며, 정당한 사유 없이 투자자의 이익을 해하면서 자기가 이익을 얻거나 제삼자가 이익을 얻도록 해서는 안됩니다.

② 금융투자업자가 아닌 자는 금융투자와 같은 의미를 갖는 상호의 사용이 제한되며, 투자광고가 금지됩니다. 금융투자업자는 직무관련 정보를 이용해서는 안되고, 투자자와 손실보전 등의 행위가 금지되며, 계약시 투자계약 서류를 발급해야 하는 등 영업행위 규칙을 지켜야 합니다.

- 개별 금융투자업자의 영업행위 규칙

① 투자매매업자 및 투자중개업자는 매매명세의 통지, 투자예탁금의 별도예치, 집합투자증권의 판매 등 금융투자상품의 매매와 관련하여 일정한 영업행위 규칙을 따라야 합니다.

② 투자자문업자 또는 투자일임업자는 일반투자자와 투자자문계약 또는 투자일임계약을 체결하려는 경우에는 일정한 사항을 적은 서면자료를 미리 일반투자자에게 발급해야 하며, 투자자로부터 금전·증권, 그 밖의 재산의 보관·예탁을 받는 행위 등 불건전한 영업행위를 해서는 안됩니다.

## 2-6. 투자자 및 보호수단

- 「자본시장과 금융투자업에 관한 법률」은 투자자를 일반투자자와 전문투자자로 구분하고 있습니다.
- 금융투자업자는 일반투자자에게 투자권유를 하기 전에 또는 투자권유를 하지 않고 파생상품 등을 판매하려는 경우에는 면담·질문 등을 통해 일반투자자에 대한 정보를 파악할 의무가 있으며, 일반투자자로부터 서명이나 녹취 등의 방법으로 확인을 받아 이를 유지·관리할 의무가 있습니다.
- 금융투자업자는 일반투자자를 상대로 투자권유를 하는 경우에는 금융투자상품의 내용, 투자에 따르는 위험 등을 일반투자자가 이해할 수

있도록 설명해야 할 의무가 있습니다. 이를 위반할 경우에는 이로 인해 발생한 일반투자자의 손해를 배상할 책임이 있습니다.

- 금융투자업자는 투자권유를 할 때 거짓의 내용을 알리거나, 불확실한 사항에 대해서 단정적 판단을 제공하거나, 투자자로부터 투자권유의 요청을 받지 않고 방문 전화를 하는 등의 부당권유 행위를 해서는 안 됩니다.

## 2-7. 집합투자기구

- 「자본시장과 금융투자업에 관한 법률」 에서 "집합투자기구"란 집합투자를 수행하기 위한 기구를 말합니다.
- 「자본시장과 금융투자업에 관한 법률」에 따른 집합투지자기구의 형태는 투자신탁형과 투자회사·투자유한회사·투자합자회사의 회사형, 투자조합·투자익명조합의 조합형 등으로 분류할 수 있습니다.
- 집합투자기구의 설립
  ① 투자신탁은 투자신탁을 설정하고자 하는 집합투자업자가 집합투자업자 및 신탁업자의 상호 등 일정한 사항이 기재된 신탁계약서에 의하여 신탁업자와 신탁계약을 체결함으로써 설립됩니다.
  ② 투자회사는 1인 이상의 발기인(투자유한회사는 무한책임사원 1인과 유한책임사원 1인)이 정관을 작성하여 기명날인 또는 서명함으로써 설립됩니다.
  ③ 투자조합은 일정한 사항을 기재한 조합계약을 작성하여 규제「자본시장과 금융투자업에 관한 법률」 제219조제1항에 따른 업무집행조합원 1인과 유한책임조합원 1인(투자익명조합의 경우에는 영업자 1인과 익명조합원 1인)이 기명날인 또는 서명함으로써 설립됩니다.
- 집합투자기구의 등록

투자신탁이나 투자익명조합의 집합투자업자 또는 투자회사·투자유한회사·투자합자회사·투자유한책임회사및 투자합자조합(이하 "투자회사등"

이라 함)은 집합투자기구가 설정·설립된 경우 그 집합투자기구를 금융위원회에 등록해야 합니다.

- 집합투자기구의 해지와 합병
  ① 투자신탁을 설정한 집합투자업자는 금융위원회의 승인을 받아 투자신탁을 해지할 수 있습니다.
  ② 투자신탁을 설정한 집합투자업자는 그 집합투자업자가 운용하는 다른 투자신탁을 흡수하는 방법으로 투자신탁을 합병할 수 있습니다.

## 2-8. 집합투자증권

- 「자본시장과 금융투자업에 관한 법률」에서 "집합투자증권"이란 집합투자기구에 대한 출자지분(투자신탁의 경우에는 수익권을 말함)이 표시된 것을 말합니다.
- 집합투자증권의 판매
  ① 투자신탁이나 투자익명조합의 집합투자업자 또는 투자회사 등은 집합투자기구의 집합투자증권을 판매하려는 경우 투자매매업자와 판매계약을 체결하거나 투자중개업자와 위탁판매계약을 체결해야 합니다.
  ② 집합투자증권을 판매하는 자는 일반투자자를 상대로 투자권유를 하는 경우에는 금융투자상품의 내용, 투자에 따르는 위험, 규제「자본시장과 금융투자업에 관한 법률 시행령」 제53조제1항 각 호의 사항을 일반투자자가 이해할 수 있도록 설명해야 합니다.
  ③ 집합투자증권을 판매하는 자는 투자권유를 할 때 거짓의 내용을 알리거나 단정적인 판단 또는 확실하다고 잘못 인식하게 할 소지가 있는 내용을 제공하는 행위, 계속적인 투자권유 거부의사에 반해 투자권유를 하는 행위 등을 해서는 안됩니다.
- 집합투자증권의 환매
  ① 투자자는 언제든지 집합투자증권의 환매를 청구할 수 있습니다.

② 투자자는 집합투자증권의 환매를 청구하려는 경우에는 그 집합투자 증권을 판매한 투자매매업자 또는 투자중개업자에게 청구해야 합니다.

③ 위에 따라 환매청구를 받은 투자매매업자 또는 투자중개업자는 수익증권 또는 투자익명조합의 지분증권인 경우 해당 투자신탁 또는 투자익명조합의 집합투자업자에 대하여, 투자회사등이 발행한 집합투자증권인 경우 그 투자회사등에 대하여 각각 지체 없이 환매에 따를 것을 요구해야 합니다.

## 2-9. 집합투자재산

- 자산운용의 제한

집합투자업자는 집합투자재산을 운용할 때에는 일정한 행위가 제한되며, 자기집합투자증권의 취득, 금전차입 및 대여 등이 제한됩니다.

- 자산운용에 대한 공시 등

① 집합투자업자는 자산운용보고서를 작성하여 해당 집합투자재산을 보관·관리하는 신탁업자의 확인을 받아 3개월마다 1회 이상 해당 집합투자기구의 투자자에게 발급해야 합니다.

② 투자신탁이나 투자익명조합의 집합투자업자는 투자운용인력의 변경 및 환매연기 등의 사유가 발생한 경우 이를 공시해야 합니다.

③ 집합투자재산을 보관·관리하는 신탁업자는 선량한 관리자의 주의로써 집합투자재산을 보관·관리해야 하며, 투자자의 이익을 보호해야 합니다.

# 3. 「증권관련집단소송법」

## 3-1. 증권관련집단소송의 정의

증권관련집단소송"이란 증권의 매매 또는 그 밖의 거래과정에서 다수인에게 피해가 발생한 경우 그 중의 1명 또는 수인(數人)이 대표당사자가 되어 수행하는 손해배상청구소송을 말합니다.

### 3-2. 소송제기사유

증권관련집단소송의 소(訴)는「자본시장과 금융투자업에 관한 법률」 제125조, 제162조, 제175조, 제177조, 제179조 등의 손해배상청구에 한정하여 제기할 수 있으며, 주권상장법인이 발행한 증권의 매매 또는 그 밖의 거래로 인한 경우 제기할 수 있습니다.

### 3-3. 소송제기 및 허가요건

- 증권관련집단소송의 원고와 피고는 변호사를 소송대리인으로 선임(選任)해야 합니다.
- 대표당사자는 구성원 중 해당 증권관련집단소송으로 얻을 수 있는 경제적 이익이 가장 큰 자 등 총원의 이익을 공정하고 적절하게 대표할 수 있는 구성원이어야 합니다.

### 3-4. 소송허가 결정

법원은 「증권관련 집단소송법」 제3조의 소송제기 사유와 「증권관련 집단소송법」 제11조·제12조의 대표당사자 및 소송대리인의 요건 및 소송허가 요건에 맞는 경우에만 결정으로 증권관련집단소송을 허가합니다.

### 3-5. 확정 판결의 효력 및 금전 등의 분배

- 증권관련집단소송은 일반 민사소송과 달리 제외신청을 하지 않은 피해자 전원에게 확정판결의 효력이 미치게 됩니다.
- 소송의 대표당사자는 집행권원(執行權原)을 취득하였을 때에는 지체 없이 그 권리를 실행해야 하며, 법원은 직권으로 또는 대표자의 신청에 의해 분배관리인을 선임해야 합니다.

## 4. 「소비자기본법」

### 4-1. 한국소비자원의 분쟁조정

- 소비자와 사업자 사이에 발생한 분쟁을 조정하기 위해 한국소비자원에 소비자분쟁조정위원회를 두고 있습니다.
- 금융 분쟁이 발생한 경우 한국소비자원의 소비자상담센터에 민원 제기를 합니다.
- 한국소비자원장은 피해구제신청의 당사자에 대해 피해보상에 관한 합의를 권고할 수 있으며, 한국소비자원장은 피해구제의 신청을 받은 날부터 30일 내에 합의가 이루어지지 않으면 바로 이를 소비자분쟁조정위원회에 분쟁조정을 신청해야 합니다.

### 4-2. 분쟁조정의 효력

- 소비자분쟁조정위원회의 위원장은 분쟁조정을 마친 경우 즉시 당사자에게 그 분쟁조정의 내용을 알려야 합니다.
- 당사자가 분쟁조정의 내용을 수락하거나 수락한 것으로 보는 경우 그 분쟁조정의 내용은 재판상 화해와 동일한 효력을 갖습니다.

제2장

# 금융의 기능별 분류

# 제1절 금융투자상품

## 1. 금융투자상품이란?

### 1-1. 금융투자상품의 정의

- 「자본시장과 금융투자업에 관한 법률」에서 "금융투자상품"이란 이익을 얻거나 손실을 회피할 목적으로 현재 또는 장래의 특정시점에 금전, 그 밖의 재산적 가치가 있는 것(이하 "금전 등"이라 함)을 지급하기로 약정함으로써 취득하는 권리로서 그 권리를 취득하기 위해 ① 지급하였거나 지급해야 할 금전 등의 총액이 ② 그 권리로부터 회수하였거나 회수할 수 있는 금전 등의 총액을 초과하게 될 위험(이하 "투자성"이라 함)이 있는 것을 말합니다.
- 금융투자상품의 개념 요소 4가지

| 구분 | 내용 |
|---|---|
| 목적 | 이익을 얻거나 손실을 회피할 목적 |
| 금전 등의 지급 | 현재 또는 장래의 특정시점에<br>금전 그 밖에 재산적 가치가<br>있는 것을 지급 |
| 계약 | 약정함으로써 취득하는 권리 |
| 위험 | 그 권리의 취득을 위해<br>지급하였거나 지급해야할 금전 등의<br>총액이 그 권리로부터 회수하였거나<br>회수할 수 있는 금전 등의 총액을<br>초과하게 될 위험이 있는 것 |

- 위의 "①지급하였거나 지급해야 할 금전 등의 총액"에 다음의 금액은 제외합니다.

① 금융투자업자가 투자자로부터 받는 규제「자본시장과 금융투자업에 관한 법률」 제58조제1항에 따른 수수료와 집합투자증권의 판매와 관련

하여 받는「자본시장과 금융투자업에 관한 법률」 제76조제4항에 따른 판매수수료, 그 밖에 용역의 대가로서 투자자, 그 밖의 고객이 지급하는 수수료

② 보험계약에 따른 사업비와 위험보험료

③ 그 밖에 금융위원회가 정하여 고시하는 금액(미고시)

- 위의 "② 그 권리로부터 회수하였거나 회수할 수 있는 금전 등의 총액"에 다음의 금액을 포함합니다

① 「자본시장과 금융투자업에 관한 법률」 제236조제2항에 따른 집합투자증권의 환매수수료, 그 밖에 중도해지로 인해 투자자, 그 밖의 고객이 지급하는 해지수수료(이에 준하는 것을 포함함)

② 각종세금

③ 발행인 또는 거래상대방이 파산 또는 채무조정, 그 밖에 이에 준하는 사유로 인해 처음에 지급하기로 약정한 금전 등을 지급할 수 없게 됨에 따라 투자자, 그 밖의 고객이 되돌려 받을 수 없는 금액

④ 그 밖에 금융위원회가 정하여 고시하는 금액(미고시)

## 1-2. 금융투자상품의 종류

- 금융투자상품에는 다음의 종류가 있습니다.

① 증권

② 파생상품(장내파생상품, 장외파생상품)

■ **펀드의 금융투자상품 여부**

**Q.** 펀드도 금융투자상품인가요?

**A.** 펀드라는 용어는 「자본시장과 금융투자업에 관한 법률」에서 사용하는 용어는 아니지만, 「자본시장과 금융투자업에 관한 법률」상 집합투자증권에 해당합니다. 집합투자증권은 투자신탁의 수익증권, 투자회사(뮤츄얼펀드) 주식 등과 같이 투자자로부터 자금을 모아 자산운용회사가 운용하고 그 결과를 분배하는 금융상품으로 원본손실 가능성이 있어 금융투자상품에 해당합니다.

## 2. 금융투자상품에서 제외되는 것

### 2-1. 금융투자상품 제외 품목

- 다음의 어느 하나에 해당하는 것은 금융투자상품에 해당하지 않습니다.
  ① 원화로 표시된 양도성 예금증서
  ② 관리형신탁으로서 다음의 어느 하나에 해당하는 신탁의 수익권
- 그 밖에 해당 금융투자상품의 특성 등을 고려하여 금융투자상품에서 제외하더라도 투자자 보호 및 건전한 거래질서를 해할 우려가 없는 것

## 3. 증권

### 3-1. 증권의 개념

- 「자본시장과 금융투자업에 관한 법률」에서 "증권"이란 내국인 또는 외국인이 발행한 금융투자상품으로서 투자자가 취득과 동시에 지급한 금전, 그 밖의 재산적 가치가 있는 것(이하 "금전등" 이라 함) 외에 어떠한 명목으로든지 추가로 지급의무(투자자가 기초자산에 대한 매매를 성립시킬 수 있는 권리를 행사하게 됨으로써 부담하게 되는 지급의무는 제외함)를 부담하지 않는 것을 말합니다.
- 다만, 다음의 어느 하나에 해당하는 증권은 「자본시장과 금융투자업에 관한 법률」 제2편제5장, 제3편제1장(「자본시장과 금융투자업에 관한 법률」 제8편부터 제10편까지의 규정 중 제2편제5장, 제3편제1장의 규정에 따른 의무 위반행위에 대한 부분을 포함함) 및 제178조·제179조를 적용하는 경우에만 증권으로 봅니다.
  ① 투자계약증권
  ② 「상법」에 따른 합자회사·유한책임회사·합자조합·익명조합의 출자지분이 표시된 증권(다만, 집합투자증권은 제외함)

### 3-2. 증권의 종류

#### 3-2-1. 채무증권

- "채무증권"이란 국채증권, 지방채증권, 특수채증권, 사채권(「상법」 제469조제2항제3호에 따른 사채의 경우에는 투자신탁의 수익증권에 해당하는 것으로 한정함), 기업어음증권, 그 밖에 이와 유사한 것으로서 지급청구권이 표시된 것을 말합니다.
- 위의 "특수채증권"이란 법률에 의해 직접 설립된 법인이 발행한 채권을 말합니다.
- 위의 "기업어음증권"이란 기업이 사업에 필요한 자금을 조달하기 위해 발행한 약속어음을 말합니다. 기업어음증권은 기업의 위탁에 따라 그 지급대행을 하는 다음의 어느 하나에 해당하는 자가 내어준 것으로서 기업어음증권이라는 문자가 인쇄된 어음용지를 사용해야 합니다.

  ① 「은행법」에 따라 인가를 받아 설립된 은행(「은행법」 제59조에 따라 은행으로 보는 자를 포함함)

  ② 「수산업협동조합법」에 따른 수협은행

  ③ 「농업협동조합법」에 따른 농협은행

  ④ 「한국산업은행법」에 따른 한국산업은행

  ⑤ 「중소기업은행법」에 따른 중소기업은행

#### 3-2-2. 지분증권

"지분증권"이란 주권, 신주인수권이 표시된 것, 법률에 의하여 직접 설립된 법인이 발행한 출자증권, 「상법」에 따른 합자회사·유한책임회사·유한회사·합자조합·익명조합의 출자지분, 그 밖에 이와 유사한 것으로서 출자지분 또는 출자지분을 취득할 권리가표시된 것을 말합니다.

#### 3-2-3. 수익증권

"수익증권"이란 금전계약신탁에 따른 규제「자본시장과 금융투자업에 관한 법률」 제110조의 수익증권, 집합투자기구 중 투자신탁에 따른 「자본시장과 금융투자업에 관한 법률」 제189조의 수익증권, 그 밖에 이와 유사한 것으로서 신탁의 수익권이 표시된 것을 말합니다.

### 3-2-4. 투자계약증권

"투자계약증권"이란 특정 투자자가 그 투자자와 타인 간의 공동사업에 금전 등을 투자하고 주로 타인이 수행한 공동사업의 결과에 따른 손익을 귀속받는 계약상의 권리가 표시된 것을 말합니다.

### 3-2-5. 파생결합증권

- "파생결합증권"이란 기초자산의 가격·이자율·지표·단위 또는 이를 기초로 하는 지수 등의 변동과 연계하여 미리 정하여진 방법에 따라 지급하거나 회수하는 금전 등이 결정되는 권리가 표시된 것을 말합니다. 다만 다음의 어느 하나에 해당하는 것은 제외합니다.
  ① 발행과 동시에 투자자가 지급한 금전등에 대한 이자, 그 밖의 과실(果實)에 대하여만 해당 기초자산의 가격·이자율·지표·단위 또는 이를 기초로 하는 지수 등의 변동과 연계된 증권
  ② 「자본시장과 금융투자업에 관한 법률」 제5조제1항제2호에 따른 계약상의 권리(「자본시장과 금융투자업에 관한 법률」 제5조제1항 각 호 외의 부분 단서에서 정하는 금융투자상품은 제외함)
  ③ 해당 사채의 발행 당시 객관적이고 합리적인 기준에 따라 미리 정하는 사유가 발생하는 경우 주식으로 전환되거나 그 사채의 상환과 이자지급 의무가 감면된다는 조건이 붙은 것으로서「자본시장과 금융투자업에 관한 법률」 제165조의11제1항에 따라 주권상장법인이 발행하는 사채
  ④ 「은행법」 제33조제1항제2호부터 제4호까지의 규정에 따른 상각형 조건부자본증권, 은행주식 전환형 조건부자본증권 및 은행지주회사 주식 전환형 조건부자본증권
  ⑤ 「금융지주회사법」 제15조의2제1항제2호 또는 제3호에 따른 상각형

조건부자본증권 또는 전환형 조건부자본증권

⑥ 「상법」 제469조제2항제2호, 제513조 및 제516조의2에 따른 사채

⑦ 그 밖에 위 1.부터 6.까지에 따른 금융투자상품과 유사한 금융투자상품(「상법」 제420조의2에 따른 신주인수권증서 및 「상법」 제516조의5에 따른 신주인수권증권을 말함)

- 위의 "기초자산"이란 다음의 어느 하나에 해당하는 것을 말합니다.

① 금융투자상품

② 통화(외국의 통화를 포함함)

③ 일반상품(농산물·축산물·수산물·임산물·광산물·에너지에 속하는 물품 및 이 물품을 원료로 하여 제조하거나 가공한 물품, 그 밖에 이와 유사한 것을 말함)

④ 신용위험(당사자 또는 제삼자의 신용등급의 변동, 파산 또는 채무재조정 등으로 인한 신용의 변동을 말함)

⑤ 그 밖에 자연적·환경적·경제적 현상 등에 속하는 위험으로서 합리적이고 적정한 방법에 의하여 가격·이자율·지표·단위의 산출이나 평가가 가능한 것

### 3-2-6. 증권예탁증권

- "증권예탁증권"이란 채무증권, 지분증권, 수익증권, 투자계약증권, 파생결합증권을 예탁받은 자가 그 증권이 발행된 국가 외의 국가에서 발행한 것으로서 그 예탁받은 증권에 관련된 권리가 표시된 것을 말합니다.
- 다만, 위의 채무증권, 지분증권, 수익증권, 투자계약증권, 파생결합증권, 증권예탁증권 중 어느 하나에 해당하는 증권에 표시될 수 있거나 표시되어야 할 권리는 그 증권이 발행되지 않은 경우에도 증권으로 봅니다.

## 4. 파생상품

### 4-1. 파생상품의 개념

- 「자본시장과 금융투자업에 관한 법률」에서 "파생상품"이란 다음의 어느

하나에 해당하는 계약상의 권리를 말합니다.

① 기초자산이나 기초자산의 가격·이자율·지표·단위 또는 이를 기초로 하는 지수 등에 의하여 산출된 금전 등을 장래의 특정 시점에 인도할 것을 약정하는 계약(선도 또는 선물)

② 당사자 어느 한쪽의 의사표시에 의하여 기초자산이나 기초자산의 가격·이자율·지표·단위 또는 이를 기초로 하는 지수 등에 의하여 산출된 금전 등을 수수하는 거래를 성립시킬 수 있는 권리를 부여하는 것을 약정하는 계약(옵션)

③ 장래의 일정기간 동안 미리 정한 가격으로 기초자산이나 기초자산의 가격·이자율·지표·단위 또는 이를 기초로 하는 지수 등에 의하여 산출된 금전 등을 교환할 것을 약정하는 계약(스왑)

④ 위의 계약과 유사한 계약

- 다만, 해당 금융투자상품의 유통 가능성, 계약당사자, 발행사유 등을 고려하여 증권으로 규제하는 것이 타당한 것으로서 다음의 금융투자상품은 그렇지 않습니다.

① 증권 및 장외파생상품에 대한 투자매매업의 인가를 받은 금융투자업자가 발행하는 증권 또는 증서로서 기초자산(증권시장이나 해외증권시장에서 매매거래되는 주권 등 금융위원회가 정하여 고시하는 기초자산을 말함)의 가격·이자율·지표·단위 또는 이를 기초로 하는 지수 등의 변동과 연계하여 미리 정하여진 방법에 따라 그 기초자산의 매매나 금전을 수수하는 거래를 성립시킬 수 있는 권리가 표시된 증권 또는 증서

② 「상법」 제420조의2에 따른 신주인수권증서 및 「상법」 제516조의5에 따른 신주인수권증권

## 4-2. 기초자산의 개념

- 위의 "기초자산"이란 다음의 어느 하나에 해당하는 것을 말합니다.

① 금융투자상품

② 통화(외국의 통화를 포함함)

③ 일반상품(농산물·축산물·수산물·임산물·광산물·에너지에 속하는 물품 및 이 물품을 원료로 하여 제조하거나 가공한 물품, 그 밖에 이와 유사한 것을 말함)

④ 신용위험(당사자 또는 제삼자의 신용등급의 변동, 파산 또는 채무재조정 등으로 인한 신용의 변동을 말함)

⑤ 그 밖에 자연적·환경적·경제적 현상 등에 속하는 위험으로서 합리적이고 적정한 방법에 의하여 가격·이자율·지표·단위의 산출이나 평가가 가능한 것

- 선물거래와 선도거래의 차이점

| 구분 | 선물거래 | 선도거래 |
|---|---|---|
| 거래조건 | 거래방법 및 계약단위, 만기일 등 거래조건이 표준화 됨 | 매매 당사자간의 합의에 따라 결정되어 조건이 다양해짐 |
| 거래장소 | 거래소라는 일정한 장소에서 공개적으로 거래가 이루어짐 | 일정한 장소가 없이 당사자들 간에 직접적으로 만나서 이루어짐 |
| 중도청산 | 시장 상황에 따라 자유롭게 반대거래를 통해 청산이 가능함 | 상대방이 응하지 않으면 중도에 청산이 쉽지 않음 |
| 신용위험 | 청산소가 계약이행을 보증하여 신용위험이 없음 | 당사자간의 약속으로 계약불이행의 위험이 존재함 |
| 일일정산 | 가격변동에 따라 거래일별로 청산소가 수행함 | 계약 종료일에 단 한번 정산됨 |
| 인수도 | 대부분의 거래가 만기일 이전에 반대거래로 종료됨 | 대부분의 거래가 종료 시 실물인수도가 이루어짐 |

## 4-3. 파생상품의 종류

### 4-3-1. 장내파생상품

장내파생상품"이란 다음의 어느 하나에 해당하는 것을 말합니다.

① 파생상품시장에서 거래되는 파생상품

② 해외 파생상품시장(파생상품시장과 유사한 시장으로서 해외에 있는 시장과 「자본시장과 금융투자업에 관한 법률 시행령」 제5조에서 정하는 해외 파생상품거래가 이루어지는 시장을 말함)에서 거래되는 파생상품

③ 그 밖에 금융투자상품시장을 개설하여 운영하는 자가 정하는 기준과 방법에 따라 금융투자상품시장에서 거래되는 파생상품

### 4-3-2. 장외파생상품

"장외파생상품"이란 파생상품으로서 장내파생상품이 아닌 것을 말합니다.

## 4-4. 파생상품시장의 기능

### 4-4-1. 파생상품시장의 성격

파생상품 시장은 원래 시장 참여자들에게 노출된 가격변동 위험을 회피하게 하는 수단으로 설계 되었습니다. 최근에는 이러한 위험회피기능 외에 투자수단으로서의 성격이 더욱 두드러지고 있습니다.

### 4-4-2. 파생상품시장의 목적

우리나라의 코스피200선물·옵션은 고수익 투자수단으로 인식되고 있습니다. 그러나 주가지수선물도 주식을 보유한 사람들에게 주가의 변동으로 발생하는 위험을 회피하도록 하는 것이 주된 목적입니다.

### 4-4-3. 파생상품 시장의 기능

- 위험전가 기능 (Risk shifting): 파생상품 시장의 구조 자체가 가격변동의 위험을 원하지 않는 헤저(Hedger, 위험 회피자)로 부터 가격변동위

험을 감수하면서 보다 높은 이익을 추구하려는 투기자(Speculator)로의 이전을 가능하게 하는 것을 의미합니다.

- 가격 예시의 기능(Price discovery): 파생상품 시장에서 결정되는 선물가격은 해당상품의 수요와 공급에 관련된 각종 정보가 집약되어 결정되므로 현재시점에서 미래 현물가격에 대한 수많은 시장 참가자들의 공통된 예측을 나타냅니다.
- 자본형성의 기능: 파생상품 시장은 헤저(hedger)에게는 가격변동위험을 조절할 수 있는 위험조절의 장으로서 투기자에게는 파생상품거래가 갖는 투자 레버리지의 효과로 인해 높은 수익을 얻을 수 있는 기회를 제공합니다. 파생상품 시장은 이러한 투기자의 부동자금을 흡수하여 기업을 안정적으로 경영하려는 헤저들의 효율적인 자금관리와 자본형성에 도움을 줍니다.
- 자원배분의 효율성 증대: 장기보관이 가능한 농산물의 출하시기의 시차를 적절히 조절함으로써 수급을 안정시키고 이를 통해 적절한 시기에 자원배분의 효율성을 증대 시킨다고 볼 수 있습니다.

## ■ 파생상품 등의 거래

**Q.** 파생상품 등의 거래는 어떻게 해야 하나요?

**A.** 파생상품 등은 반드시 관련 파생상품 등의 취급을 인가받은 금융투자회사를 통해 거래해야 합니다. 현재 모든 금융투자회사가 파생상품 등의 거래가 가능한 것은 아니며, 금융투자회사가 파생상품 등을 취급하기 위해서는 파생상품 등에 대한 투자매매업 또는 투자중개업 인가를 받아야 합니다. 인가내용에 따라 취급할 수 있는 파생상품 등의 범위에 차이가 있습니다.

## ■ 파생상품의 투자위험

**Q.** 파생상품의 투자위험에 대해 구체적으로 알고 싶습니다.

**A.** 파생상품은 레버리지(기초자산 가격변동률 대비 손익변동률)가 높은 상품입니다. 예를 들어 선물거래는 투자액이 전혀 없는 상태에서도 거래를 할 수 있어 투자자는 투자액 및 증거금을 초과하는 손실을 볼 수 있습니다. 편입자산 발행인의 부도, 전세계적 자산가치 폭락 등 특수한 상황을 제외하고는 50% 이상의 손실률을 시현할 가능성이 매우 낮은 타 금융상품에 비해 파생상품은 투자액 전액을 초과하여 손실이 발생할 가능성이 비교적 높은 편입니다. 다만, 투자위험이 높은 만큼 수익성도 좋습니다. (High Risk -High Return)

## ■ 파생상품 위험 확인방법

**Q.** 파생상품 등의 위험을 확인할 수 있는 방법은?

**A.** 우선, 파생상품 등을 판매하는 금융투자회사 직원에게 파생상품 등의 수익 구조 및 투자위험 등을 알기 쉽게 상세하게 설명하도록 요구하는 것이 바람직합니다. 상품 판매는 해당 상품에 대한 충분한 이해를 바탕으로 이뤄져야 하기 때문에, 판매직원에게 충분한 설명을 요구할 경우 친절하게 설명을 해 줄 것입니다. 설명을 요구하지 않을 경우, 투자위험에 대해 기술되어 있는 서면자료를 충분히 숙지하지 않고 단순히 서명하는 위험이 있을 수 있으므로 조심해야 합니다. 이 경우 이후 불완전판매 여부에 대한 투자자의 주장이 받아들여지기 어렵게 됩니다. 금융투자회사는 ELS 등 공모 파생결합증권(ELW는 제외) 등을 투자권유하고자 하는 경우, 해당 상품에 대한 설명서에 추가하여 투자관련 위험사항이 포함된 핵심설명서 및 퀵가이드(Quick Guide)를 교부하고 그 내용을 설명해야 합니다.

# 제2절 금융투자업

## 1. 금융투자업이란?

### 1-1. 금융투자업의 정의

「자본시장과 금융투자업에 관한 법률」에서 "금융투자업"이란 이익을 얻을 목적으로 계속적이거나 반복적인 방법으로 행하는 행위로서 다음의 어느 하나에 해당하는 업(業)을 말합니다.

① 투자매매업

② 투자중개업

③ 집합투자업

④ 투자자문업

⑤ 투자일임업

⑥ 신탁업

### 1-2. 금융투자업의 종류

#### 1-2-1. 투자매매업

- "투자매매업"이란 누구의 명의로 하든지 자기의 계산으로 금융투자상품의 매도·매수, 증권의 발행·인수 또는 그 청약의 권유, 청약, 청약의 승낙을 영업으로 하는 것을 말합니다.
- 다만, 자기가 증권을 발행하는 경우에는 투자매매업으로 보지 않습니다. 다만, 다음의 어느 하나에 해당하는 증권은 그렇지 않습니다.

  ① 투자신탁의 수익증권

  ② 다음의 요건을 모두 충족하는 파생결합증권을 제외한 파생결합증권

    ⓐ 기초자산이 통화 또는 외국통화로서 지급하거나 회수하는 금전 등이 그 기초자산과 다른 통화 또는 외국통화로 표시될 것

    ⓑ 증권의 발행과 동시에 금융위원회가 정하여 고시하는 위험회피 목적의 거래가 이루어질 것

ⓒ 사업에 필요한 자금을 조달하기 위하여 발행될 것

ⓓ 해당 파생결합증권의 발행인이 전문투자자일 것

③ 「자본시장과 금융투자업에 관한 법률」 제77조제1항에서 정하는 투자성 있는 예금계약, 그 밖에 이에 준하는 것으로서 다음의 어느 하나에 해당하는 계약에 따른 증권

ⓐ 「자본시장과 금융투자업에 관한 법률 시행령」 제4조 각 호에 따른 은행, 수협은행, 농협은행, 한국산업은행, 또는 중소기업은행 (이하 '은행등'이라 함)이 투자자와 체결하는 계약에 따라 발행하는 금적립계좌 또는 은적립계좌[투자자가 은행등에 금전을 지급하면 기초자산인 금(金)또는 은(銀)의 가격 등에 따라 현재 또는 장래에 회수하는 금전등이 결정되는 권리가 표시된 것으로서 금융위원회가 정하여 고시하는 기준에 따른 파생결합증권을 말함]

ⓑ 그 밖에 증권 및 장외파생상품에 대한 투자매매업의 인가를 받은 자가 투자자와 체결하는 계약에 따라 발행하는 파생결합증권으로서 금융위원회가 투자에 따른 위험과 손익의 구조 등을 고려하여 고시하는 파생결합증권

④ 다만,「자본시장과 금융투자업에 관한 법률」 제51조제9항의 투자권유대행인이 투자권유를 대행하는 경우에는 투자중개업으로 보지 않습니다.

## 1-2-2. 집합투자업

- "집합투자업"이란 집합투자를 영업으로 하는 것을 말합니다.
- 위의 "집합투자"란 2명 이상의 투자자로부터 모은 금전, 그 밖의 재산적 가치가 있는 것(이하 "금전 등"이라 함)을 투자자로부터 일상적인 운용지시를 받지 않으면서 재산적 가치가 있는 투자대상자산을 취득·처분, 그 밖의 방법으로 운용하고 그 결과를 투자자에게 배분하여 귀속시키는 것을 말합니다. 다만, 다음의 어느 하나에 해당하는 경우는

제외합니다.

① 「부동산투자회사법」, 「선박투자회사법」, 「문화산업진흥 기본법」, 「산업발전법」, 「벤처투자 촉진에 관한 법률」, 「여신전문금융업법」, 「소재·부품·장비산업 경쟁력강화를 위한 특별조치법」, 「농림수산식품투자조합 결성 및 운용에 관한 법률」에 따라 사모(私募)의 방법으로 운용되는 투자자수 49인 이하의 사모펀드(「자본시장과 금융투자업에 관한 법률 시행령」 제6조제1항·제2항·제3항 및 「금융투자업규정」

② 「자산유동화에 관한 법률」 제3조의 자산유동화계획에 따라 금전 등을 모아 운용·배분하는 경우

③ 그 밖에 행위의 성격 및 투자자 보호의 필요성 등을 고려하여 학술·종교·자선·기예·사교, 그 밖의 영리 아닌 사업을 목적으로 하는 계(契)인 경우나 종중, 그 밖의 혈연관계로 맺어진 집단과 그 구성원을 위해 하는 영리 아닌 사업인 경우 등 「자본시장과 금융투자업에 관한 법률 시행령」 제6조제4항에 해당하는 경우

### 1-2-3. 투자자문업

- 투자자문업"이란 금융투자상품, 그 밖에 아래의 투자대상자산(이하 "금융투자상품 등"이라 함)의 가치 또는 금융투자상품등에대한 투자판단(종류, 종목, 취득·처분, 취득·처분의 방법·수량·가격 및 시기 등에 대한 판단을 말함. 이하 같음)에 관한 자문에 따르는 것을 영업으로 하는 것을 말합니다.

① 부동산

② 지상권·지역권·전세권·임차권·분양권 등 부동산 관련 권리

③ 「자본시장과 금융투자업에 관한 법률 시행령」 제106조제2항 각 호의 금융기관에의 예치금

④ 다음 어느 하나에 해당하는 출자지분 또는 권리(이하 "사업수익권"이라 함)

ⓐ 「상법」에 따른 합자회사·유한책임회사·합자조합·익명조합의 출

자지분

ⓑ 「민법」에 따른 조합의 출자지분

ⓒ 그 밖에 특정사업으로부터 발생하는 수익을 분배받을 수 있는 계약상의 출자지분 또는 권리

⑤ 다음 어느 하나에 해당하는 금지금[「조세특례제한법」 제106조의3제1항 각 호 외의 부분에 따른 금지금(金地金)을 말함. 이하 이 호에서 같음]

ⓐ 거래소(「자본시장과 금융투자업에 관한 법률」 제8조의2제2항에 따른 거래소를 말함. 이하 같음)가 같은 법 제377조제1항제12호에 따른 승인을 받아 그 매매를 위하여 개설한 시장에서 거래되는 금지금

ⓑ 은행이 규제「은행법 시행령」 제18조제1항제4호에 따라 그 판매를 대행하거나 매매·대여하는 금지금

⑥ 「자본시장과 금융투자업에 관한 법률」 제336조제1항제1호 또는 같은법 제360조제1항에 따라 발행된 어음

- 다만, 불특정 다수인을 대상으로 발행 또는 송신되고, 불특정 다수인이 수시로 구입 또는 수신할 수 있는 간행물·출판물·통신물 또는 방송 등을 통해 조언을 하는 경우에는 투자자문업으로 보지 않습니다.

## 1-2-4. 투자일임업

- "투자일임업"이란 투자자로부터 금융투자상품등에대한 투자판단의 전부 또는 일부를 일임(一任)받아 투자자별로 구분하여 그 투자자의 재산상태나 투자목적 등을 고려하여 금융투자상품등을 취득·처분, 그 밖의 방법으로 운용하는 것을 영업으로 하는 것을 말합니다.
- 다만, 투자중개업자가 투자자의 매매주문을 받아 이를 처리하는 과정에서 금융투자상품에 대한 투자판단의 전부 또는 일부를 일임받을 필요가 있어서 투자중개업자가 따로 대가 없이 금융투자상품에 대한 투자판단의 전부나 일부를 일임받는 경우로서 다음으로 정하는 경우에는

투자일임업으로 보지 않습니다.

① 투자자가 금융투자상품의 매매거래일(하루로 한정함)과 그 매매거래일의 총매매수량이나 총매매금액을 지정한 경우로서 투자자로부터 그 지정 범위에서 금융투자상품의 수량·가격 및 시기에 대한 투자판단을 일임받은 경우

② 투자자가 여행·질병 등으로 일시적으로 부재하는 중에 금융투자상품의 가격 폭락 등 불가피한 사유가 있는 경우로서 투자자로부터 약관 등에 따라 미리 금융투자상품의 매도 권한을 일임받은 경우

③ 투자자가 금융투자상품의 매매, 그 밖의 거래에 따른 결제나 증거금의 추가 예탁 또는 「자본시장과 금융투자업에 관한 법률」 제72조에 따른 신용제공과 관련한 담보비율 유지의무나 상환의무를 이행하지 않은 경우로서 투자자로부터 약관 등에 따라 금융투자상품의 매도권한(파생상품인 경우에는 이미 매도한 파생상품의 매수권한을 포함함)을 일임받은 경우

④ 투자자가 투자중개업자가 개설한 계좌에 금전을 입금하거나 해당 계좌에서 금전을 출금하는 경우에는 따로 의사표시가 없어도 자동으로 규제「자본시장과 금융투자업에 관한 법률」 제229조제5호에 따른 단기금융집합투자기구의 집합투자증권 등을 매수 또는 매도하거나 증권을 환매를 조건으로 매수 또는 매도하기로 하는 약정을 미리 해당 투자중개업자와 체결한 경우로서 투자자로부터 그 약정에 따라 해당 집합투자증권 등을 매수 또는 매도하는 권한을 일임받거나 증권을 환매를 조건으로 매수 또는 매도하는 권한을 일임받은 경우

⑤ 그 밖에 투자자 보호 및 건전한 금융거래질서를 해칠 염려가 없는 경우로서 금융위원회가 정하여 고시하는 경우(미고시)

**[관련판례]**

투자업일임업 등록을 하지 않은 자의 투자일임업을 금지하는 구 자본시장법 제17조는 단속규정에 불과하여 원고와 피고 사이의 투자일임계약은 자본시장법이 금지하는 미등록 영업행위로서 무효가 된다고 볼 수 없다는 판결(대법원 2019.6.13. 선고 2018다258562 판결)

사법상의 계약이 일정한 행위를 금지하는 구체적 법규정을 위반하여 행하여진 경우에 그 법률행위가 무효인가는 법규정의 해석 여하에 의하여 정하여진다. 명문의 정함이 없는 때에는 종국적으로 금지규정의 목적과 의미에 비추어 그에 반하는 법률행위의 무효 기타 효력 제한이 요구되는지를 검토하여 이를 정한다. 구 자본시장법 제17조의 취지는 고객인 투자자를 보호하고 금융투자업을 건전하게 육성하고자 함에 있다. 위 규정을 위반하여 체결한 계약 자체가 사법상 효력까지도 부인하지 않으면 안 될 정도로 현저히 반사회성, 반도덕성을 지닌 것이라고 할 수 없고, 위 규정을 효력규정으로 보아 이를 위반한 행위를 일률적으로 무효라 할 경우, 거래상대방과 사이에 법적 안정성을 심히 해하게 되는 부당한 결과가 초래되므로 위 규정은 효력규정이 아닌 단속규정이다. 따라서 피고가 구 자본시장법 제17조를 위반하여 미등록 영업행위로서 원고와 체결한 투자일임계약은 사법상 유효하다. 또한, 자본시장법 제98조의2에 대한 부분은 투자일임업자로 등록된 자에게만 적용된다. 이에 따라 피고는 손실 발생 이후에 체결된 손실분담 약정에 근거한 약정금 지급의무가 있다. 다만, 원심이 각 국내계좌의 거래종결일 환율을 기준으로 피고의 약정금을 환산한 것과 달리 사실심 변론종결 당시를 기준으로 환산하여야 한다(파기환송).

■ 투자의사 결정의 일임(一任)

**Q.** 투자의사 결정을 금융투자회사에 맡길 수도 있나요?

**A.** 금융위원회에 투자일임업 등록을 한 금융투자회사와 정식으로 투자일임계약을 체결한 경우에만 투자의사 결정을 일임할 수 있습니다. 다만, 금융투자회사가 투자자에게 투자일임계약 체결을 권유하는 것은 투자권유에 해당하므로 금융투자회사는 고객알기의무, 적합성원칙, 설명의무 등 투자권유에 관한 제반 기준을 지켜야 합니다. 투자일임업을 등록하지 않은 금융투자회사는 다음과 같은 경우에만 예외적으로 투자 의사결정을 일임받을 수 있습니다.

① 별도의 대가를 받지 않는 전제하에 투자자가 금융투자상품의 매매거래일(하루로 한정)과 그 매매거래일의 총매매수량이나 총매매금액을 미리 지정하고 금융투자회사가 그 범위에서 금융투자상품의 수량·가격 및 시기에 대한 투자판단을 일임받는 경우

② 투자자가 여행·질병 등으로 일시적으로 부재하는 중에 금융투자상품의 가격 폭락 등 불가피한 사유가 있는 경우로서 투자자로부터 약관 등에 따라 금융투자회사가 금융투자상품의 매도 권한을 보유한 경우

### 1-2-5. 신탁업

- "신탁업"이란 신탁을 영업으로 하는 것을 말합니다.
- 다만, 「담보부사채신탁법」에 따른 담보부사채에 관한 신탁업, 「저작권법」에 따른 저작권신탁관리업의 경우에는 신탁업으로 보지 않습니다.

## 1-3. 금융투자업자

### 1-3-1. 금융위원회의 인가 및 등록

- "금융투자업자"란 투자매매업, 투자중개업, 집합투자업, 투자자문업, 투자일임업, 신탁업 등의 금융투자업에 대하여 금융위원회의 인가를 받거나 금융위원회에 등록하여 이를 영위하는 자를 말합니다.
- 금융투자업자의 구분

| 금융투자업자 | 내용 |
|---|---|
| 투자매매업자 | 금융투자업자 중<br>투자매매업을 영위하는 자 |
| 투자중개업자 | 금융투자업자 중<br>투자중개업을 영위하는 자 |
| 집합투자업자 | 금융투자업자 중<br>집합투자업을 영위하는 자 |
| 투자자문업자 | 금융투자업자 중<br>투자자문업을 영위하는 자 |
| 투자일임업자 | 금융투자업자 중<br>투자일임업을 영위하는 자 |
| 신탁업자 | 금융투자업자 중<br>신탁업을 영위하는 자 |

1-3-2. 다른 법률과의 관계

- 금융투자업자가 금융투자업을 영위하는 경우에는 「형법」 제246조를 적용하지 않습니다.

**[관련판례]**

수익자인 원고가 자본시장법상 전문투자자라는 이유만으로는 신탁업자인 피고가 부담하는 선관주의의무와 충실의무의 수준이 완화된다고 보기 어려우며, 위탁자의 운용지시에 따른 수탁자는 선관주의의무 위반이 없다는 판결(대법원 2019.7.11. 선고 2016다224626 판결)

자본시장법은 금융투자상품에 관한 전문성 구비 여부, 소유자산 규모, 투자에 따른 위험감수능력 등을 기준으로 전문투자자와 일반투자자를 구분하고 있다. 그러나, 신탁업자의 영업행위규제를 다루고 있는 자본시장법 제102조에서는 금융투자업자로서의 신탁업자가 부담하는 선관주의의무 및 충실의무에 관하여 수익자가 전문투자자인지 일반투자자인지 구별하지 않고 있으므로, 수익자에 대하여 부담하는 선관주의의무 및 충실의무의 정도는 수익자가 전문투자자인지 여부에 따라 달라진다고 보기 어렵다. 특정금전신탁은 위탁자가 신탁재산의 운용방법을 미리 정하는 금전신탁으로서, 수탁자는 위탁자가 지정한 방법대로 자산을 운용하여야 하고, 그러한 운용의 결과에 따른 수익률의 변동의 위험은 수탁자인 신탁업자가 신탁재산에 대하여 선량한 관리자로서의 주의의무를 다하지 아니하였다는 등의 특별한 사정이 없는 한 원칙적으로 수익자가 부담하여야 한다. 이러한 특정금전신탁의 특성에 비추어, 특정금전신탁의 신탁업자가 위탁자가 지시한 바에 따라 가능한 범위 내에서 수집된 정보를 바탕으로 신탁재산의 최상의 이익에 합치된다는 믿음을 가지고 신중하게 신탁재산을 관리·운용하였다면 신탁업자는 위 법 규정에 따른 선관주의의무를 이행한 것이고, 설사 그 예측이 빗나가 신탁재산에 손실이 발생하였다고 하더라도 그것만으로 선관주의의무를 위반한 것이라고 할 수 없다(상고기각).

■ **금융투자업자의 현황에 대한 정보**

**Q.** 현재 우리나라의 금융투자업자의 현황 및 추이를 알고 싶다면?

**A.** 현재 우리나라의 금융투자업자의 현황 및 추이는 금융투자협회 종합통계정보서비스(http://www.freesis.or.kr)에서 확인할 수 있습니다. 금융투자협회 종합통계정보서비스에 접속하여 메인화면에서 금융투자업자를 클릭하여 금융투자업자를 조회하시면 됩니다.

## 2. 금융투자업의 진입규제

### 2-1. 무인가 및 미등록 금융투자업의 금지

#### 2-1-1. 무인가 금융투자업의 금지

- 누구든지 「자본시장과 금융투자업에 관한 법률」에 따른 금융투자업인가(변경인가를 포함함)를 받지 않고는 금융투자업(투자자문업 , 투자일임업 및 전문사모집합투자업은 제외함)을 해서는 안됩니다.
- 금융투자업 중 투자매매업, 투자중개업, 집합투자업 및 신탁업은 인가대상입니다.

#### 2-1-2. 미등록 금융투자업의 금지

- 누구든지 이 법에 따른 금융투자업등록(변경등록을 포함함)을 하지 않고는 투자자문업 또는 투자일임업을 해서는 안됩니다.
- 투자일임업자와 투자자문업자는 등록대상입니다.
- 금융투자업자의 인가 및 등록 대상

| 구분 | 해당 금융투자업 |
|---|---|
| 인가대상 | 투자매매업, 투자중개업,<br>집합투자업 및 신탁업 |
| 등록대상 | 투자일임업, 투자자문업 |

#### 2-1-3. 무인가·미등록 영업행위에 대한 처벌

- 위의 금지의무를 위반하여 다음의 어느 하나에 해당하는 행위를 한 자는 5년 이하의 징역 또는 2억원 이하의 벌금에 처해집니다.
  ① 금융투자업의 인가(변경인가를 포함함)를 받지 않고 금융투자업(투자자문업, 투자일임업 및 전문사모집합투자업은 제외함)을 영위한 자
  ② 거짓, 그 밖의 부정한 방법으로 금융투자업의 인가(변경인가를 포함함)를 받은 자
- 위의 금지의무를 위반하여 다음의 어느 하나에 해당하는 행위를 한 자

는 3년 이하의 징역 또는 1억원 이하의 벌금에 처해집니다.

① 금융투자업의 등록(변경등록을 포함함)을 하지 않고 투자자문업 또는 투자일임업을 영위한 자

② 거짓, 그 밖의 부정한 방법으로 금융투자업의 등록(변경등록을 포함함)을 한 자

## 2-2. 금융투자업의 인가

### 2-2-1. 금융투자업의 인가

금융투자업을 하려는 자는 다음의 사항을 구성요소로 하여 「자본시장과 금융투자업에 관한 법률 시행령」 별표1 에서 정하는 업무 단위(이하 "인가업무 단위"라 함)의 전부나 일부를 선택하여 금융위원회로부터 하나의 금융투자업인가를 받아야 합니다.

① 금융투자업의 종류(투자매매업, 투자중개업, 집합투자업 및 신탁업을 말하되, 투자매매업 중 인수업을 포함함)

② 금융투자상품의 범위

- 금융투자상품 중 집합투자업의 경우에는 「자본시장과 금융투자업에 관한 법률」 제229조에 따른 집합투자기구의 종류를 말하며, 신탁업의 경우에는 「자본시장과 금융투자업에 관한 법률」 제103조제1항에 따른 신탁재산을 말함
- 금융투자상품의 범위"란 증권, 장내파생상품 및 장외파생상품을 말하되, 증권 중 국채증권, 사채권, 채무증권, 지방채증권, 특수채증권, 지분증권, 상장주권, 집합투자증권 등을 포함하고 파생상품 중 주권을 기초자산으로 하는 파생상품·그 밖에 주권 외의 것을 기초자산으로 하는 파생상품 및 통화·이자율을 기초자산으로 하는 파생상품을 포함

③ 투자자의 유형(전문투자자 및 일반투자자를 말함. 이하 같음)

### 2-2-2. 인가요건

위에 따라 금융투자업인가를 받으려는 자는 다음의 요건을 모두 갖춰야 합니다.

1) 다음의 어느 하나에 해당하는 자일 것
   (1) 「상법」에 따른 주식회사이거나 다음의 금융기관
      ① 「한국산업은행법」에 따른 한국산업은행
      ② 「중소기업은행법」에 따른 중소기업은행
      ③ 「한국수출입은행법」에 따른 한국수출입은행
      ④ 「농업협동조합법」에 따른 농업협동조합중앙회 및 농협은행
      ⑤ 「수산업협동조합법」에 따른 수산업협동조합중앙회 및 수협은행
      ⑥ 「은행법」에 따른 외국은행의 국내지점
      ⑦ 「보험업법」에 따른 외국보험회사의 국내지점
      ⑧ 그 밖에 금융위원회가 정하여 고시하는 금융기관
   (2) 외국 금융투자업자(외국 법령에 따라 외국에서 금융투자업에 상당하는 영업을 영위하는 자를 말함. 이하 같음)로서 외국에서 경영하고 있는 영업에 상당하는 금융투자업 수행에 필요한 지점, 그 밖의 영업소를 설치한 자
2) 인가업무 단위별로 5억원 이상으로서 「자본시장과 금융투자업에 관한 법률 시행령」 별표1 에서 정하는 금액 이상의 자기자본을 갖출 것
3) 사업계획이 타당하고 건전할 것
4) 투자자의 보호가 가능하고 그 경영하려는 금융투자업을 수행하기에 충분한 인력과 전산설비, 그 밖의 물적 설비를 갖출 것
5) 임원이 「금융회사의 지배구조에 관한 법률」 제5조에 적합할 것
6) 대주주나 외국 금융투자업자가 다음의 구분에 따른 요건을 갖출 것
   (1) 위 1), (1)의 경우 대주주(최대주주의 특수관계인인 주주를 포함하며, 최대주주가 법인인 경우 그 법인의 중요한 경영사항에 대

하여 사실상 영향력을 행사하고 있는 자로서 최대주주인 법인의 최대주주와 최대주주인 법인의 대표자를 포함함)가 충분한 출자능력, 건전한 재무상태 및 사회적 신용을 갖출 것

(2) 위 1), (2)의 경우 외국 금융투자업자가 충분한 출자능력, 건전한 재무상태 및 사회적 신용을 갖출 것

7) 「자본시장과 금융투자업에 관한 법률 시행령」 제16조제8항에서 정하는 건전한 재무상태와 사회적 신용을 갖출 것

8) 금융투자업자와 투자자 간, 특정 투자자와 다른 투자자 간의 이해상충(利害相衝)을 방지하기 위한 체계를 갖출 것

## 2-2-3. 인가 신청 및 심사

- 위에 따른 금융투자업인가를 받으려는 자는 인가신청서를 금융위원회에 제출해야 합니다.
- 금융위원회는 인가신청서를 접수한 경우 그 내용을 심사하여 3개월(예비인가를 받은 경우에는 1개월) 이내에 금융투자업인가 여부를 결정하고, 그 결과와 이유를 지체 없이 신청인에게 문서로 통지해야 합니다. 이 경우 인가신청서에 흠결(欠缺)이 있는 때에는 보완을 요구할 수 있습니다.
- 금융위원회는 위에 따라 금융투자업인가를 한 경우에는 다음의 사항을 관보 및 인터넷 홈페이지 등에 공고해야 합니다.

  ① 금융투자업인가의 내용

  ② 금융투자업인가의 조건(조건을 붙인 경우에 한함)

  ③ 금융투자업인가의 조건을 취소하거나 변경한 경우 그 내용(조건을 취소하거나 변경한 경우에 한함)

## 2-3. 금융투자업의 등록

### 2-3-1. 투자자문업 또는 투자일임업의 등록

투자자문업 또는 투자일임업을 하려는 자는 다음의 사항을 구성요소로 하여 「자본시장과 금융투자업에 관한 법률 시행령」 별표 3에서 정하는 업무 단위(이하 "등록업무 단위"라 함)의 전부나 일부를 선택하여 금융위원회에 하나의 금융투자업등록을 해야 합니다.

① 투자자문업 또는 투자일임업

② 금융투자상품등의 범위(증권, 장내파생상품, 장외파생상품 및 그 밖에 부동산, 지상권·지역권·전세권·임차권·분양권 등 부동산 관련 권리, 금융기관에의 예치금 등의 투자대상자산을 말함)

③ 투자자의 유형

### 2-3-2. 등록요건

위에 따라 금융투자업등록을 하려는 자는 다음의 요건을 모두 갖춰야 합니다.

1) 다음의 어느 하나에 해당하는 자일 것. 다만, 외국 투자자문업자(외국 법령에 따라 외국에서 투자자문업에 상당하는 영업을 하는 자를 말함. 이하 같음) 또는 외국 투자일임업자(외국 법령에 따라 외국에서 투자일임업에 상당하는 영업을 영위하는 자를 말함. 이하 같음)가 외국에서 국내 거주자를 상대로 직접 영업을 하거나 통신수단을 이용하여 투자자문업 또는 투자일임업을 영위하는 경우에는 적용하지 않습니다.

   (1) 「상법」에 따른 주식회사이거나 한국산업은행, 중소기업은행, 한국수출입은행, 농협은행, 「은행법」 제5조에서 은행으로 보는 신용사업 부문 및 그 밖에 투자자 보호 및 건전한 금융거래질서를 해칠 염려가 없는 경우로서 금융위원회가 정하여 고시하는 금융기관

   (2) 외국 투자자문업자로서 투자자문업의 수행에 필요한 지점, 그 밖의 영업소를 설치한 자

(3) 외국 투자일임업자로서 투자일임업의 수행에 필요한 지점, 그 밖의 영업소를 설치한 자

2) 등록업무 단위별로 1억원 이상으로서 「자본시장과 금융투자업에 관한 법률 시행령」 별표 3에서 정하는 금액 이상의 자기자본을 갖출 것

3) 다음의 구분에 따른 투자권유자문인력(「자본시장과 금융투자업에 관한 법률」 제286조제1항제3호가목에 따른 투자권유자문인력을 말함. 이하 같음) 또는 투자운용인력(제286조제1항제3호다목에 따른 투자운용인력을 말함. 이하 같음)을 갖출 것. 이 경우 위 1. 단서에 해당되는 자가 해당 국가에서 투자권유자문인력 또는 투자운용인력에 상당하는 자를 다음의 수 이상 확보하고 있는 때에는 해당 요건을 갖춘 것으로 봅니다.

(1) 투자자문업의 경우에는 투자권유자문인력인 상근 임직원 1명 이상 갖출 것. 다만, 종합금융회사(규제「금융산업의 구조개선에 관한 법률」 제4조에 따른 인가를 받아 합병으로 신설되거나 존속하는 종합금융회사만 해당함)인 경우에는 상근 임직원 4명을 말함

(2) 투자일임업의 경우에는 투자운용인력인 상근 임직원 2명 이상을 갖출 것

4) 임원이 「금융회사의 지배구조에 관한 법률」 제5조에 적합할 것

5) 대주주나 외국 투자자문업자 또는 외국 투자일임업자가 다음의 구분에 따른 요건을 갖출 것

(1) 위 1), (1)의 경우 대주주

(2) 위 1)의 외국 투자자문업자 또는 외국 투자일임업자가

6) 「자본시장과 금융투자업에 관한 법률 시행령」 제16조제8항에서 정하는 건전한 재무상태와 사회적 신용을 갖출 것

7) 금융투자업자와 투자자 간, 특정 투자자와 다른 투자자 간의 이해상충을 방지하기 위한 체계로서 다음의 요건을 갖출 것

(1) 「자본시장과 금융투자업에 관한 법률」 제44조에 따라 이해상충이 발생할 가능성을 파악·평가·관리할 수 있는 적절한 내부통제기준

을 갖출 것

(2) 「자본시장과 금융투자업에 관한 법률」 제45조제1항 및 제2항의 행위가 발생하지 않도록 적절한 체계를 갖출 것

### 2-3-3. 등록신청

- 금융투자업 등록을 하려는 자는 등록신청서를 금융위원회에 제출해야 합니다.
- 금융위원회는 등록신청서를 접수한 경우에는 그 내용을 검토하여 2개월 이내에 금융투자업 등록여부를 결정하고, 그 결과와 이유를 지체 없이 신청인에게 문서로 통지해야 합니다. 이 경우 등록신청서에 흠결이 있는 때에는 보완을 요구할 수 있습니다.
- 금융위원회는 위의 금융투자업 등록여부를 결정할 때 다음의 어느 하나에 해당하는 사유가 없는 한 등록을 거부해서는 안됩니다.

  ① 금융투자업 등록요건을 갖추지 않은 경우

  ② 등록신청서를 거짓으로 작성한 경우

  ③ 보완요구를 이행하지 않은 경우
- 금융위원회는 금융투자업 등록을 결정한 경우 투자자문업자등록부 또는 투자일임업자등록부에 필요한 사항을 기재해야 하며, 등록결정한 내용을 관보 및 인터넷 홈페이지 등에 공고해야 합니다.

■ **유용한 법령정보**

**Q.** 금융회사의 설립 및 경영 관련 등록·신고 업무처리는 어디에서 할 수 있나요?

**A.** 금융회사의 설립 및 경영 관련 등록 신고 업무는 금융민원센터 홈페이지(http://www.fcsc.kr/)에 접속하여 "등록·신고"에서 금융회사별 등록·신고 유형별로 구비서류, 심사기준 등 상세한 정보를 확인할 수 있습니다.

# 3. 금융투자업의 건전성 규제

## 3-1. 금융투자업자의 금융투자업무 범위

### 3-1-1. 금융투자업자의 고유업무 및 겸영업무

- 「자본시장과 금융투자업에 관한 법률」에서 말하는 금융투자업자의 고유업무는 금융위원회의 인가를 받거나 등록을 해서 영위하는 금융투자업을 말합니다.
- 금융투자업자(겸영금융투자업자, 그 밖에 「자본시장과 금융투자업에 관한 법률 시행령」 제43조제1항 각 호의 어느 하나에 해당하는 금융투자업자는 제외함)는 투자자 보호 및 건전한 거래질서를 해할 우려가 없는 금융업무로서 다음의 금융업무를 할 수 있습니다.
  ① 「자본시장과 금융투자업에 관한 법률」 또는 「한국은행법」, 「은행법」 등 금융관련법령에서 인가·허가·등록 등을 요하는 금융업무 중 「보험업법」 제91조에 따른 보험대리점의 업무 또는 보험중개사의 업무, 그 밖에 「자본시장과 금융투자업에 관한 법률」 제254조제8항에 따른 일반사무관리회사의 업무 등 「자본시장과 금융투자업에 관한 법률 시행령」 제43조제3항 각 호의 어느 하나에 해당하는 금융업무
  ② 「자본시장과 금융투자업에 관한 법률」 또는 금융관련법령에서 정하고 있는 금융업무로서 해당 법령에 따른 금융투자업자가 할 수 있도록 한 업무
  ③ 국가 또는 공공단체 업무의 대리
  ④ 투자자를 위해 그 투자자가 예탁한 투자자예탁금(「자본시장과 금융투자업에 관한 법률」 제74조제1항의 투자자예탁금을 말함)으로 수행하는 자금이체업무
  ⑤ 그 밖에 그 금융업무를 하여도 투자자 보호 및 건전한 거래질서를 해할 우려가 없는 업무로서 「자본시장과 금융투자업에 관한 법률 시행령」 제43조제5항제1호부터 제10호까지의 금융업무(다만, 제4호의 업무는 증권에 대한 투자매매업을 영위하는 경우만 해당하고, 제5호

의 업무는 해당 증권에 대한 투자매매업 또는 투자중개업을 영위하는 경우만 해당하며, 제6호의 업무는 증권 및 장외파생상품에 대한 투자매매업을 영위하는 경우만 해당하고, 제7호 및 제8호의 업무는 채무증권에 대한 투자매매업 또는 투자중개업을 영위하는 경우만 해당함)

- 금융투자업자가 위에 따라 금융업무를 영위하는 경우 위의 2.부터 5.까지의 업무를 하려는 때에는 그 업무를 하려는 날의 7일 전까지 이를 금융위원회에 신고해야 합니다. 이에 따라 신고를 하고 금융업무를 하여야 함에도 불구하고 신고를 하지 않고 금융업무를 한 자는 1억원 이하의 과태료를 부과받습니다.

### 3-1-2. 금융투자업자의 부수업무

- 금융투자업자는 금융투자업에 부수하는 업무를 하려는 경우에는 그 업무를 하려는 날의 7일 전까지 이를 금융위원회에 신고해야 합니다. 이에 따라 신고를 하고 부수업무를 하여야 함에도 불구하고 신고를 하지 않고 부수업무를 한 자는 1억원 이하의 과태료를 부과받습니다.
- 금융위원회는 부수업무 신고내용이 다음의 어느 하나에 해당하는 경우에는 그 부수업무를 제한하거나 시정할 것을 명할 수 있습니다.
  ① 금융투자업자의 경영건전성을 저해하는 경우
  ② 인가를 받거나 등록한 금융투자업의 경영에 따른 투자자 보호에 지장을 초래하는 경우
  ③ 금융시장의 안정성을 저해하는 경우

### 3-1-3. 명의대여의 금지

- 금융투자업자는 자기의 명의를 대여하여 타인에게 금융투자업을 하게 해서는 안됩니다.
- 이를 위반하여 자기의 명의를 대여하여 타인에게 금융투자업을 하게 한 자는 3년 이하의 징역 또는 1억원 이하의 벌금에 처해집니다.

### 3-2. 금융투자업자의 업무위탁 규제

#### 3-2-1. 금융투자업자의 업무위탁 범위

- 금융투자업자는 금융투자업, 부수업무(「자본시장과 금융투자업에 관한 법률」 제40조의 업무) 및 부수업무(「자본시장과 금융투자업에 관한 법률」 제41조제1항)와 관련하여 그 금융투자업자가 하는 업무의 일부를 제삼자에게 위탁할 수 있습니다.
- 다만, 투자자 보호 또는 건전한 거래질서를 해할 우려가 있는 내부감사업무, 위험관리업무, 신용위험의 분석·평가업무 등 「자본시장과 금융투자업에 관한 법률 시행령」 제45조 각 호의 업무[투자자 보호 및 건전한 거래질서를 해칠 우려가 없는 경우로서 금융위원회가 정하여 고시하는 업무(미고시)는 제외함] 제삼자에게 위탁해서는 안 됩니다.
- 이를 위반하여 투자자 보호를 해할 우려가 있는 업무 등을 위탁한 자는 1년 이하의 징역 또는 3천만원 이하의 벌금에 처해집니다.

#### 3-2-2. 금융투자업의 업무수탁자의 자격

- 위탁받는 업무가 본질적 업무[해당 금융투자업자가 인가를 받거나 등록을 한 업무와 직접적으로 관련된 필수업무로서 투자매매·중개업 관련 계약의 체결과 해지업무 등 「자본시장과 금융투자업에 관한 법률 시행령」 제47조제1항제1호부터 제6호까지의 업무(다만, 제6호나목 및 다목의 업무 중 채권추심업무 및 그 밖에 투자자 보호 및 건전한 거래질서를 해칠 우려가 없는 경우로서 금융위원회가 정하여 고시하는 업무(미고시)는 제외함)]인 경우 그 본질적 업무를 위탁받는 자는 그 업무 수행에 필요한 인가를 받거나 등록을 한 자이어야 합니다.
- 업무를 위탁받는 자가 외국 금융투자업자인 경우 외국 금융투자업자가 소재한 국가에서 외국 금융감독기관의 허가·인가·등록 등을 받아 위탁받으려는 금융투자업 또는 규제「자본시장과 금융투자업에 관한 법률」 제40조제1호에 따른 금융업무에 상당하는 영업을 하는 경우에는 인가를 받거나 등록을 한 것으로 봅니다.

### 3-2-3. 금융투자업자의 업무위탁 체결 방법과 절차

금융투자업자는 제삼자에게 업무를 위탁하는 경우에는 다음의 사항을 포함하는 위탁계약을 체결해야 하며, 그 내용을 「자본시장과 금융투자업에 관한 법률 시행령」 제46조제1항에서 정하고 있는 방법 및 절차에 따라 금융위원회에 보고해야 합니다.

① 위탁하는 업무의 범위

② 수탁자의 행위제한에 관한 사항

③ 위탁하는 업무의 처리에 대한 기록유지에 관한 사항

④ 그 밖에 투자자 보호 또는 건전한 거래질서를 위해 필요한 사항으로서 다음의 사항

ⓐ 업무위탁계약의 해지에 관한 사항

ⓑ 위탁보수 등에 관한 사항

ⓒ 그 밖에 업무위탁에 따른 이해상충방지체계 등 「금융투자업규정」(금융위원회 고시 제2020-21호, 2020.5.27. 발령·시행) 제4-4조제2항에서 정하는 사항

### 3-2-4. 업무위탁 제한 및 시정명령

금융위원회는 위에 따른 위탁계약의 내용이 다음의 어느 하나에 해당하는 경우에는 해당 업무의 위탁을 제한하거나 시정할 것을 명할 수 있습니다.

① 금융투자업자의 경영건전성을 저해하는 경우

② 투자자 보호에 지장을 초래하는 경우

③ 금융시장의 안정성을 저해하는 경우

④ 금융거래질서를 문란하게 하는 경우

### 3-2-5. 업무수탁자의 재위탁 금지의무

- 위에 따라 금융투자업자의 업무를 위탁받은 자는 위탁받은 업무를 제삼자에게 재위탁해서는 안 됩니다.

- 다만, 투자자 보호를 해하지 않는 범위에서 금융투자업의 원활한 수행을 위해 필요한 경우로서 전산관리·운영 업무 등 「자본시장과 금융투자업에 관한 법률 시행령」 제48조에서 정하는 업무를 위탁하는 경우에는 위탁한 자의 동의를 받아 제삼자에게 재위탁할 수 있습니다.
- 위의 업무수탁자의 재위탁 금지 의무를 위반하여 업무를 재위탁한 자는 1년 이하의 징역 또는 3천만원 이하의 벌금에 처해집니다.

### 3-2-6. 업무위탁에 대한 투자자 보호

- 금융투자업자는 업무위탁을 한 내용을 계약서류 및 투자설명서(집합투자업자의 경우 간이투자설명서를 포함함)에 기재해야 하며, 투자자와 계약을 체결한 후에 업무위탁을 하거나 그 내용을 변경한 경우에는 이를 투자자에게 통보해야 합니다.
- 금융투자업자의 업무를 위탁한 자는 다음의 기준에 따라 위탁한 업무의 범위에서 위탁받은 자에게 투자자의 금융투자상품의 매매, 그 밖의 거래에 관한 정보 및 투자자가 맡긴 금전, 그 밖의 재산에 관한 정보를 제공할 수 있습니다.

  ① 제공하는 정보는 위탁한 업무와 관련한 정보일 것

  ② 정보제공과 관련된 기록을 유지할 것

  ③ 제공하는 정보에 대한 수탁자의 정보이용에 관해 관리·감독이 가능할 것
- 금융투자업자는 업무를 위탁받은 자가 그 위탁받은 업무를 하는 과정에서 투자자에게 손해를 끼친 경우에는 「민법」 제756조에 따라 사용자 책임을 지게 됩니다.

## 3-3. 금융투자업자의 경영건전성 및 재무건전성 규제

### 3-3-1. 재무건전성 유지의무

금융투자업자[겸영금융투자업자와 투자자문업자 또는 투자일임업자(다른 금융투자업을 경영하지 않는 경우만 해당함), 집합투자업자(집합투자증권

외의 금융투자상품에 대한 투자매매업 또는 투자중개업을 경영하는 자는 제외함)는 제외함]는 아래 1.의 합계액에서 2.의 합계액을 뺀 금액(이하 "영업용순자본"이라 함)을 금융투자업자의 자산 및 부채에 내재하거나 업무에 수반되는 위험을 금액으로 환산하여 합계한 금액(이하 "총위험액"이라 함) 이상으로 유지해야 합니다.

① 자본금·준비금, 유동자산에 설정한 대손충당금 등「자본시장과 금융투자업에 관한 법률 시행규칙」 제5조제1항 각 호의 사항에 해당하는 금액

② 고정자산, 선급금 등「자본시장과 금융투자업에 관한 법률 시행규칙」 제5조제2항 각 호의 사항에 해당하는 금액

## 3-3-2. 경영건전성 유지

- 금융투자업자(겸영금융투자업자는 제외함)는 경영의 건전성을 유지하기 위해 다음의 사항에 관하여 금융위원회가 정해 고시하는 경영건전성기준(「금융투자업규정」 제8-41조)을 지켜야 하며, 이를 위한 적절한 체계를 구축·시행해야 합니다.
  ① 자기자본비율, 그 밖의 자본의 적정성에 관한 사항
  ② 자산의 건전성에 관한 사항
  ③ 유동성에 관한 사항
  ④ 그 밖에 경영의 건전성 확보를 위해 필요한 사항으로서 위험관리에 관한 사항, 외환건전성에 관한 사항, 그 밖에 경영의 건전성 확보를 위해 필요한 사항으로서 금융위원회가 정하여 고시하는 사항(미고시)
- "겸영금융투자업자"란 다음의 어느 하나에 해당하는 자로서 금융투자업을 겸영하는 자를 말합니다.
  ① 「은행법」 제2조의 은행
  ② 「보험업법」 제2조의 보험회사
  ③ 「한국산업은행법」에 따른 한국산업은행 등「자본시장과 금융투자업에 관한 법률 시행령」 제7조의2 각 호의 어느 하나에 해당하는 금융기관 등

### 3-3-3. 업무보고서 제출 및 공시 등

- 금융투자업자는 매 사업연도 개시일부터 3개월간·6개월간·9개월간 및 12개월간의 업무보고서를 작성하여 그 기간 경과 후 45일 이내에 금융위원회에 제출해야 합니다.
- 금융투자업자는 업무보고서를 금융위원회에 제출한 날부터 그 업무보고서 중 중요사항을 발췌한 공시서류를 1년간 본점과 지점, 그 밖의 영업소에 이를 비치하고, 인터넷 홈페이지 등을 이용하여 공시해야 합니다.
- 금융투자업자는 거액의 금융사고 또는 부실채권의 발생 등 금융투자업자의 경영상황에 중대한 영향을 미칠 사항으로서 금융투자업의 종류별로「자본시장과 금융투자업에 관한 법률 시행령」제36조제2항 각 호의 사항이 발생한 경우에는 금융위원회에 보고하고, 인터넷 홈페이지 등을 이용하여 공시해야 합니다.
- 금융투자업자는 업무보고서 외에 매월의 업무 내용을 적은 보고서를 다음 달 말일까지 금융위원회에 제출해야 합니다.
- 업무보고서 제출 및 공시의무 등 위반에 대한 제재. 위의 업무보고서 제출 및 공시의무 등을 위반하여 다음의 어느 하나에 해당하는 자는 1억원 이하의 과태료가 부과됩니다.

  ① 업무보고서를 제출하지 않거나 거짓으로 작성하여 제출한 자

  ② 공시서류를 비치 또는 공시하지 않거나 거짓으로 작성하여 비치 또는 공시한 자

  ③ 보고 또는 공시를 하지 않거나 거짓으로 보고 또는 공시한 자

  ④ 보고서를 제출하지 않거나 거짓으로 작성하여 제출한 자

## ■ 금융투자업의 건전성 규제 1

**Q.** 금융투자업자가 중개사무소 개설등록의 기준을 갖추지 않고 「자본시장과 금융투자업에 관한 법률」 제41조에 따라 부동산 매매 및 대차의 중개 업무를 신탁업에 부수되는 업무로 영위할 수 있나요?

**A.** 금융투자업자가 「자본시장과 금융투자업에 관한 법률」 제41조에 따라 부동산 매매 및 대차의 중개 업무를 신탁업의 부수업무로 영위하려면 「공인중개사의 업무 및 부동산 거래신고에 관한 법률」에 따른 중개사무소 개설등록의 기준을 갖춰야 합니다.

## ■ 금융투자업의 건전성 규제 2

**Q.** 금융투자업자가 「자본시장과 금융투자업에 관한 법률」 제41조에 따라 부동산 매매 및 대차의 중개 업무를 신탁업에 부수되는 업무로 영위하려면 중개사무소 개설등록의 기준을 갖춰야 한다고 보는 경우에도 종전의 「신탁업법」 에 따라 신탁업에 부수되는 부동산 매매 및 대차의 중개 업무에 대하여 「공인중개사의 업무 및 부동산 거래신고에 관한 법률」 에 따른 중개사무소 개설등록을 한 신탁회사가 법률 제8635호 「자본시장과 금융투자업에 관한 법률」 부칙 제14조에 따른 신고만으로 부동산 매매 및 대차의 중개 업무를 신탁업의 부수업무로 영위할 수 있나요?

**A.** 종전의 「신탁업법」에 따라 신탁업에 부수되는 부동산 매매 및 대차의 중개 업무에 대하여 「공인중개사의 업무 및 부동산 거래신고에 관한 법률」에 따른 중개사무소 개설등록을 한 신탁회사는 법률 제8635호 「자본시장과 금융투자업에 관한 법률」 부칙 제14조에 따른 신고만으로 신탁재산의 관리·처분과 관련된 부동산 매매 및 대차의 중개 업무를 신탁업의 부수업무로 영위할 수 있습니다.

## ■ 집합투자업자의 직접 판매와 이해상충 방지체계

**Q.** 자본시장법의 시행으로 자기가 운용하는 집합투자기구의 집합투자증권을 판매하는 경우에도 투자매매 · 투자중개업 인가가 필요한데 투자매매 · 투자중개업과 집합투자업 간에 이해상충방지체계를 구축해야 하는지 궁금합니다.

**A.** 자본시장법(§45①)은 투자매매업자, 집합투자업자 등 금융투자업의 겸업을 허용하는 대신 이해상충의 발생을 최소화하기위해 정보교류 차단장치를 설치하도록 의무화하고 있습니다.

특히 투자매매 · 중개업과 집합투자업은 정보교류에 따른 이해상충의 발생 가능성이 높다는 점에서 정보교류 차단장치를 설치하도록 규정하고 있습니다.(동법 시행령 §50①(1)) 다만 정보교류차단의 대상이 되는 투자매매 · 중개업의 범위는 금융투자상품의 매매 · 소유현황 정보 등 차단이 필요한 정보를 생산하는 부서에 한정(2009.2.3 개최한 "자본시장법 상 정보교류 차단장치 운영방안")된다는 점에서 집합투자업자가 자기가 운용하는 펀드의 판매업무 외에 다른 투자매매 · 중개업을 영위하지 않는 경우에는 펀드 판매부문(직판)과 집합투자업 부문간 정보교류 차단장치를 설치할 필요가 없습니다.

# 4. 금융투자업자의 영업행위 규칙

## 4-1. 금융투자업자의 신의성실의무 및 투자자이익 우선의무

### 4-1-1. 신의성실 및 투자자이익 우선의무

- 금융투자업자는 신의성실의 원칙에 따라 공정하게 금융투자업을 해야 합니다.
- 금융투자업자는 금융투자업을 할 때 정당한 사유 없이 투자자의 이익을 해하면서 자기가 이익을 얻거나 제삼자가 이익을 얻도록 해서는 안 됩니다.

## 4-2. 상호(商號)사용 제한

### 4-2-1. "금융투자"문자 등의 사용금지 의무

- 금융투자업자가 아닌 자는 그 상호 중에 "금융투자"라는 문자 또는 이와 같은 의미를 가지는 외국어 문자로서 financial investment(그 한글표기문자를 포함함)나 그와 비슷한 의미를 갖는 다른 외국어문자(그 한글표기문자를 포함함)를 사용해서는 안됩니다.
- 증권을 대상으로 하여 투자매매업 또는 투자중개업을 하는 자가 아닌 자는 그 상호 중에 "증권"이라는 문자 또는 이와 같은 의미를 갖는 외국어문자로서 securities(그 한글표기문자를 포함함)나 그와 비슷한 의미를 갖는 다른 외국어문자(그 한글표기문자를 포함함)를 사용해서는 안됩니다. 다만,「자본시장과 금융투자업에 관한 법률」 제229조제1호의 증권집합투자기구는 「자본시장과 금융투자업에 관한 법률」 제183조제1항에 따라 "증권"이라는 문자 또는 이와 같은 의미를 갖는 위의 외국어문자를 사용할 수 있습니다.
- 장내파생상품 또는 장외파생상품을 대상으로 하여 투자매매업 또는 투자중개업을 하는 자가 아닌 자는 그 상호 중에 "파생" 또는 "선물"이라는 문자 또는 이와 같은 의미를 갖는 외국어문자로서 derivatives 또는 futures(그 한글표기문자를 포함함)나 그와 비슷한 의미를 갖는

다른 외국어문자(그 한글표기문자를 포함함)를 사용해서는 안됩니다.

- 집합투자업자가 아닌 자는 그 상호 중에 “집합투자”, “투자신탁” 또는 “자산운용”이라는 문자 또는 이와 같은 의미를 가지는 외국어 문자로서 collective investment, pooled investment, investment trust, unit trust 또는 asset management(그 한글표기문자를 포함함)나 그와 비슷한 의미를 가지는 다른 외국어문자(그 한글표기문자를 포함함)를 사용해서는 안됩니다. 다만, 투자신탁인 집합투자기구는 “투자신탁”이라는 문자 또는 이와 같은 의미를 가지는 외국어 문자(investment trust)를 사용할 수 있습니다.
- 투자자문업자가 아닌 자는 그 상호 중에 “투자자문”이라는 문자 또는 이와 같은 의미를 가지는 외국어 문자로서 investment advisory(그 한글표기문자를 포함함)나 그와 비슷한 의미를 가지는 다른 외국어문자(그 한글표기문자를 포함함)를 사용해서는 안됩니다. 다만, 「부동산투자회사법」에 따른 부동산투자자문회사는 그러한 문자를 사용할 수 있습니다.
- 투자일임업자가 아닌 자는 그 상호 중에 “투자일임”이라는 문자 또는 이와 같은 의미를 가지는 외국어 문자로서 discretionary investment (그 한글표기문자를 포함함)나 그와 비슷한 의미를 가지는 다른 외국어문자(그 한글표기문자를 포함함)를 사용해서는 안됩니다.
- 신탁업자가 아닌 자는 그 상호 중에 “신탁”이라는 문자 또는 이와 같은 의미를 가지는 외국어 문자로서 trust(그 한글표기문자를 포함함)나 그와 비슷한 의미를 가지는 다른 외국어문자(그 한글표기문자를 포함함)를 사용해서는 안됩니다. 다만, 집합투자업자 또는 「담보부사채신탁법」에 따른 담보부사채에 관한 신탁업, 「저작권법」에 따른 저작권신탁관리업을 하는 자는 그 상호 중에 그러한 문자를 사용할 수 있습니다.

- 제한되는 외국어상호

| 금융투자업자 | 제한되는 상호 |
|---|---|
| 투자매매업자 또는 투자중개업자 | - 증권: security(그 한글표기문자를 포함함), 이와 비슷한 의미를 가지는 외국어문자(그 한글표기문자를 포함함)<br>- 파생 또는 선물: derivatives 또는 futures(그 한글표기문자를 포함함), 이와 비슷한 의미를 가지는 외국어문자(그 한글표기문자를 포함함) |
| 집합투자업자 | collective investment, pooled investment, investment trust, unit trust 또는 asset management (그 한글표기문자를 포함함), 이와 비슷한 의미를 가지는 외국어문자(그 한글표기문자를 포함함) |
| 투자자문업자 | investment advisory(그 한글표기문자를 포함함), 이와 비슷한 의미를 가지는 외국어문자(그 한글표기문자를 포함함) |
| 투자일임업자 | discretionary investment(그 한글표기문자를 포함함), 이와 비슷한 의미를 가지는 외국어문자(그 한글표기문자를 포함함) |
| 신탁업자 | trust(그 한글표기문자를 포함함), 이와 비슷한 의미를 가지는 외국어문자(그 한글표기문자를 포함함) |

### 4-2-2. "금융투자" 문자 등의 사용금지 위반에 대한 제재

위의 "금융투자" 문자 등의 사용금지 의무를 위반해 상호 중에 금융투자, 증권, 파생, 선물, 집합투자, 투자신탁, 자산운용, 투자자문, 투자일임 또는 신탁이라는 문자를 사용한 자는 1년 이하의 징역 또는 3천만원 이하의 벌금에 처해집니다.

### 4-3. 금융투자업자의 투자광고 규제

#### 4-3-1. 금융투자업자 외의 투자광고 금지

- 금융투자업자가 아닌 자는 금융투자업자의 경영업무 또는 금융투자상품에 관한 광고(이하 "투자광고"라 함)를 해서는 안됩니다.
- 투자광고 금지의 예외자. 다만, 협회와 금융투자업자를 자회사 또는 손자회사로 하는 「금융지주회사법」에 따른 금융지주회사는 투자광고를 할 수 있으며, 증권의 발행인 또는 매출인은 그 증권에 대하여 투자광고를 할 수 있습니다.

#### 4-3-2. 금융투자업자의 투자광고 유의사항

- 금융투자업자(위 투자광고 금지의 예외자를 포함)는 투자광고(집합투자증권에 대한 투자광고는 제외함)를 하는 경우에는 그 금융투자업자의 명칭, 금융투자상품의 내용, 투자에 따른 위험, 그 밖에 다음의 사항이 포함되도록 해야 합니다.
  ① 금융투자업자는 금융투자상품에 대해 충분히 설명을 할 의무가 있다는 내용
  ② 금융투자업자로부터 위의 1.의 설명을 듣고서 투자할 것을 권고하는 내용
  ③ 「자본시장과 금융투자업에 관한 법률」 제58조제1항에 따른 수수료에 관한 사항
  ④ 투자광고를 하는 자, 투자광고의 내용, 투자광고의 매체·크기·시간 등을 고려해 과거의 재무상태 또는 영업실적을 표기하는 경우 투자광고 시점(또는 기간) 및 미래에는 이와 다를 수 있다는 내용 등 「금융투자업규정」(금융위원회 고시 제2020-29호, 2020.6.24. 발령, 2020.7.1.

시행) 제4-11조제1항에서 정하는 사항

- 금융투자업자(위 투자광고 금지의 예외자를 포함)는 집합투자증권에 대하여 투자광고를 하는 경우 다음의 사항이 포함되도록 해야 하며, 집합투자기구의 명칭, 집합투자기구의 종류에 관한 사항, 집합투자기구의 투자목적 및 운용전략에 관한 사항, 그 밖에 집합투자증권의 특성 등을 고려하여「자본시장과 금융투자업에 관한 법률 시행령」 제60조제2항에서 정하는 사항 외의 사항을 투자광고에 사용해서는 안됩니다.
  ① 집합투자증권을 취득하기 전에 투자설명서 또는 간이투자설명서를 읽어 볼 것을 권고하는 내용
  ② 집합투자기구는 운용결과에 따라 투자원금의 손실이 발생할 수 있으며, 그 손실은 투자자에게 귀속된다는 사실
  ③ 집합투자기구의 운용실적을 포함하여 투자광고를 하는 경우에는 그 운용실적이 미래의 수익률을 보장하는 것은 아니라는 내용
- 금융투자업자(위 투자광고 금지의 예외자를 포함)는 투자광고를 할 때 「자본시장과 금융투자업에 관한 법률」제103조제3항에 따라 손실의 보전 또는 이익의 보장을 하는 경우를 제외하고는 손실보전 또는 이익보장으로 잘못 인식하게 하는 표시를 해서는 안됩니다.

### 4-3-3. 투자광고 금지 등 위반자에 대한 제재

위 투자광고 금지 또는 위 투자광고 유의사항을 위반해 투자광고를 한 자는 1년 이하의 징역 또는 3천만원 이하의 벌금에 처해집니다.

## 4-4. 금융투자업자의 이해상충 관리와 정보교류의 차단

### 4-4-1. 이해상충의 관리

- 금융투자업자는 금융투자업의 경영과 관련하여 금융투자업자와 투자자 간, 특정 투자자와 다른 투자자 간의 이해상충을 방지하기 위해 이해상충이 발생할 가능성을 파악·평가하고, 「금융회사의 지배구조에 관한 법률」 제24조에 따른 내부통제기준(이하 "내부통제기준"이라 함)이 정

하는 방법 및 절차에 따라 이를 적절히 관리해야 합니다.

- 금융투자업자는 위에 따라 이해상충이 발생할 가능성을 파악·평가한 결과 이해상충이 발생할 가능성이 있다고 인정되는 경우에는 그 사실을 미리 해당 투자자에게 알려야 하며, 그 이해상충이 발생할 가능성을 내부통제기준으로 정하는 방법 및 절차에 따라 투자자 보호에 문제가 없는 수준으로 낮춘 후 매매, 그 밖의 거래를 해야 합니다.
- 금융투자업자는 그 이해상충이 발생할 가능성을 낮추는 것이 곤란하다고 판단되는 경우에는 매매, 그 밖의 거래를 해서는 안됩니다.

### 4-4-2. 정보교류 등의 차단의무

- 금융투자업자는 그 영위하는 금융투자업(고유재산 운용업무를 포함함) 간에 이해상충이 발생할 가능성이 큰 경우로서 규제「자본시장과 금융투자업에 관한 법률 시행령」 제50조제1항에서 정하는 경우에는 다음의 어느 하나에 해당하는 행위를 해서는 안됩니다.
  ① 금융투자상품의 매매에 관한 정보, 금융투자상품의 소유현황에 관한 정보 등「자본시장과 금융투자업에 관한 법률 시행령」 제50조제2항에 따른 정보를 제공하는 행위
  ② 임원(대표이사, 감사 및 사외이사가 아닌 감사위원회의 위원을 제외함) 및 직원을 겸직하게 하는 행위
  ③ 사무공간 또는 전산설비를 사무공간이 벽이나 칸막이 등을 통해 공간적으로 분리되지 않거나, 출입문을 공동으로 이용하는 등「자본시장과 금융투자업에 관한 법률 시행령」 제50조제3항 각 호의 방법으로 공동으로 이용하는 행위
  ④ 그 밖에 이해상충이 발생할 가능성이 있는 행위로서「자본시장과 금융투자업에 관한 법률 시행령」 제50조제4항에 따른 행위
- 금융투자업자는 금융투자업의 영위와 관련하여 계열회사, 그 밖에「자본시장과 금융투자업에 관한 법률 시행령」 제51조제1항에 따른 회사와 이해상충이 발생할 가능성이 큰 경우로서 「자본시장과 금융투자업에

관한 법률 시행령」 제51조제2항에 따른 경우에는 다음의 어느 하나에 해당하는 행위를 해서는 안됩니다.

① 금융투자상품의 매매에 관한 정보, 금융투자상품의 소유현황에 관한 정보 등「자본시장과 금융투자업에 관한 법률 시행령」 제51조제3항에 따른 정보를 제공하는 행위

② 임원(비상근감사는 제외함) 및 직원을 겸직하게 하거나 파견하여 근무하게 하는 행위

③ 사무공간 또는 전산설비를 사무공간이 벽이나 칸막이 등을 통해 공간적으로 분리되지 않거나, 출입문을 공동으로 이용하는 등「자본시장과 금융투자업에 관한 법률 시행령」 제50조제3항 각 호의 방법으로 공동으로 이용하는 행위

④ 금융투자업자의 금융투자업무를 수행하는 임직원이 그 계열회사 또는 집합투자증권 판매회사의 임직원과 그 금융투자업의 업무에 관한 회의를 하거나 통신을 한 경우 해당 금융투자업자가 내부통제기준이 정하는 방법 및 절차에 따라 그 회의 또는 통신에 관한 기록을 유지하지 아니하거나 준법감시인(준법감시인이 없는 경우에는 감사 등 이에 준하는 자를 말한다)의 확인을 받지 않는 행위

#### 4-4-3. 정보교류차단 의무 위반에 대한 처벌

위 정보교류 등 차단의무를 위반한 자는 3년 이하의 징역 또는 1억원 이하의 벌금에 처해집니다.

### 4-5. 직무관련 정보의 이용금지 등

#### 4-5-1. 직무관련 정보의 이용금지

- 금융투자업자는 직무상 알게 된 정보로서 외부에 공개되지 않은 정보를 정당한 사유 없이 자기 또는 제삼자의 이익을 위해 이용해서는 안 됩니다.
- 이를 위반하여 직무상 알게 된 정보로서 외부에 공개되지 않은 정보를

자기 또는 제삼자의 이익을 위해 이용한 자는 3년 이하의 징역 또는 1억원 이하의 벌금에 처해집니다.

### 4-5-2. 손실보전 등의 금지

- 금융투자업자는 금융투자상품의 매매, 그 밖의 거래와 관련하여「자본시장과 금융투자업에 관한 법률」 제103조제3항에 따라 손실의 보전 또는 이익의 보장을 하는 경우, 그 밖에 건전한 거래질서를 해할 우려가 없는 경우로서 정당한 사유가 있는 경우를 제외하고는 다음의 어느 하나에 해당하는 행위를 해서는 안됩니다. 금융투자업자의 임직원이 자기의 계산으로 하는 경우에도 또한 같습니다.
  ① 투자자가 입을 손실의 전부 또는 일부를 보전하여 줄 것을 미리 약속하는 행위
  ② 투자자가 입은 손실의 전부 또는 일부를 사후에 보전하여 주는 행위
  ③ 투자자에게 일정한 이익을 보장할 것을 미리 약속하는 행위
  ④ 투자자에게 일정한 이익을 사후에 제공하는 행위
- 위의 금지되는 행위를 한 자는 3년 이하의 징역 또는 1억원 이하의 벌금에 처해집니다.

### 4-5-3. 약관제정·변경 시의 신고의무 등

- 금융투자업자는 금융투자업의 영위와 관련하여 약관을 제정 또는 변경하려는 경우에는 약관의 제정 또는 변경 후 7일 이내에 금융위원회 및 협회에 보고해야 합니다. 다만, 투자자의 권리나 의무에 중대한 영향을 미칠 우려가 있는 경우로서 다음의 경우에는 약관의 제정 또는 변경 전에 미리 금융위원회에 신고해야 합니다.
  ① 약관의 제정으로서 기존 금융서비스의 제공 내용·방식·형태 등과 차별성이 있는 내용을 포함하는 경우
  ② 투자자의 권리를 축소하거나 의무를 확대하기 위한 약관의 변경으로서 변경 전 약관을 적용받는 기존 투자자에게 변경된 약관을 적용하

는 경우 및 기존 금융서비스의 제공 내용·방식·형태 등과 차별성이 있는 내용을 포함하는 경우

③ 그 밖에 투자자 보호 등을 위하여 금융위원회가 정하여 고시하는 경우

- 위의 규정에도 불구하고 다음 어느 하나에 해당하는 경우는「자본시장과 금융투자업에 관한 법률」 제56조제1항 단서에 따라 사전신고하는 경우에 해당하지 않습니다.

① 같은 법 제56조제1항에 따라 보고 또는 신고된 약관과 동일하거나 유사한 내용으로 약관을 제정하거나 변경하는 경우

② 같은 법 제56조제3항에 따른 표준약관의 제정 또는 변경에 따라 약관을 제정하거나 변경하는 경우

③ 같은 법 제56조제7항에 따른 변경명령에 따라 약관을 제정하거나 변경하는 경우

④ 법령의 제정 또는 개정에 따라 약관을 제정하거나 변경하는 경우

⑤ 그 밖에 투자자의 권리나 의무에 중대한 영향을 미칠 우려가 없다고 인정하는 경우로서 금융위원회가 정하여 고시하는 경우

- 금융투자업자는 약관을 제정 또는 변경한 경우에는 인터넷 홈페이지 등을 이용하여 공시해야 합니다.

- 금융위원회는 약관 또는 표준약관이 「자본시장과 금융투자업에 관한 법률」 또는 금융과 관련되는 법령에 위반되거나 그 밖에 투자자의 이익을 침해할 우려가 있다고 인정되는 경우에는 금융투자업자 또는 협회에 그 내용을 구체적으로 적은 서면에 의하여 약관 또는 표준약관을 변경할 것을 명할 수 있습니다.

- 약관제정·변경 시의 신고의무 위반 등에 대한 제재

① 위의 신고의무를 위반하여 약관제정·변경 시 신고를 하지 않고 약관을 제정 또는 변경한 자와 거짓, 그 밖의 부정한 방법으로 신고를 한 자에게는 1억원 이하의 과태료가 부과됩니다.

② 위의 보고의무를 위반해 약관제정·변경 시 보고를 하지 않거나 거짓

으로 보고한 자는 3천만원 이하의 과태료를 부과받습니다.

### 4-5-4. 수수료 부과기준의 공시

- 금융투자업자는 투자자로부터 받는 수수료의 부과기준 및 절차에 관한 사항을 정하고, 인터넷 홈페이지 등을 이용하여 공시해야 합니다.
- 금융투자업자는 수수료 부과기준을 정할 때 투자자를 정당한 사유 없이 차별해서는 안됩니다.

### 4-5-5. 투자계약서류 발급 의무

- 금융투자업자는 투자자와 계약을 체결한 경우 그 계약서류를 투자자에게 지체 없이 발급해야 합니다. 다만, 다음의 경우에는 그 계약서류를 발급하지 않을 수 있습니다.
  ① 매매거래계좌를 설정하는 등 금융투자상품을 거래하기 위한 기본 계약을 체결하고 그 계약내용에 따라 계속적·반복적으로 거래를 하는 경우
  ② 투자자가 계약서류를 받기를 거부한다는 의사를 서면으로 표시한 경우
  ③ 투자자가 우편이나 전자우편으로 계약서류를 받을 의사를 서면으로 표시한 경우로서 투자자의 의사에 따라 우편이나 전자우편으로 계약서류를 제공하는 경우
  ④ 그 밖에 투자자 보호를 해칠 염려가 없는 경우로서 금융위원회가 정하여 고시하는 경우(미고시)
- 위의 투자계약서류 발급 의무를 위반하여 투자자에게 투자계약서를 제공하지 않은 자에게는 1억원 이하의 과태료가 부과됩니다.

### 4-5-6. 자료의 기록·유지

- 금융투자업자는 금융투자업 영위와 관련한 자료를 영업에 관한 자료, 재무에 관한 자료, 업무에 관한 자료, 내부통제에 관한 자료 등 규제 「자본시장과 금융투자업에 관한 법률 시행령」 제62조에 따라 자료의 종류별로 일정 기간 동안 기록·유지해야 합니다. 이러한 기록·유지 의

무를 위반하여 자료를 기록·유지하지 않은 자는 3년 이하의 징역 또는 1억원 이하의 벌금에 처해집니다.

- 금융투자업자는 위에 따라 기록·유지해야 하는 자료가 멸실되거나 위조 또는 변조가 되지 않도록 적절한 대책을 수립·시행해야 합니다.

### 4-5-7. 투자계약의 해제

- 금융투자업자와 계약을 체결한 투자자는 계약서류를 발급받은 날부터 7일 이내에 계약(투자자문계약에 한함)을 해제할 수 있습니다.
- 위의 계약의 해제는 해당 계약의 해제를 하는 취지의 서면을 해당 금융투자업자에게 송부한 때에 그 효력이 발생합니다.
- 금융투자업자는 계약이 해제된 경우 해당 계약의 해제까지의 기간에 상당하는 수수료, 보수, 그 밖에 해당 계약에 관하여 투자자가 지급해야 하는 대가로서 투자자문계약을 체결하기 위해 사회통념상 필요한 비용에 상당하는 금액 등「자본시장과 금융투자업에 관한 법률 시행령」 제61조제3항 각 호의 구분에 따른 금액을 초과하여 해당 계약의 해제에 수반하는 손해배상금 또는 위약금의 지급을 청구할 수 없습니다
- 금융투자업자는 계약이 해제된 경우 해당 계약과 관련한 대가를 미리 지급 받은 때에는 이를 투자자에게 반환해야 합니다. 다만,「자본시장과 금융투자업에 관한 법률 시행령」 제61조제3항 각 호의 구분에 따른 금액 이내의 경우에는 반환하지 않을 수 있습니다.
- 투자계약 해제에 관한 위의 사항에 반하는 특약으로서 투자자에게 불리한 것은 무효로 합니다.

## 4-6. 금융투자업자의 손해배상 책임

### 4-6-1. 금융투자업자의 손해배상 의무

- 금융투자업자는 법령·약관·집합투자규약·투자설명서(「자본시장과 금융투자업에 관한 법률」 제123조제1항에 따른 투자설명서를 말함)에 위반하는 행위를 하거나 그 업무를 소홀히 하여 투자자에게 손해를 발생시킨

경우에는 그 손해를 배상할 책임이 있습니다.

- 다만, 배상의 책임을 질 금융투자업자가 신의성실의무 규정인 「자본시장과 금융투자업에 관한 법률」 제37조제2항, 이해상충 방지의무 규정인 「자본시장과 금융투자업에 관한 법률」 제44조, 정보교류차단 의무 규정인 「자본시장과 금융투자업에 관한 법률」 제45조, 불건전영업행위 금지의무 규정인 「자본시장과 금융투자업에 관한 법률」 제71조 또는 제85조를 위반한 경우(투자매매업 또는 투자중개업과 집합투자업을 함께 경영함에 따라 발생하는 이해상충과 관련된 경우로 한정함)로서 그 금융투자업자가 상당한 주의를 하였음을 증명하거나 투자자가 금융투자상품의 매매, 그 밖의 거래를 할 때에 그 사실을 안 경우에는 배상의 책임을 지지 않습니다.

### 4-6-2. 임원의 연대배상 책임

금융투자업자가 위에 따른 손해배상책임을 지는 경우로서 관련되는 임원에게도 귀책사유(歸責事由)가 있는 경우에는 그 금융투자업자와 관련되는 임원이 연대하여 그 손해를 배상할 책임이 있습니다.

# 제3절 투자자

## 1. 투자자 개요

### 1-1. 투자자의 구분

#### 1-1-1. 투자자의 분류

「자본시장과 금융투자업에 관한 법률」은 투자자를 일반투자자와 전문투자자로 구분하고 있습니다.

### 1-2. 전문투자자

#### 1-2-1. 전문투자자의 개념

"전문투자자"란 금융투자상품에 관한 전문성 구비 여부, 소유자산규모 등에 비추어 투자에 따른 위험감수능력이 있다고 판단되는 투자자로서 다음 표의 어느 하나에 해당하는 자를 말합니다.

| 법률 | 시행령 | 일반투자자 전환 가능성 |
|---|---|---|
| 국가 | - | X |
| 한국은행 | - | X |
| 주권상장 법인 | 주권상장법인이 장외파생상품을 매매할 경우에는 일반투자자로 봄 | |
| 금융기관 | 은행[한국산업은행, 중소기업은행, 한국수출입은행, 농업협동조합중앙회, 수산업협동조합중앙회 | X |
| | 금융투자업자 | X |
| | 증권금융회사 | X |
| | 종합금융회사 | X |
| | 「보험업법」에 따른 보험회사 | X |
| | 「자본시장과 금융투자업에 관한 법률」 제355조제1항에 따라 인가를 받은 자금중개회사 | X |

| | | |
|---|---|---|
| | | |
| | 「금융지주회사법」에 따른 금융지주회사 | X |
| | 「여신전문금융업법」에 따른 여신전문금융회사 | X |
| | 「상호저축은행법」에 따른 상호저축은행 및 그 중앙회 | X |
| | 「산림조합법」에 따른 산림조합중앙회 | X |
| | 「새마을금고법」에 따른 새마을금고연합회 | X |
| | 「신용협동조합법」에 따른 신용협동조합중앙회 | X |
| | 위의 기관에 준하는 외국 금융기관 | X |
| 그 밖의 경우 | 「예금자보호법」에 따른 예금보험공사 및 정리금융회사 | X |
| | 「한국자산관리공사 설립 등에 관한 법률」에 따른 한국자산관리공사 | X |
| | 「한국주택금융공사법」에 따른 한국주택금융공사 | X |
| | 「한국투자공사법」에 따른 한국투자공사 | X |
| | 금융투자협회 | X |
| | 한국예탁결제원 | X |
| | 「주식·사채 등의 전자등록에 관한 법률」에 따른 전자등록기관 | X |
| | 한국거래소 | X |
| | 금융감독원 | X |
| | 집합투자기구 | X |
| | 「신용보증기금법」에 따른 신용보증기금 | X |
| | 「기술보증기금법」에 따른 기술보증기금 | X |
| | 법률에 따라 설립된 기금 (신용보증기기금 및 기술보증기금은 제외함) 및 그 기금을 관리·운용하는 법인 | |
| | 법률에 따라 공제사업을 영위하는 법인 | |
| | 지방자치단체 | |
| | 해외 증권시장에 상장된 주권을 발행한 국내법인 | |

|  |  |  |
| --- | --- | --- |
|  | 관련 자료를 제출한 날 전날의 금융투자상품 잔고가 100억원(「주식회사 등의 외부감사에 관한 법률」에 따라 외부감사를 받는 주식회사는 50억원) 이상이고 그러한 사실을 금융위원회에 증명할 수 있는 자료를 제출한 법인 또는 단체(관련 자료를 제출한 날부터 2년이 지나지 않을 것) |  |
|  | 관련 자료를 제출한 날의 전날을 기준으로 최근 5년 중 1년 이상의 기간 동안 금융위원회가 정하여 고시하는 금융투자상품을 월말 평균잔고 기준으로 5천만원 이상 보유한 경험이 있고, 금융위원회가 정하여 고시하는 소득액·자산 기준이나 금융 관련 전문성 요건을 충족하고 있음을 증명할 수 있는 관련 자료를 금융위원회가 정하여 고시하는 금융투자업자에게 제출할 수 있는 개인. 다만, 외국인인 개인, 개인종합자산관리계좌에 가입한 거주자인 개인(신탁업자와 특정금전신탁계약을 체결하는 경우 및 투자일임업자와 투자일임계약을 체결하는 경우로 한정함) 및 전문투자자와같은 대우를 받지 않겠다는 의사를 금융투자업자에게 표시한 개인은 제외함 |  |
|  | 외국정부, 조약에 따라 설립된 국제기구, 외국 중앙은행 등 | X |
|  | 위의 내국인에 준하는 외국인: 해당 내국인이 일반투자자로 전환가능성이 있는지 여부에 따름. 다만, 개인종합자산관리계좌에 가입한 거주자인 외국인(신탁업자와 특정금전신탁계약을 체결하는 경우 및 투자일임업자와 투자일임계약을 체결하는 경우로 한정함)은 제외함 | △ |

### 1-2-2. 일반투자자로 전환가능한 전문투자자

다만, 전문투자자 중 일정한 자가 일반투자자와 같은 대우를 받겠다는 의사를 금융투자업자에게 서면으로 통지하는 경우 금융투자업자는 정당한 사유가 있는 경우를 제외하고는 이에 동의해야 하며, 금융투자업자가 동의한 경우에는 해당 투자자는 일반투자자로 봅니다.

## 1-3. 일반투자자

### 1-3-1. 일반투자자의 범위

"일반투자자"란 전문투자자가 아닌 투자자를 말합니다.

### 1-3-2. 금융투자업자의 일반투자자 확인의무

- 금융투자업자는 투자권유를 하기 전에 투자자가 일반투자자인지 전문투자자인지의 여부를 확인해야 합니다.
- 「자본시장과 금융투자업에 관한 법률」은 일반투자자와 전문투자자에 대해 차등화된 행위규제를 적용하며, 전문투자자는 위험감수 능력이 있으므로 투자자 보호규제는 일반투자자에게 집중됩니다.
  ① 투자권유를 하기 전에, 투자자의 투자목적, 재산상황 등을 파악하도록 하는 고객파악의무(Know-your-customer-rule)는 일반투자자에게만 적용합니다.
  ② 투자권유를 하는 경우, 투자자의 투자목적, 재산상태, 투자경험 등에 비추어 적합한 투자권유를 하도록 하는 규제(적합성의 원칙)는 일반투자자에게만 적용합니다.
  ③ 투자권유 시 금융상품의 내용·위험에 대한 설명 의무는 일반 투자자에게만 적용됩니다.

■ 유용한 법령정보

**Q.** 국내 증권시장과 해외 증권시장에 모두 주권을 상장한 국내 법인은 전문투자자인가요?

**A.** 장외파생상품을 제외한 금융투자상품을 거래하는 경우 국내 증권시장과 해외 증권시장에 모두 주권을 상장한 국내 법인은 전문투자자에 해당합니다. 다만, 장외파생상품 거래시에는 전문투자자 대우를 받겠다는 서면 의사 통지가 없는 한 일반투자자에 해당합니다.

■ 유용한 법령정보 2

**Q.** 해외증권시장에 상장한 외국법인과 그 외국법인의 국내 현지법인 또는 지점은 전문투자자인가요?

**A.** 해외 증권시장에 상장한 외국법인은 전문투자자에 해당합니다. 전문투자자인 외국법인의 국내 현지법인은 모회사인 외국법인과는 별개로 국내 현지법인을 기준으로 「자본시장과 금융투자업에 관한 법률」에 따른 전문투자자에 해당하는지 여부를 판단합니다. 하지만, 전문투자자인 외국법인의 국내 지점의 경우 본점인 외국법인을 기준으로 외국법인이 전문투자자인 경우 국내지점도 전문투자자로 봅니다.

## ■ 자본시장법상 전문투자자

**Q.** 자본시장법 제9조에서는 국가를 전문투자자로 보고 있는데, 행정부, 입법부, 사법부 관련 기관이 국가에 해당하는지요?

**A.** 자본시장법 제9조제5항 및 그 시행령 제10조제1항에서는 국가를 원칙적으로 전문투자자로 규정하고 있으며, 여기서 국가는 헌법, 정부조직법 등 법률에 따라 설치된 중앙행정기관, 국회·대법원·헌법재판소 및 중앙선거관리위원회 등을 말합니다.

## ■ 자본시장법상 전문투자자 관련 규정의 해석

**Q.** 공익법인의 설립·운영에 관한 법률」에 의하여 설립된 재단법인의 기금이 자본시장법 시행령 제10조제3항제12호에 따른 법정 기금에 해당하나요?

**A.** 자본시장법 시행령 제10조제3항12호에서는 법률에 따라 설립된 기금 및 그 기금을 관리·운용하는 법인을 전문투자자로 정하고 있는바, 「국민연금법」에 따른 국민연금기금, 「공무원연금법」에 따른 공무원연금기금 등과 같이 별도의 법률에 따라 설립된 것이 아니라 「공익법인의 설립.운영에 관한 법률」에 따라 허가를 받은 기금인 경우에는 이에 해당하지 않습니다.

## ■ 일반투자자와 전문투자자의 구분

**Q.** 자본시장과 금융투자업에 관한 법률과 관련하여 일반투자자와 전문투자자를 어떻게 구분하는지요?

**A.** 자본시장과 금융투자업에 관한 법률은 금융투자상품에 대한 전문성과 보유자산 규모 등을 기준으로 투자위험을 감수할 능력이 있는 전문투자자와 그렇지 않은 일반투자자를 구분하고 있습니다. 대표적인 전문투자자는 국가, 은행, 금융투자회사, 보험사 등 금융기관이 포함되며 위험감수능력이 상대적으로 미약한 일반투자자에 대해서는 설명의무 등 투자자 보호 규제가 적용됩니다.

## ■ 투자자 자기책임의 원칙

**Q.** 투자자 자기책임의 원칙이란 무엇인가요?

**A.** 금융투자상품 투자에 따른 책임은 최종적으로 투자자 본인에게 있습니다. 이는 금융투자회사 임직원이나 투자권유대행인으로부터 투자권유를 받아 투자하는 경우에도 마찬가지입니다. 또한, 영업직원이 제시하는 원금보장, 수익보장, 손실보전의 약속은 자본시장법상 엄격히 금지되는 행위로서 효력이 인정되지 않음을 기억해야 합니다. 주식, 채권 등 증권에 직접 투자하는 경우 발행기업은 물론 거래 금융회사에 대한 공시자료나 재무제표, 언론보도내용 등을 종합적으로 고려하여 투자를 결정해야 합니다. 금융투자회사에서 제공하는 조사분석보고서는 참고자료로 활용하되, 가능한 한 여러 금융투자 회사의 자료를 살펴보고 조사분석보고서의 내용(투자등급, 목표주가 등)을 맹신하지 않아야 하겠습니다.

## 2. 투자자 보호제도

### 2-1. 금융투자업자의 고객파악의무(know your customer rule)

#### 2-1-1. 적합성의 원칙 등

- 금융투자업자는 일반투자자에게 투자권유를 하기 전에 면담·질문 등을 통해 일반투자자의 투자목적·재산상황 및 투자경험 등의 정보를 파악하고, 일반투자자로부터 서명(「전자서명법」 제2조제2호에 따른 전자서명을 포함함. 이하 같음), 기명날인, 녹취, 전자우편이나 이와 비슷한 전자통신, 우편, 전화자동응답시스템의 방법으로 확인을 받아 이를 유지·관리해야 하며, 확인받은 내용을 투자자에게 지체 없이 제공해야 합니다.
- 금융투자업자는 일반투자자에게 투자권유를 하는 경우에는 일반투자자의 투자목적·재산상황 및 투자경험 등에 비추어 그 일반투자자에게 적합하지 않다고 인정되는 투자권유를 해서는 안됩니다.

#### 2-1-2. 적정성의 원칙

- 금융투자업자는 일반투자자에게 투자권유를 하지 않고 파생상품, 그 밖에「자본시장과 금융투자업에 관한 법률 시행령」 제52조의2제1항 각 호의 어느 하나에 해당하는 금융투자상품(이하 "파생상품 등"이라 함)을 판매하려는 경우에는 면담·질문 등을 통해 그 일반투자자의 투자목적·재산상황 및 투자경험 등의 정보를 파악해야 합니다.
- 금융투자업자는 일반투자자의 투자목적·재산상황 및 투자경험 등에 비추어 해당 파생상품 등이 그 일반투자자에게 적정하지 않다고 판단되는 경우에는 다음에 따라 그 사실을 알리고, 일반투자자로부터 서명, 기명날인, 녹취, 전자우편이나 이와 비슷한 전자통신, 우편, 전화자동응답시스템의 방법으로 확인을 받아야 합니다.

  ① 해당 파생상품 등의 내용

  ② 해당 파생상품 등에 대한 투자에 따르는 위험

③ 해당 파생상품 등이 일반투자자의 투자목적·재산상황 및 투자경험 등에 비추어 그 일반투자자에게 적정하지 않다는 사실

## ■ 투자자 정보의 확인

**Q.** 선물·옵션, ELW는 매매의 적시성이 중요한 상품임에도 불구하고 매매 시마다(HTS 포함) 투자자 정보를 확인해야 하는지?

**A.** 파생상품 등(파생상품, 파생펀드, 파생결합증권)에 대해서는'적정성의 원칙'이 적용되므로 금융투자회사의 투자권유 없이 HTS를 통해 투자하는 경우에도 금융투자회사는 투자자 정보를 확인해야 합니다. 이 경우, HTS 시스템 매매 이전에 계좌개설 단계에서 고객 정보를 파악하는 것도 가능하며, 이후 매매시마다 정보를 재확인하는 문제는 전술한 계속적인 주식 거래의 경우를 준용합니다.

## ■ 투자자 정보의 확인 2

**Q.** 기존에 가입한 펀드에 대한 추가매수 또는 환매를 문의하는 경우에도 투자자 정보를 확인해야 하는지?

**A.** 투자자의 문의에 대하여 금융투자회사가 시황설명 등 단순한 의견을 제시하는 경우는 투자권유가 아니므로 금융투자회사는 투자자 정보를 확인하지 않습니다. 다만, 금융투자회사가 투자자에게 추가매수 또는 환매를 권유하는 경우는 자본시장법상 투자권유에 해당하므로 금융투자회사는 투자자정보를 확인해야 합니다.

### 2-2. 금융투자업자의 설명의무

#### 2-2-1. 금융투자업자의 설명사항

- 금융투자업자는 일반투자자를 상대로 투자권유를 하는 경우에는 금융투자상품의 내용, 투자에 따르는 위험, 그 밖에 다음의 사항을 일반투자자가 이해할 수 있도록 설명해야 합니다.
  ① 금융투자상품의 투자성(「자본시장과 금융투자업에 관한 법률」 제3조제1항 본문의 투자성을 말함. 이하 같음)에 관한 구조와 성격
  ② 「자본시장과 금융투자업에 관한 법률」 제58조제1항에 따른 수수료에 관한 사항
  ③ 조기상환조건이 있는 경우 그에 관한 사항
  ④ 계약의 해제·해지에 관한 사항
  ⑤ 투자자문업자가 투자권유를 하는 경우에는 다음의 사항
    ⓐ 투자자문업자가「자본시장과 금융투자업에 관한 법률 시행령」 제60조제3항제4호의 요건을 충족한 자에 해당하는지 여부
    ⓑ 투자자문을 제공하는「자본시장과 금융투자업에 관한 법률」 제6조제7항에 따른 금융투자상품 등의 종류와 범위
    ⓒ 투자자문 제공 절차와 투자자문수수료 등 관련 비용의 규모 및 산정방식
    ⓓ 그 밖에 투자자와 이해상충이 발생할 수 있는 사항으로서 금융위원회가 정하여 고시하는 사항
- 금융투자업자는 설명한 내용을 일반투자자가 이해하였음을 서명, 기명날인, 녹취, 전자우편이나 이와 비슷한 전자통신, 우편, 전화자동응답시스템의 방법 중 하나 이상의 방법으로 확인을 받아야 합니다. 이를 위반하여 확인을 받지 않은 자에 대해서는 1억원 이하의 과태료를 부과합니다.
- 금융투자업자는 설명을 할 때 투자자의 합리적인 투자판단 또는 해당 금융투자상품의 가치에 중대한 영향을 미칠 수 있는 사항(이하 "중요

사항"이라 함)을 거짓 또는 왜곡(불확실한 사항에 대하여 단정적 판단을 제공하거나 확실하다고 잘못 인식하게 할 소지가 있는 내용을 알리는 행위를 말함)하여 설명하거나 중요사항을 누락해서는 안됩니다.

**[관련판례]**

은행이 통화옵션계약 체결 과정에서 적합성의 원칙이나 설명의무, 사후적 고객보호의무 등을 위반하였음을 이유로 투자자가 계약을 무효로 하거나, 고객의 해지권 또는 이행거절권을 행사할 수 있는지 여부
(서울고법 2009.8.21, 자, 2009라997, 결정 : 확정)

통화옵션계약 체결과정에서 요구되는 적합성의 원칙이나 설명의무는 은행이 전문가로서 비전문가인 고객의 합리적인 의사결정을 돕는 차원에서 신의칙상 부수적으로 인정되는 성질의 것이므로, 계약 체결에서 주된 부분에 관하여 쌍방의 의사합치가 있고, 위와 같은 의무 위반이 실질적으로 기망에 해당하여 고객이 계약의 내용에 관하여 어떤 착오를 일으켰다고 평가할 수 없는 이상, 위 의무 위반을 이유로 손해배상을 구할 수 있는지 여부는 별론으로 하고, 특단의 사정이 없는 한 그와 같은 부수적 의무 위반이 있다는 사정만으로 계약체결의 과정이 신의칙에 위반하여 계약이 무효라거나 계약 자체의 해지나 이행거절권이 인정될 수는 없습니다.

## ■ 투자설명을 알아듣기 어려운 경우

**Q.** 투자설명을 알아듣기 어려운 경우에는 어떻게 해야 하나요?

**A.** 금융투자회사는 투자상품의 내용과 이에 따른 손실위험 등 투자에 필요한 정보를 투자자가 이해할 수 있도록 설명해야 하는 의무가 있습니다. 만약 금융투자회사가 투자자에게 고객알기의무, 설명의무 등을 제대로 지키지 않아 손해가 발생한 경우 투자자는 금융투자회사에 손해배상을 청구할 수 있으며, 이 경우 「자본시장과 금융투자업에 관한 법률」에 따라 원본결손액이 불법행위로 인한 손해액으로 추정됩니다. 따라서, 투자자에게 충분히 설명하는 일이 「자본시장과 금융투자업에 관한 법률」이 정한 금융투자회사의 당연한 의무라는 것을 명심하고 이해하기 어려운 내용에 대해서는 이해할 수 있을 때까지 끝까지 설명을 요구해야 합니다.

아울러 다음과 같은 경우에는 가급적 투자권유를 받지 않는 것이 바람직합니다.

① 특정 종목에 대한 매수 혹은 매도권유를 하면서 합리적인 근거를 제시하지 않는 경우, 예를 들어 지나치게 과거의 주가차트분석이나 풍문 등에 의존하는 경우

② 투자자의 투자목적 등에 적합하지 않은 투자권유를 하는 경우, 예를 들어 투자자의 투자성향이 위험중립형인데도 고위험의 파생상품 펀드나 관리종목 등에 투자를 권유하는 경우

③ 「자본시장과 금융투자업에 관한 법률」상 금지되어 있는 원금보장이나 손실보전을 약속하거나 투자자 본인의 재산상태, 투자목적 또는 투자자가 부담하는 수수료 등에 비하여 과도한 거래를 권유하는 경우

### 2-2-2. 설명의무 위반 시 손해배상 책임

- 금융투자업자는 설명의무(「자본시장과 금융투자업에 관한 법률」 제47조 제1항 또는 제3항)를 위반한 경우 이로 인해 발생한 일반투자자의 손해를 배상할 책임이 있습니다. <제47조 2021.03.25. (삭제)>
- 금융투자상품의 취득으로 인해 일반투자자가 지급하였거나 지급해야 할 금전 등의 총액에서 그 금융투자상품의 처분, 그 밖의 방법으로 그 일반투자자가 회수하였거나 회수할 수 있는 금전 등의 총액을 뺀 액수를 손해액으로 추정합니다.

**[관련판례] 은행의 펀드판매에 대한 손해배상 책임**

판례는 "은행원들이 펀드가입을 권유하면서 고위험·고수익의 장외파생상품을 주된 투자대상으로 하는 펀드의 위험성을 알리지 않은 사안에서, 이러한 행위는 투자자 보호의무를 위반한 불법행위를 구성하므로 은행이 사용자로서 손해배상책임을 진다"고 판시하였습니다(서울중앙지법 2009.6.23. 선고 2008가합99578 판결).

## 2-3. 부당권유 금지

### 2-3-1. 부당권유 금지의무

금융투자업자는 투자권유를 할 때 다음의 어느 하나에 해당하는 행위를 해서는 안됩니다.

① 거짓의 내용을 알리는 행위

② 불확실한 사항에 대하여 단정적 판단을 제공하거나 확실하다고 잘못 인식하게 할 소지가 있는 내용을 알리는 행위

③ 투자자로부터 투자권유의 요청을 받지 않고 방문·전화 등 실시간 대화의 방법을 이용하는 행위. 다만, 투자자 보호 및 건전한 거래질서를 해할 우려가 없는 행위로서 증권과 장내파생상품에 대해 투자권유를 하는 행위를 제외합니다

④ 투자권유를 받은 투자자가 이를 거부하는 취지의 의사를 표시하였음에도 불구하고 투자권유를 계속하는 행위. 다만, 투자자 보호 및 건전한 거래질서를 해할 우려가 없는 행위로서 다음의 행위는 제외합니다.

ⓐ 투자권유를 받은 투자자가 이를 거부하는 취지의 의사를 표시한 후 1개월이 지난 후에 다시 투자권유를 하는 행위

ⓑ 다른 종류의 금융투자상품에 대해 투자권유를 하는 행위(이 경우 다른 종류의 구체적인 내용은 「금융투자업규정」 제4-8조제2항에 따름)

⑤ 그 밖에 투자자 보호 또는 건전한 거래질서를 해할 우려가 있는 행위로서 투자자(전문투자자와 신용공여를 받아 투자를 한 경험이 있는 일반투자자는 제외함)로부터 금전의 대여나 그 중개·주선 또는 대리를 요청받지 않고 이를 조건으로 투자권유를 하는 행위

### 2-3-2. 부당권유 금지의무 위반에 대한 처벌

부당권유 금지를 위반한 자는 위반 대상에 따라 다음의 처벌을 받습니다.

| 위반 대상 | 처벌 |
| --- | --- |
| - 거짓의 내용을 알리는 행위<br>- 불확실한 사항에 대하여 단정적 판단을 제공하거나 확실하다고 잘못 인식하게 할 소지가 있는 내용을 알리는 행위 | 3년 이하의 징역 또는<br>1억원 이하의 벌금<br>(징역형과 벌금형을 병과할 수 있음) |
| - 투자자로부터 투자권유의 요청을 받지 않고 방문·전화 등 실시간 대화의 방법을 이용하는 행위<br>- 투자권유를 받은 투자자가 이를 거부하는 취지의 의사를 표시하였음에도 불구하고 투자권유를 계속하는 행위<br>- 그 밖에 투자자 보호 또는 건전한 거래질서를 해할 우려가 있는 | 1억원 이하의 과태료 |

| | |
|---|---|
| 행위로서 투자자(전문투자자와 신용공여를 받아 투자를 한 경험이 있는 일반투자자는 제외함)로부터 금전의 대여나 그 중개·주선 또는 대리를 요청받지 않고 이를 조건으로 투자권유를 하는 행위 | |

## 2-4. 금융투자업자의 투자권유준칙 마련 및 공시의무

### 2-4-1. 투자권유준칙의 마련 및 공시의무

금융투자업자는 투자권유를 할 때 금융투자업자의 임직원이 지켜야 할 구체적인 기준 및 절차(이하 "투자권유준칙"이라 함)를 정해야 합니다. 다만, 파생상품등에 대해서는 일반투자자의 투자목적·재산상황 및 투자경험 등을 고려하여 투자자 등급별로 차등화된 투자권유준칙을 마련해야 합니다.

### 2-4-2. 투자권유준칙의 공시

- 금융투자업자는 투자권유준칙을 정한 경우 이를 인터넷 홈페이지 등을 이용하여 공시해야 합니다. 투자권유준칙을 변경한 경우에도 또한 같습니다.
- 금융투자협회에서는 금융투자업자의 임직원이 지켜야 할 구체적인 기준 및 절차를 위해 「표준투자권유준칙」(금융투자협회 표준투자권유준칙 2020.3.19. 발령·시행)을 정하고 있습니다.

### 2-4-3. 투자권유준칙 마련 및 공시의무 위반에 대한 제재

- 위의 투자권유준칙 마련의무를 위반해 투자권유준칙을 마련하지 않은 자는 1억원 이하의 과태료 처분을 받습니다.
- 위의 투자권유준칙 공시의무를 위반해 공시를 하지 않거나 거짓으로 공시한 자는 3천만원 이하의 과태료 처분을 받습니다.

### 2-5. 투자권유대행인 제도의 도입

#### 2-5-1. 투자권유대행인 제도의 도입 이유

투자자가 금융투자상품을 구매하기 위해서는 직접 금융기관의 점포를 방문해야 하므로 투자자의 불편을 가져와 「자본시장과 금융투자업에 관한 법률」에서는 투자자가 금융투자상품에 대해 보다 다양한 경로로 접근할 수 있도록 투자권유대행자(Introducing Broker)제도를 도입하였습니다.

## 3. 투자권유 대행인

### 3-1. 투자권유대행인의 등록 등

#### 3-1-1. 금융투자업자가 투자권유를 위탁할 수 있는 경우

금융투자업자는 다음의 요건을 모두 갖춘 개인에게 투자권유(파생상품등에 대한 투자권유는 제외함)를 위탁할 수 있습니다. 이 경우 금융투자업자의 업무위탁에 관한 「자본시장과 금융투자업에 관한 법률」 제42조를 적용하지 않습니다.

① 「자본시장과 금융투자업에 관한 법률」 제51조제3항에 따라 금융위원회에 등록된 사람이 아닐 것

② 금융투자상품에 관한 전문 지식이 있는 사람으로서 다음의 자격을 갖추고 협회가 정하여 금융위원회의 인정을 받은 교육을 마칠 것(「자본시장과 금융투자업에 관한 법률 시행령」 제56조).

ⓐ 「자본시장과 금융투자업에 관한 법률」 제286조제1항제3호가목에 따라 협회에서 금융투자협회(이하 "협회"라 함)에서 시행하는 투자권유자문인력의 능력을 검정할 수 있는 시험에 합격한 사람

ⓑ 「자본시장과 금융투자업에 관한 법률」 제286조제1항제3호다목에 따라 협회에서 시행하는 투자운용인력의 능력을 검증할 수 있는 시험에 합격한 사람

ⓒ 「보험업법 시행령」 별표 3에 따른 보험설계사·보험대리점 또는 보험중개사의 등록요건을 갖춘 개인으로서 보험모집에 종사하고 있

는 사람(집합투자증권의 투자권유를 대행하는 경우만 해당 함)

③ 투자권유대행인의 등록요건 유지의무 위반 등으로 금융투자업자의 투자권유대행인 등록이 취소된 경우 그 등록이 취소된 날부터 3년이 경과하였을 것

### 3-1-2. 투자권유대행인의 등록

- 금융투자업자는 투자권유를 위탁한 경우에는 위탁받은 자를 금융위원회에 등록해야 합니다. 이 경우 금융위원회는 그 등록업무를 「자본시장과 금융투자업에 관한 법률 시행령」 제57조에 따라 협회에 위탁할 수 있습니다.
- 투자권유를 위탁받은 자는 등록 전에는 투자권유를 해서는 안됩니다. 이를 위반하여 투자권유를 위탁받은 자가 등록 전에 투자권유를 하는 경우에는 3년 이하의 징역 또는 1억원 이하의 벌금에 처해집니다.
- 금융투자업자는 투자권유를 위탁받은 자를 등록하려는 경우에는 금융위원회(등록업무가 협회에 위탁한 경우에는 협회를 말함)에 등록신청서를 제출해야 합니다.
- 금융투자업자는 위의 등록신청에 따라 등록된 자(이하 "투자권유대행인"이라 함) 외의 자에게 투자권유를 대행하게 해서는 안됩니다. 이를 위반하여 투자권유대행인 외의 자에게 투자권유를 대행하게 한 자는 3년 이하의 징역 또는 1억원 이하의 벌금에 처해집니다.

## 3-2. 투자권유대행인의 영업 시 의무

### 3-2-1. 투자권유대행인의 금지행위

- 투자권유대행인은 다음의 어느 하나에 해당하는 행위를 해서는 안됩니다.
  ① 위탁한 금융투자업자를 대리하여 계약을 체결하는 행위
  ② 투자자로부터 금전·증권, 그 밖의 재산을 받는 행위
  ③ 금융투자업자로부터 위탁받은 투자권유대행업무를 제삼자에게 재위탁하는 행위

④ 그 밖에 투자자 보호 또는 건전한 거래질서를 해할 우려가 있는 행위로서 투자자를 대리하여 계약을 체결하는 행위나 투자자로부터 금융투자상품에 대한 매매권한을 위탁받는 행위 등 「자본시장과 금융투자업에 관한 법률 시행령」 제59조제1항에서 정하는 행위

- 위 금지행위를 위반해 위 1.부터 4.까지의 어느 하나에 해당하는 행위를 한 자는 1년 이하의 징역 또는 3천만원 이하의 벌금에 처해집니다.

### 3-2-2. 투자권유대행인의 대행사실 고지의무

투자권유대행인은 투자권유를 대행할 때 투자자에게 다음의 사항을 미리 알려야 하며, 자신이 투자권유대행인이라는 사실을 나타내는 표지를 게시하거나 증표를 투자자에게 내보여야 합니다.

① 투자권유를 위탁한 금융투자업자의 명칭

② 투자권유를 위탁한 금융투자업자를 대리하여 계약을 체결할 권한이 없다는 사실

③ 투자권유대행인은 투자자로부터 금전·증권, 그 밖의 재산을 받지 못하며, 금융투자업자가 이를 직접 받는다는 사실

④ 그 밖에 투자자 보호 또는 건전한 거래질서를 위해 필요한 사항으로서 다음의 사항

ⓐ 투자자를 대리하여 계약을 체결할 수 없다는 사실

ⓑ 투자자로부터 금융투자상품에 대한 매매권한을 위탁받을 수 없다는 사실

ⓒ 금융투자상품의 매매, 그 밖에 거래에 관한 정보는 금융투자업자가 관리하고 있다는 사실

ⓓ 「자본시장과 금융투자업에 관한 법률」 제52조제2항의 행위가 금지되어 있다는 사실

### 3-3. 투자권유대행인에 대한 금융투자업자의 책임 등

#### 3-3-1. 금융투자업자의 책임

- 금융투자업자는 투자권유대행인이 투자권유를 대행할 때 법령을 준수하고 건전한 거래질서를 해하는 일이 없도록 성실히 관리해야 하며, 이를 위한 투자권유대행기준을 정해야 합니다. 이를 위반하여 투자권유대행기준을 마련하지 않은 자는 1억원 이하의 과태료를 부과받게 됩니다.
- 투자권유대행인이 투자권유를 대행할 때 투자자에게 손해를 끼친 경우 금융투자업자는 「민법」 제756조에 따라 사용자책임을 집니다.

## ■ 투자권유대행인의 투자권유

**Q.** 투자권유대행인이 투자권유를 하는 경우에도 금융투자업자와 동일하게 투자자 정보를 확인해야 하나요?

**A.** 투자권유대행인도 금융투자업자와 동일하게 투자권유를 하는 경우 투자자 정보를 확인하고 이를 기초로 투자자에 적합하지 않은 투자권유를 할 수 없습니다(적합성원칙). 또한, 금융투업자는 금융투자상품의 내용, 투자에 따른 위험, 원본손실 가능성, 수수료 등에 대해 투자자가 이해할 수 있도록 설명해야 합니다(설명의무). 다만, 투자권유대행인은 파생상품 등에 대해서는 투자권유를 할 수 없습니다.

## ■ 투자권유대행인의 파생펀드 투자권유 허용

**Q.** 자본시장법 시행이후 파생상품에 대한 투자권유 대행이 금지됨에 따라 기존 투자권유 대상이었던 전환형펀드의 투자권유를 할 수 있는지 알고 싶습니다.

**A.** 투자자를 보호하고, 금융투자업자의 투자권유·판매책임을 강화하기 위하여 투자위험이 큰 파생상품(파생결합증권, 파생펀드, 파생상품)등에 대하여 투자권유 대행을 금지하고 있습니다. 따라서 투자권유대행인은 투자자에게 전환형펀드 내에 속한 파생상품 펀드 외의 펀드들에 대한 투자권유를 할 수 있으며, 전환형 펀드 내에 속한 파생상품 펀드에 대해서는 투자자가 판매회사의 임직원을 통하여 가입하도록 안내할 수 있습니다.

## ■ 투자권유대행인 등록제도

**Q.** 부동산신탁회사가 "사업정보제공 수수료 보상제도"를 이용하여 사업정보를 수집하고, 이를 통해 신규 신탁사업을 수주하는 경우 ㅇ 동 제도가 투자권유대행인 등록제도에 위배되는지 여부가 궁금합니다.

**A.** 신탁업자와 계약을 체결한 "사업정보제공인"이 사업정보를 수집하여 회사에 단순히 제공하는 것은 자본시장법 제42조에 따른 업무위탁으로서 동 법에서 정하고 있는 관련 절차와 방법을 준수해야 합니다.

다만 구체적인 경우에 있어 사업정보제공인이 사업 정보를 수집하여 신탁업자에게 제공하는 과정에서 예상 투자자에게 투자권유 또는 이와 유사한 행위가 불가피하게 발생할 수 있습니다.

자본시장법은 투자자를 보호하기 위하여 금융투자업자가 일정 요건을 갖춘 자에게만 투자권유업무를 위탁할 수 있으며, 소속 투자권유대행인을 협회에 등록하도록 정하고 있습니다.

따라서, 사업정보제공인의 정보제공 과정에서 투자자에게 투자권유 또는 이와 유사한 행위가 이루어질 개연성이 높은 경우에는 투자자 보호를 위하여 투자권유대행인으로 등록하여 관련 업무를 영위하는 것이 동 법의 취지에 부합함을 알려드립니다.

## ■ 투자자 정보의 확인

**Q.** 투자권유대행인이 투자권유를 하는 경우에도 금융투자회사와 동일하게 투자자 정보를 확인하는지?

**A.** 투자권유대행인도 금융투자회사와 동일하게 투자권유를 하는 경우 투자자 정보를 확인하고 이를 기초로 투자자에 적합하지 않은 투자권유를 할 수 없습니다(적합성원칙). 또한, 금융투자회사는 금융투자상품의 내용, 투자에 따른 위험, 원본손실 가능성, 수수료 등에 대해 투자자가 이해할 수 있도록 설명해야 합니다(설명의무). 다만, 투자권유대행인은 파생상품 등에 대해서는 투자권유를 할 수 없습니다.

# 제3장

# 집합투자기구(펀드)

# 제1절 집합투자기구란 무엇인가요?

## 1. 집합투자기구란?

### 1-1. 집합투자기구와 집합투자

#### 1-1-1. 펀드와 집합투자기구

- "펀드(Fund)"란 집합투자를 위해 투자자로부터 모은 자금의 집합체를 말하는데, 「자본시장과 금융투자업에 관한 법률」상으로는 "집합투자기구"를 지칭하는 말입니다.(금융감독원, 금융용어사전 참조). 펀드는 투자자로부터 모은 자금을 자산운용회사가 주식 및 채권 등에 대신 투자하여 운용한 후 그 결과를 투자자에게 돌려주는 간접투자상품입니다.
- 「자본시장과 금융투자업에 관한 법률」에서 "집합투자기구"란 집합투자를 수행하기 위한 기구를 말합니다.

#### 1-1-2. "집합투자"란?

"집합투자"란 2명 이상의 투자자로부터 모은 금전, 그 밖의 재산적 가치가 있는 것(이하 "금전 등"이라 함)을 투자자로부터 일상적인 운용지시를 받지 않으면서 재산\적 가치가 있는 투자대상자산을 취득·처분, 그 밖의 방법으로 운용하고 그 결과를 투자자에게 배분하여 귀속시키는 것을 말합니다. 다만, 다음의 어느 하나에 해당하는 경우는 제외합니다.

① 「부동산투자회사법」, 「선박투자회사법」, 「문화산업진흥 기본법」, 「산업발전법」, 「중소기업창업 지원법」, 「여신전문금융업법」, 「벤처기업육성에 관한 특별조치법」, 「소재·부품·장비산업 경쟁력강화를 위한 특별조치법」, 「농림수산식품투자조합 결성 및 운용에 관한 법률」 등의 특별법에 따라 사모(私募)의 방법으로 금전등을 모아 운용·배분하는 것으로서 「자본시장과 금융투자업에 관한 법률 시행령」 제6조제2항에 따른 투자자의 총수가 49인 이하인 경우[「자본시장과 금융투자업에 관한 법률 시행령」 제6조제1항·제2항·제3항 및 「금융투자업규정」

② 「자산유동화에 관한 법률」 제3조의 자산유동화계획에 따라 금전등을 모아 운용·배분하는 경우

③ 그 밖에 행위의 성격 및 투자자 보호의 필요성 등을 고려하여 「자본시장과 금융투자업에 관한 법률 시행령」 제6조제4항 각 호의 어느 하나에 해당하는 경우

## 1-2. 집합투자기구의 형태

### 1-2-1. 법적형태에 따른 분류

집합투자기구는 법적형태에 따라 다음과 같이 회사형 집합투자기구(주식회사, 유한회사, 합자회사)와 신탁형 집합투자기구(투자신탁), 조합형 집합투자기구(「민법」의 조합, 「상법」의 조합)로 분류할 수 있습니다.

| 법적형태 | 종류 |
|---|---|
| 회사형 집합투자기구 | 주식회사, 유한회사, 합자회사 |
| 신탁형 집합투자기구 | 투자신탁 |
| 조합형 집합투자기구 | 「민법」의 조합, 「상법」의 조합 |

### 1-2-2. 개방형 및 폐쇄형 집합투자기구

- 집합투자기구는 투자자에게 환매권을 주는지 여부에 따라서 환매권을 주는 개방형 집합투자기구와 주지 않는 폐쇄형 집합투자기구로 구분할 수 있습니다. 일반적인 집합투자기구는 환매권을 인정하지만 특수한 경우에는 환매권을 제한할 수 있습니다. 이를 "환매금지형집합투자기구"라 합니다.
- 투자신탁의 집합투자업자 또는 투자회사는 환매금지형집합투자기구의 집합투자증권을 최초로 발행한 날부터 90일 이내에 그 집합투자증권을 증권시장에 상장해야 합니다.

### 1-2-3. 투자대상 및 투자성향에 따른 분류

집합투자기구는 투자하는 대상이나 투자성향 등에 따라 다양하게 구분되는데, 투자대상에 따라 다음과 같이 주식형, 채권형, 혼합형, 초단기(MMF), 파생상품형 등으로 구분할 수 있습니다.

| 구분 | | 투자대상 | 특징 |
|---|---|---|---|
| 증권펀드 | 주식형 펀드 | 주식에 60% 이상 투자 | 고위험·고수익 추구 |
| | 혼합형 펀드 | 주식(60% 이하)과 채권에 투자 | 채권투자의 안전성과 주식투자의 수익성을 동시에 추구 |
| | 채권형 펀드 | 채권에 60% 이상 투자 | 안정적인 수익추구 |
| 초단기펀드(MMF) | | 채권 및 단기금융상품에 투자 | 수시입출금이 가능한 펀드 |
| 파생상품 펀드 | | 선물, 옵션 등 파생상품에 투자 | 파생상품을 통한 구조화 된 수익추구 |
| 부동산 펀드 | | 부동산에 투자 | 환금성에 제약이 따르지만 장기투자를 통한 안정적인 수익추구 |
| 실물 펀드 | | 선박, 석유, 금 등 실물자산에 투자 | |
| 특별자산 펀드 | | 수익권 및 출자지분 등에 투자 | |
| 재간접 펀드 | | 다른 펀드에 투자 | 다양한 성격과 특질을 가진 펀드에 분산투자 |

## 1-3. 집합투자기구에 대한 규제체계

### 1-3-1. 「자본시장과 금융투자업에 관한 법률」

집합투자기구에 대한 규제는 「자본시장과 금융투자업에 관한 법률」에 따릅니다. 「자본시장과 금융투자업에 관한 법률」 제2편(금융투자업자)에서는 집합투자업자의 펀드운용과 관련한 행위 규제, 집합투자증권의 판매와 관련한 행위규제를 다루고 있으며, 제3편(증권의 발행 및 유통)에서는 집합투자증권의 공모 발행, 제5편(집합투자기구)에서는 집합투자기구의 설립과 지배구조, 지분발행, 환매, 집합투자재산의 보관 및 관리 등에 관한 사항을 다루고 있습니다.

## ■ 집합투자업자의 직접 판매와 이해상충 방지체계

**Q.** 자본시장법의 시행으로 자기가 운용하는 집합투자기구의 집합투자증권을 판매하는 경우에도 투자매매 · 투자중개업 인가가 필요한데 투자매매 · 투자중개업과 집합투자업 간에 이해상충방지체계를 구축해야 하는지 궁금합니다.

**A.** 자본시장법(§45①)은 투자매매업자, 집합투자업자 등 금융투자업의 겸업을 허용하는 대신 이해상충의 발생을 최소화하기위해 정보교류 차단장치를 설치하도록 의무화하고 있습니다. 특히 투자매매、중개업과 집합투자업은 정보교류에 따른 이해상충의 발생가능성이 높다는 점에서 정보교류 차단장치를 설치하도록 규정하고 있습니다.(동법 시행령 §50①(1)) 다만 정보교류차단의 대상이 되는 투자매매、중개업의 범위는 금융투자상품의 매매、소유현황 정보 등 차단이 필요한 정보를 생산하는 부서에 한정(2009.2.3 개최한 "자본시장법 상 정보교류 차단장치 운영방안")된다는 점에서 집합투자업자가 자기가 운용하는 펀드의 판매업무 외에 다른 투자매매、중개업을 영위하지 않는 경우에는 펀드 판매부문(직판)과 집합투자업 부문간 정보교류 차단장치를 설치할 필요가 없습니다.

## ■ 집합투자업자가 판매회사와 업무위탁계약서를 체결해야 하는지?

**Q.** 자본시장법 제184조제5항에 따라 집합투자업자 등이 판매계약이나 위탁판매계약을 체결하는 경우 금융투자업자의 업무위탁에 관한 법규가 적용되는지 여부 / 집합투자업자 등이 자본시장법 제184조제5항에 따라 위탁계약 또는 위탁판매계약을 체결하는 경우 집합투자기구별로 계약을 체결해야 하는 것인지 또는 투자매매·중개업자와 한 번의 계약으로 다수의 집합투자계약을 판매할 수 있는 것인지 여부

**A.** 자본시장법 제42조의 업무위탁은 금융투자업자가 영위하는 업무의 일부를 제삼자에게 위탁하는 경우 적용되는 조항으로 집합투자증권의 판매업무는 집합투자업자로서 영위하는 업무가 아니므로 자본시장법상 업무위탁계약 관련 법규의 적용 여지가 없습니다. 자본시장법상 집합투자업자 등은 집합투자증권을 판매하고자 하는 경우 제184조제5항에 따라 투자매매업자 또는 투자중개업자와 개별 집합투자기구별로 판매계약 또는 위탁판매계약을 체결해야 합니다.

# 제2절 집합투자기구의 유형과 종류 등

## 1. 집합투자기구의 유형

### 1-1. 집합투자기구의 구조

#### 1-1-1. 집합투자기구의 구조적 형태

「자본시장과 금융투자업에 관한 법률」에 따른 집합투지자기구의 형태는 다음과 같이 분류할 수 있습니다.

| 법적형태 | | 내용 |
|---|---|---|
| 신탁형 | 투자신탁 | 집합투자업자인 위탁자가 신탁업자에게 신탁한 재산을 신탁업자로 하여금 그 집합투자업자의 지시에 따라 투자·운용하게 하는 신탁 형태의 집합투자기구 |
| 회사형 | 투자회사 | 「상법」에 따른 주식회사 형태의 집합투자기구 |
| | 투자유한회사 | 「상법」에 따른 유한회사 형태의 집합투자기구 |
| | 투자합자회사 | 「상법」에 따른 합자회사 형태의 집합투자기구 |
| | 투자유한책임회사 | 「상법」에 따른 유한책임회사 형태의 집합투자기구 |
| 조합형 | 투자합자조합 | 「상법」에 따른 합자조합 형태의 집합투자기구 |
| | 투자익명조합 | 「상법」에 따른 익명조합 형태의 집합투자기구 |

### 1-2. 집합투자기구의 기본적 법률관계

#### 1-2-1. 투자신탁형 집합투자기구

- 투자신탁 형태의 집합투자기구는 기본적으로 집합투자업자, 신탁업자 및 수익자(투자자)의 3당사자로 구성됩니다.
- 투자자는 펀드(집합투자증권)를 판매회사를 통해서 가입하게 되고, 집합투자업자는 신탁업자와 신탁관계를 맺은 다음 신탁업자에게 신탁재

산의 투자 및 운용을 지시합니다.

| 당사자 | 각 당사자의 업무 |
|---|---|
| 집합투자업자 | 투자신탁의 설정·해지, 투자신탁재산 투자·운용, 수익증권의 발행 |
| 신탁업자 | 투자신탁재산의 보관·관리, 집합투자업자의 운용지시에 따른 자산의 취득 및 처분, 환매대금 및 이익금의 지급, 집합투자업자의 감시 업무 |
| 수익자(투자자) | 신탁원본의 상환 및 이익의 분배에 관해 투자지분에 균등한 권리를 가지며 언제든지 수익증권의 환매청구 가능 |

## 1-2-2. 회사형 집합투자기구

- 회사형 집합투자기구는 기본적으로 집합투자업자, 신탁업자 및 주주(투자자), 일반사무관리회사, 투자회사 등의 당사자로 구성됩니다.
- 투자회사는 명목상의 회사(Paper company)로 운영이 됩니다. 따라서 투자회사는 상근임원이나 직원을 둘 수 없으며 본점 외에 영업소를 설치할 수 없습니다.
- 또한 자산운용은 집합투자업자가 법인이사로 참여하여 담당하며, 일반사무도 투자회사가 직접 수행하지 않고 일반사무관리회사에 위탁해야 하며(「자본시장과 금융투자업에 관한 법률」 제184조제6항), 회사의 자산을 보관하는 업무도 집합투자재산을 보관·관리하는 신탁업자에게 위탁해야 합니다.

| 당사자 | 각 당사자의 업무 |
|---|---|
| 집합투자업자 | 집합투자업자가 법인이사로 참여하여 자산운용을 담당 |
| 신탁업자 | 투자회사재산을 보관·관리 |
| 주주(투자자) | 투자회사가 발행하는 주식을 취득함으로써 주주의 지위 취득 |
| 일반사무관리회사 | 투자회사 주식의 발행 및 |

| | |
|---|---|
| | 명의개서(名義改書)와 투자회사재산의 계산, 법령 또는 정관에 의한 통지 및 공고, 이사회 및 주주총회의 소집·개최·의사록 작성 등에 관한 업무를 위탁받음 |
| 투자회사 | 서류상의 회사형태로 남으며, 모든 업무를 외부에 위탁해야 함 |

### 1-2-3. 조합형태의 집합투자기구

- 투자합자조합은 「상법」의 조합형태로서 집합투자업자인 업무집행조합원 1명과 유한책임조합원 1명이 기명날인 또는 서명함으로써 설립되며(「자본시장과 금융투자업에 관한 법률」 제218조제1항), 조합원의 공동사업 형태로 영업을 합니다.
- 투자익명조합은 「상법」의 조합형태로서 익명조합계약을 작성하고 집합투자업자인 영업자 1명과 익명조합원 1명이 기명날인 또는 서명함으로써 설립되며(「자본시장과 금융투자업에 관한 법률」 제224조제1항), 영업자가 단독으로 영업을 합니다.

| 구분 | 투자조합 | 투자익명조합 |
|---|---|---|
| 당사자 | 2명 이상 | 영업자와 1명 이상의 익명조합원 |
| 영업형태 | 조합원의 공동사업 형태 | 영업자의 단독영업 |
| 출자목적물 | 금전, 재산 또는 노무 | 금전 또는 재산 |
| 채무에 대한 책임 | - 업무집행조합원은 무한책임<br>- 유한책임조합원은 출자액 한도에서 유한책임 부담 | - 영업자는 무한책임<br>- 익명조합원은 출자액 한도에서 유한책임 부담 |

# 2. 집합투자기구의 종류

## 2-1. 운용대상에 따른 집합투자기구의 종류

### 2-1-1. 집합투자기구의 분류

집합투자기구는 집합투자재산의 운용대상에 따라 다음과 같이 구분합니다.

| 종류 | 내용 |
|---|---|
| ① 증권 집합투자기구 | 집합투자재산의 100분의 50의 비율을 초과하여 증권에 투자하는 집합투자기구로서 아래의 ② 및 ③에 해당하지 않는 집합투자기구 |
| ② 부동산 집합투자기구 | 집합투자재산의 100분의 50의 비율을 초과하여 부동산에 투자하는 집합투자기구 |
| ③ 특별자산 집합투자기구 | 집합투자재산의 100분의 50의 비율을 초과하여 특별자산(증권 및 부동산을 제외한 투자대상자산을 말함)에 투자하는 집합투자기구 |
| ④ 혼합자산 집합투자기구 | 집합투자재산을 운용할 때 위의 1.부터 3.까지의 규정의 제한을 받지 않는 집합투자기구 |
| ⑤ 단기금융 집합투자기구 | 집합투자재산 전부를 「자본시장과 금융투자업에 관한 법률 시행령」 제241조제1항에 따른 단기금융상품에 투자하는 집합투자기구로서 증권을 대여하거나 차입 하는 등 「자본시장과 금융투자업에 관한 법률 시행령」 제241조제2항에 따른 방법으로 운용되는 집합투자기구 |

## 2-2. 특수한 형태의 집합투자기구

### 2-2-1. 환매금지형집합투자기구

- “환매금지형집합투자기구”란 집합투자증권의 환매를 청구할 수 없는 집합투자기구를 말합니다.
- 투자신탁·투자유한회사·투자합자회사·투자유한책임회사, 투자합자조합 및 투자익명조합을 설정·설립하려는 집합투자업자 또는 투자회사의 발기인(이하 “집합투자업자등”이라 함)은「자본시장과 금융투자업에 관한 법률」 제235조제1항에 불구하고 존속기간을 정한 집합투자기구에 대하여만 환매금지형집합투자기구를 설정·설립할 수 있습니다.

- 투자신탁의 집합투자업자 또는 투자회사는 신탁계약 또는 정관에 투자자의 환금성 보장 등을 위한 별도의 방법을 정하지 않은 경우에는 환매금지형집합투자기구의 집합투자증권을 최초로 발행한 날부터 90일 이내에 그 집합투자증권을 증권시장에 상장해야 합니다.
- 집합투자업자등은 집합투자기구의 투자대상자산의 현금화하기 곤란한 사정 등을 고려하여 다음의 경우에는 그 집합투자기구를 환매금지형집합투자기구로 설정·설립해야 합니다.
  ① 부동산집합투자기구를 설정 또는 설립하는 경우
  ② 특별자산집합투자기구를 설정 또는 설립하는 경우
  ③ 규제「자본시장과 금융투자업에 관한 법률」 제229조제4호에 따른 혼합자산집합투자기구를 설정 또는 설립하는 경우
  ④ 각 집합투자기구 자산총액의 100분의 20의 비율을 초과하여 금융위원회가 정하여 고시하는 시장성 없는 자산(「금융투자업규정」 제7-22조)에 투자할 수 있는 집합투자기구를 설정 또는 설립하는 경우
- 다만, 위의 ①부터 ③까지의 경우 금융위원회가 정하여 고시하는 시장성 없는 자산(「금융투자업규정」 제7-22조)에 투자하지 않는 집합투자기구를 설정 또는 설립하는 경우는 제외합니다.

### 2-2-2. 종류형집합투자기구

- "종류형집합투자기구"란 「자본시장과 금융투자업에 관한 법률」 제189조제2항, 제196조제5항 및 제208조제1항(「자본시장과 금융투자업에 관한 법률」 제216조제2항, 제222조제2항 및 제227조제2항에서 준용하는 경우를 포함함)에 불구하고 같은 집합투자기구에서 「자본시장과 금융투자업에 관한 법률」 제76조제4항에 따른 판매보수의 차이로 인해 기준가격이 다르거나 판매수수료가 다른 여러 종류의 집합투자증권을 발행하는 집합투자기구를 말합니다.
- 종류형집합투자기구는 집합투자자총회의 결의가 필요한 경우로서 특정 종류의 집합투자증권의 투자자에 대하여만 이해관계가 있는 경우에는

그 종류의 투자자만으로 종류집합투자자총회를 개최할 수 있습니다.

### 2-2-3. 전환형집합투자기구

- "전환형집합투자기구"란 집합투자업자등이 복수의 집합투자기구 간에 각 집합투자기구의 투자자가 소유하고 있는 집합투자증권을 다른 집합투자기구의 집합투자증권으로 전환할 수 있는 권리를 투자자에게 부여하는 구조의 집합투자기구를 말합니다.
- 전환형집합투자기구를 설정·설립하는 경우에는 다음의 요건을 모두 충족해야 합니다.
  ① 복수의 집합투자기구 간에 공통으로 적용되는 집합투자규약이 있을 것
  ② 집합투자규약에「자본시장과 금융투자업에 관한 법률」 제9조제18항제1호부터 제4호까지, 제4호의2, 제5호, 제6호, 및 제9조제19항제1호까지에 따른 집합투자기구 간의 전환이 금지되어 있을 것

### 2-2-4. 모자형집합투자기구

- "모자형집합투자기구"란 집합투자업자등이 다른 집합투자기구(이하 "모(母)집합투자기구"라 함)가 발행하는 집합투자증권을 취득하는 구조의 집합투자기구(이하 "자(子)집합투자기구"라 함)를 말합니다.
- 모자형집합투자기구는 다음의 요건을 모두 충족해야 합니다(「자본시장과 금융투자업에 관한 법률」 제233조제1항).
  ① 자(子)집합투자기구가 모(母)집합투자기구의 집합투자증권 외의 다른 집합투자증권을 취득하는 것이 허용되지 않을 것
  ② 자(子)집합투자기구 외의 자가 모(母)집합투자기구의 집합투자증권을 취득하는 것이 허용되지 않을 것
  ③ 자(子)집합투자기구와 모(母)집합투자기구의 집합투자재산을 운용하는 집합투자업자가 동일할 것
- 「자본시장과 금융투자업에 관한 법률」 제81조제1항제3호(같은 호'라'목

은 제외함)는 자(子)집합투자기구가 모(母)집합투자기구의 집합투자증권을 취득하는 경우에는 적용하지 않습니다.

### 2-2-5. 상장지수집합투자기구

- "상장지수집합투자기구[이를 "상장지수펀드(Exchange Traded Funds, ETF)"라고도 함]"란 기존의 개방형 인덱스펀드를 상장해 거래시키는 것을 말합니다.
- 상장지수집합투자기구는 다음의 요건을 모두 갖춰야 합니다.
  ① 기초자산의 가격 또는 기초자산의 종류에 따라 다수 종목의 가격수준을 종합적으로 표시하는 지수의 변화에 연동하여 운용하는 것을 목표로 할 것. 이 경우 기초자산의 가격 또는 지수는 다음의 요건을 모두 갖춰야 합니다
    ㉠ 거래소, 외국 거래소 또는 다음의 시장에서 거래되는 종목의 가격 또는 다수 종목의 가격수준을 종합적으로 표시하는 지수일 것
      ⓐ 외국법령에 따라 기초자산의 거래를 위하여 거래소에 상당하는 기능을 수행하는 자가 개설한 시장
      ⓑ 그 밖에 거래소의 상장규정에 따라 위 가.에 상당하는 기능을 수행하는 것으로 인정하는 시장
    ㉡ 위 ㉠의 가격 또는 지수가 같은 호의 시장을 통하여 투자자에게 적절하게 공표될 수 있을 것
    ㉢ 기초자산의 가격의 요건, 지수의 구성종목 및 지수를 구성하는 종목별 비중, 가격 및 지수의 변화에 연동하기 위하여 필요한 운용방법 등에 관하여 「금융투자업규정」 제7-26조제1항에 따른 요건을 충족할 것
  ② 수익증권 또는 투자회사 주식의 환매가 허용될 것
  ③ 수익증권 또는 투자회사 주식이 해당 투자신탁의 설정일 또는 투자회사의 설립일부터 30일 이내에 증권시장에 상장될 것

## 3. 집합투자기구의 설립 및 등록

### 3-1. 집합투자기구의 설립

#### 3-1-1. 투자신탁의 설립

- 투자신탁은 투자신탁을 설정하고자 하는 집합투자업자가 다음의 사항이 기재된 신탁계약서에 의하여 신탁업자와 신탁계약을 체결함으로써 설립됩니다.

  ① 집합투자업자 및 신탁업자의 상호

  ② 신탁원본의 가액 및「자본시장과 금융투자업에 관한 법률」제189조제1항 및 제3항에 따라 발행하는 투자신탁의 수익권(이하 "수익증권"이라 함)의 총좌수에 관한 사항

  ③ 투자신탁재산의 운용 및 관리에 관한 사항

  ④ 이익분배 및 환매에 관한 사항

  ⑤ 집합투자업자·신탁업자 등이 받는 보수, 그 밖의 수수료의 계산방법과 지급시기·방법에 관한 사항. 다만, 집합투자업자가 기준가격 산정업무를 위탁하는 경우에는 그 수수료는 해당 투자신탁재산에서 부담한다는 내용을 포함해야 함

  ⑥ 수익자총회에 관한 사항

  ⑦ 공시 및 보고서에 관한 사항

  ⑧ 그 밖에 수익자 보호를 위하여 필요한 사항으로서「자본시장과 금융투자업에 관한 법률 시행령」제215조에서 정하는 사항

- 집합투자업자는 위에 따라 투자신탁을 설정하는 경우(그 투자신탁을 추가로 설정하는 경우를 포함함) 신탁업자에게 해당 신탁계약에서 정한 신탁원본 전액을 금전으로 납입해야 합니다.

#### 3-1-2. 투자회사의 설립

투자회사는 1인 이상의 발기인(투자유한회사는 무한책임사원 1인과 유한책임사원 1인)이 정관을 작성하여 기명날인 또는 서명함으로써 설립됩니다.

### 3-1-3. 투자합자조합의 설립

투자합자조합은 일정한 사항을 기재한 조합계약을 작성하여「자본시장과 금융투자업에 관한 법률」 제219조제1항에 따른 업무집행조합원 1인과 유한책임조합원 1인(투자익명조합의 경우에는 영업자 1인과 익명조합원 1인)이 기명날인 또는 서명함으로써 설립됩니다.

## 3-2. 집합투자기구의 등록

### 3-2-1. 집합투자기구의 금융위원회 등록

- 투자신탁이나 투자익명조합의 집합투자업자 또는 투자회사·투자유한회사·투자합자회사·투자유한책임회사 및 투자합자조합(이하"투자회사등"이라 함)은 집합투자기구가 설정·설립된 경우 그 집합투자기구를 금융위원회에 등록해야 합니다.
- 투자신탁이나 투자익명조합의 집합투자업자 또는 투자회사 등은 집합투자기구를 등록하려는 경우에는 금융위원회에 등록신청서를 제출해야 합니다.

### 3-2-2. 등록요건

집합투자기구의 등록요건은 다음과 같습니다.

① 다음의 자가 업무정지기간 중에 있지 않을 것

㉠ 그 집합투자재산을 운용하는 집합투자업자

㉡ 그 집합투자재산을 보관·관리하는 신탁업자

㉢ 그 집합투자증권을 판매하는 투자매매업자·투자중개업자

㉣ 투자회사인 경우 그 투자회사로부터「자본시장과 금융투자업에 관한 법률」 제184조제6항의 업무를 위탁받은 일반사무관리회사

② 집합투자기구가 「자본시장과 금융투자업에 관한 법률」에 따라 적법하게 설정·설립되었을 것

③ 집합투자규약이 법령을 위반하거나 투자자의 이익을 명백히 침해하지 않을 것

④ 그 밖에「자본시장과 금융투자업에 관한 법률」 제9조제18항 각 호의 집합투자기구의 형태 등을 고려하여 다음의 요건을 갖출 것

| 구분 | 요건 |
|---|---|
| 투자회사의 경우 | 가. 감독이사가 「금융회사의 지배구조에 관한 법률」 제5조제1항 각 호의 어느 하나에 해당하지 않을 것<br>나. 등록 신청 당시의 자본금이 1억원 이상일 것<br>※ 다만,「자본시장과 금융투자업에 관한 법률」 제279조에 따라 등록하는 외국 집합투자기구 중 「자본시장과 금융투자업에 관한 법률」 제279조제2항 후단에 따라 등록하는 외국 집합투자기구의 경우에는 가목의 요건으로 한정한다. |
| 투자유한회사, 투자합자회사, 투자유한책임회사, 투자합자조합 및 투자익명조합의 경우 | 등록 신청 당시의 자본금 또는 출자금이 1억원 이상일 것.<br>※ 다만, 「자본시장과 금융투자업에 관한 법률」 제279조에 따라 등록하는 외국 집합투자기구 중 「자본시장과 금융투자업에 관한 법률」 제279조제2항 후단에 따라 등록하는 외국 집합투자기구는 그렇지 않음 |

### 3-2-3. 금융위원회의 등록결정

- 금융위원회는 위의 등록신청서를 접수한 경우에는 그 내용을 검토하여 20일 이내에 등록 여부를 결정하고, 그 결과와 이유를 지체 없이 신청인에게 문서로 통지해야 합니다. 이 경우 등록신청서에 흠결이 있는 때에는 보완을 요구할 수 있습니다.

- 금융위원회는 등록 여부를 결정할 때 다음의 어느 하나에 해당하는 사유가 없는 한 그 등록을 거부해서는 안됩니다.
  ① 등록요건을 갖추지 않은 경우
  ② 등록신청서를 거짓으로 작성한 경우
  ③ 등록신청서 흠결에 대한 보완요구를 이행하지 않은 경우
- 금융위원회는 등록을 결정한 경우 집합투자기구등록부에 필요한 사항을 기재해야 하며, 등록내용을 인터넷 홈페이지 등에 공고해야 합니다.

### 3-2-4. 등록전 광고의 금지

- 투자매매업자 또는 투자중개업자는 집합투자기구가 위에 따라 등록되기 전에는 해당 집합투자증권을 판매하거나 판매를 위한 광고를 해서는 안됩니다.
- 다만, 관련 법령의 개정에 따라 새로운 형태의 집합투자증권의 판매가 예정되어 있어, 그 집합투자기구의 개괄적인 내용을 광고하여도 투자자의 이익을 해칠 염려가 없는 경우에는 판매를 위한 광고를 할 수 있습니다.
- 이 경우 관련 법령의 개정이 확정되지 않은 경우에는 광고의 내용에 관련 법령의 개정이 확정됨에 따라 그 내용이 달라질 수 있음을 표시해야 합니다.

## 3-3. 교차판매 집합투자기구의 등록

### 3-3-1. 교차판매 집합투자기구의 금융위원회 등록

- 투자신탁이나 투자익명조합의 집합투자업자 또는 투자회사·투자유한회사·투자합자회사·투자유한책임회사 및 투자합자조합(이하 "투자회사등"이라 함)은 집합투자기구의 집합투자증권을 아래의 경우 외국에서 판매하려는 때에는 그 집합투자기구를 금융위원회에 교차판매 집합투자기구로 등록할 수 있습니다.
  ① 대한민국 정부와 외국 정부 사이에 집합투자기구의 집합투자증권

교차판매에 공통으로 적용되는 기준을 마련하기 위해 체결한 양해각서로서 아시아 지역 펀드 교차판매에 관한 양해각서(Memorandum of Cooperation on the Establishment and Implementation of the Asia Region Funds Passport)(이하 "교차판매협약등"이라 함)를 체결한 해당 외국에서 판매하려는 경우

- 투자신탁이나 투자익명조합의 집합투자업자 또는 투자회사등은 위에 따라 등록한 사항이 변경된 경우에는 투자자 보호를 해할 우려가 없는 경우로서 아래의 경우를 제외하고는 2주 이내에 그 내용을 금융위원회에 변경등록하여야 합니다.
  ① 「자본시장과 금융투자업에 관한 법률」 및 「자본시장과 금융투자업에 관한 법률 시행령」의 개정이나 금융위원회의 명령에 따라 등록한 사항을 변경하는 경우
  ② 등록한 사항의 단순한 자구수정을 하는 경우
  ③ 집합투자업자, 신탁업자, 또는 일반사무관리회사 등의 개요 및 재무정보 등 기본정보의 변경 등 경미한 사항을 변경하는 경우
  ④ 위 ②,③ 외에 투자자의 투자판단에 영향을 미치지 않는 사항을 변경하는 경우

### 3-3-2. 등록요건

「자본시장과 금융투자업에 관한 법률」 제182조의2제1항에 따른 교차판매 집합투자기구(이하 "교차판매 집합투자기구"라 함)의 등록요건은 다음과 같습니다.

① 「자본시장과 금융투자업에 관한 법률」 제182조제1항에 따라 등록된 집합투자기구일 것

② 교차판매 집합투자기구를 운용하는 투자신탁이나 투자익명조합의 집합투자업자 또는 투자회사등이 자기자본, 임원 및 운용인력 등 「자본시장과 금융투자업에 관한 법률 시행령」 제211조의2제2항으로 정하는 적격 요건을 갖출 것

③ 그 밖에 집합투자재산의 투자대상자산 등 교차판매협약등의 내용 등을 고려하여 「자본시장과 금융투자업에 관한 법률 시행령」 제211조의2제3항의 요건을 갖출 것

#### 3-3-3. 금융위원회의 등록결정

- 금융위원회는 위의 등록신청서를 접수한 경우에는 그 내용을 검토하여 20일 이내에 등록 여부를 결정하고, 그 결과와 이유를 지체 없이 신청인에게 문서로 통지해야 합니다. 이 경우 등록신청서에 흠결이 있는 때에는 보완을 요구할 수 있습니다.
- 금융위원회는 등록 여부를 결정할 때 다음의 어느 하나에 해당하는 사유가 없는 한 그 등록을 거부해서는 안됩니다.
  ① 등록요건을 갖추지 않은 경우
  ② 등록신청서를 거짓으로 작성한 경우
  ③ 등록신청서 흠결에 대한 보완요구를 이행하지 않은 경우
- 금융위원회는 등록을 결정한 경우 집합투자기구등록부에 필요한 사항을 기재해야 하며, 등록내용을 인터넷 홈페이지 등에 공고해야 합니다.

## 4. 집합투자기구의 해산

### 4-1. 투자신탁의 해지와 합병

#### 4-1-1. 투자신탁의 해지

- 투자신탁을 설정한 집합투자업자는 금융위원회의 승인을 받아 투자신탁을 해지할 수 있습니다. 다만, 수익자의 이익을 해할 우려가 없는 경우로서 다음의 경우에는 금융위원회의 승인을 받지 않고 투자신탁을 해지할 수 있으며, 이 경우 집합투자업자는 그 해지사실을 지체 없이 금융위원회에 보고해야 합니다.
  ① 수익자 전원이 동의한 경우
  ② 해당 투자신탁의 수익증권 전부에 대한 환매의 청구를 받아 신탁계

약을 해지하려는 경우

③ 사모집합투자기구가 아닌 투자신탁(존속하는 동안 투자금을 추가로 모집할 수 있는 투자신탁으로 한정함. 이하 같음)으로서 설정한 후 1년이 되는 날에 원본액이 50억원 미만인 경우

④ 사모집합투자기구가 아닌 투자신탁을 설정하고 1년이 지난 후 1개월간 계속하여 투자신탁의 원본액이 50억원 미만인 경우

- 투자신탁을 설정한 집합투자업자는 다음의 어느 하나에 해당하는 경우에는 지체 없이 투자신탁을 해지해야 합니다. 이 경우 집합투자업자는 그 해지사실을 지체 없이 금융위원회에 보고해야 합니다.

① 신탁계약에서 정한 신탁계약기간의 종료

② 수익자총회의 투자신탁 해지 결의

③ 투자신탁의 피흡수합병

④ 투자신탁의 등록 취소

⑤ 수익자의 총수가 1인이 되는 경우(다만, 「자본시장과 금융투자업에 관한 법률」 제6조제6항에 따라 인정되거나 건전한 거래질서를 해할 우려가 없는 경우로서 「자본시장과 금융투자업에 관한 법률 시행령」 제224조의2로 정하는 경우는 제외함)

⑥ 투자신탁인 전문투자형 사모집합투자기구의 해지 명령을 받은 경우

- 투자신탁을 설정한 집합투자업자는 투자신탁을 해지하는 경우(위 3.의 투자신탁의 피흡수합병으로 신탁계약을 해지하는 경우는 제외함)에는 신탁계약으로 정하는 바에 따라 투자신탁재산에 속하는 자산을 해당 수익자에게 지급할 수 있습니다.

- 투자신탁을 설정한 집합투자업자는 다음의 어느 하나에 해당하는 경우에는 투자신탁의 일부를 해지할 수 있습니다.

① 발행한 수익증권이 판매되지 아니한 경우

② 수익자가 수익증권의 환매를 청구한 경우

③ 「자본시장과 금융투자업에 관한 법률」 제191조제1항에 따라 수익자가 수익증권의 매수를 청구한 경우

### 4-1-2. 투자신탁의 합병

- 투자신탁을 설정한 집합투자업자는 그 집합투자업자가 운용하는 다른 투자신탁을 흡수하는 방법으로 투자신탁을 합병할 수 있습니다.
- 투자신탁을 설정한 집합투자업자는 위에 따라 투자신탁을 합병하려는 경우 다음의 사항을 적은 합병계획서를 작성하여 합병하는 각 투자신탁의 수익자총회의 결의를 거쳐야 합니다.
  ① 투자신탁의 합병으로 인해 존속하는 투자신탁의 증가하는 신탁원본의 가액 및 수익증권의 좌수
  ② 투자신탁의 합병으로 인해 소멸하는 투자신탁의 수익자에게 발행하는 수익증권의 배정에 관한 사항
  ③ 투자신탁의 합병으로 인해 소멸하는 투자신탁의 수익자에게 현금을 지급하는 경우 그 내용
  ④ 합병하는 각 투자신탁의 수익자총회의 회일
  ⑤ 합병을 할 날
  ⑥ 투자신탁의 합병으로 인해 존속하는 투자신탁의 신탁계약을 변경하는 경우 그 내용
  ⑦ 투자신탁의 합병으로 인하여 이익금을 분배할 경우에는 그 한도액
  ⑧ 투자신탁의 합병으로 인하여 투자신탁의 계약기간 또는 투자신탁의 회계기간을 변경하는 경우에는 그 내용
  ⑨ 보수 또는 환매수수료 등을 변경하는 경우에는 그 내용
  ⑩ 수익증권의 합병가액을 계산하기 위한 투자신탁재산의 평가에 관한 사항
  ⑪ 합병으로 인하여 수익증권을 발행하는 경우에는 1좌에 미달하는 단수의 처리에 관한 사항
- 다만, 건전한 거래질서를 해할 우려가 적은 소규모 투자신탁의 합병 등 「자본시장과 금융투자업에 관한 법률 시행령」 제225조의2로 정하는 경우는 제외합니다.

- 투자신탁을 설정한 집합투자업자는 수익자총회일의 2주 전부터 합병 후 6개월이 경과하는 날까지 다음의 서류를 본점 및 투자매매업자 또는 투자중개업자의 영업소에 갖춰 놓아야 합니다. 이 경우 그 투자신탁의 수익자 및 채권자는 영업시간 중 언제든지 그 서류를 열람할 수 있으며, 그 서류의 등본 또는 초본의 교부를 청구할 수 있습니다.
  ① 합병하는 각 투자신탁의 최종의 결산서류
  ② 합병으로 인해 소멸하는 투자신탁의 수익자에게 발행하는 수익증권의 배정에 관한 사항 및 그 이유를 적은 서면
  ③ 합병계획서
- 투자신탁을 설정한 집합투자업자는 위에 따라 투자신탁을 합병한 경우에는 그 사실을 지체 없이 금융위원회에 보고해야 합니다. 이 경우 합병되는 투자신탁의 수익증권이 증권시장에 상장되어 있는 때에는 거래소에도 보고해야 합니다.
- 투자신탁의 합병은 존속하는 투자신탁의 집합투자업자가 위에 따라 금융위원회에 보고를 한 때에 그 효력이 발생합니다. 이 경우 소멸하는 투자신탁은 해지된 것으로 봅니다.
- 합병 후 존속하는 투자신탁은 합병으로 인해 소멸된 투자신탁의 권리·의무를 승계합니다.

### 4-2. 투자회사의 해산과 합병

#### 4-2-1. 투자회사의 해산

- 투자회사는 다음의 어느 하나에 해당하는 사유로 해산합니다. 이 경우 청산인은 해산일부터 30일 이내에 해산의 사유 및 연월일, 청산인 및 청산감독인의 성명·주민등록번호(청산인이 법인이사인 경우에는 상호·사업자등록번호)를 금융위원회에 보고해야 합니다.
  ① 정관에서 정한 존속기간의 만료, 그 밖의 해산사유의 발생
  ② 주주총회의 해산 결의
  ③ 투자회사의 피흡수합병
  ④ 투자회사의 파산
  ⑤ 법원의 명령 또는 판결
  ⑥ 투자회사 등록의 취소
  ⑦ 법인이사인 주주는 제외한 주주의 총수가 1인이 되는 경우(다만, 건전한 거래질서를 해할 우려가 없는 경우로서 「자본시장과 금융투자업에 관한 법률 시행령」 제231조의2로 정하는 경우는 제외함)
- 투자회사는 해산한 경우 법인이사가 청산인이 되는 때에는 해산일부터 2주 이내에, 청산인이 선임된 때에는 그 선임일부터 2주 이내에 다음의 서류를 첨부하여 다음의 사항을 등기해야 합니다.

| 구분 | 내용 |
|---|---|
| 첨부서류 | · 법인이사가 청산인이 된 경우: 정관<br>· 정관에서 정한 자가 청산인이 된 경우: 정관<br>· 주주총회에서 청산인을 선임한 경우: 주주총회 의사록 사본과 취임승낙을 증명하는 서면<br>· 금융위원회가 청산인을 선임한 경우: 그 선임을 증명하는 서면 |
| 등기사항 | ·청산인의 성명·주민등록번호(청산인이 |

| | 법인이사인 경우에는 상호·사업자등록번호)<br>· 청산인 중에서 대표청산인을 정하도록 하거나 2명 이상의 청산인이 공동으로 투자회사를 대표할 것을 정한 경우에는 그 내용 |
|---|---|

- 투자회사는 해산한 경우 감독이사가 청산감독인이 되는 때에는 해산일부터 2주 이내에, 청산감독인이 선임된 때에는 선임일부터 2주 이내에 다음의 서류를 첨부하여 청산감독인의 성명 및 주민등록번호를 등기해야 합니다.

| 구분 | 내용 |
|---|---|
| 첨부서류 | · 감독이사가 청산감독인이 된 경우: 정관<br>· 정관에서 정한 자가 청산감독인이 된 경우: 정관<br>· 주주총회에서 청산감독인을 선임한 경우: 주주총회 의사록 사본 및 취임승낙을 증명하는 서면<br>· 금융위원회가 청산감독인을 선임한 경우: 그 선임을 증명하는 서면 |

- 투자회사가 해산한 경우(투자회사의 피흡수합병 및 투자회사의 파산의 사유로 해산한 경우는 제외함)에는 청산인 및 청산감독인으로 구성되는 청산인회(이하 "청산인회"라 함)를 둡니다.
- 청산인 및 청산감독인의 선임
  ① 투자회사가 정관에서 정한 존속기간의 만료, 그 밖의 해산사유의 발생, 주주총회의 해산 결의 또는 주주(법인이사인 주주는 제외함)의 총수가 1인이 되는 경우의 사유로 해산한 때에는 정관 또는 주주총회에서 달리 정한 경우 외에는 법인이사 및 감독이사가 각각 청산인 및 청산감독인이 됩니다.

② 투자회사가 다음의 어느 하나에 해당하는 경우에는 금융위원회가 이해관계인의 청구에 의하여 청산인 및 청산감독인을 선임합니다.

㉠ 법원의 명령 또는 판결로 해산한 경우

㉡ 청산인 또는 청산감독인이 없는 경우

㉢ 「상법」 제193조제1항에 따라 청산하는 경우

③ 투자회사가 투자회사 등록의 취소로 해산한 경우에는 금융위원회가 직권으로 청산인 및 청산감독인을 선임합니다.

### 4-2-2. 투자회사의 청산 절차

- 청산인은 취임 후 지체 없이 투자회사의 재산상황을 조사하여 재산목록과 대차대조표를 작성해 청산인으로 취임한 날부터 15일 이내에 청산인회에 제출하여 승인을 받아야 하며, 그 등본을 지체 없이 금융위원회에 제출해야 합니다.
- 청산감독인은 청산인이 업무수행과 관련하여 법령이나 정관을 위반하거나, 그 밖에 투자회사에 대하여 현저하게 손해를 끼칠 우려가 있는 사실을 발견한 경우에는 금융위원회에 이를 보고해야 합니다.
- 청산인은 취임한 날부터 1개월 이내에 투자회사의 채권자에 대하여 일정 기간 이내에 그 채권을 신고할 것과 그 기간 이내에 신고하지 않으면 청산에서 제외된다는 뜻을 2회 이상 공고함으로써 최고해야 합니다. 이 경우 그 신고기간은 1개월 이상으로 해야 합니다.
- 청산인은 청산사무가 종결된 경우에는 지체 없이 결산보고서를 작성하여 주주총회의 승인을 받아야 합니다. 이 경우 그 결산보고서를 공고하고, 이를 금융위원회 및 금융투자협회에 제출해야 합니다.
- 청산인은 청산인회의 승인을 받은 재산목록과 대차대조표를 청산종결시까지 투자회사에 갖춰 놓아야 하며, 이를 집합투자업자 및 투자매매업자·투자중개업자에게 송부하여 그 영업소에 비치하도록 해야 합니다.

### 4-2-3. 투자회사의 합병

- 투자회사는 그 투자회사와 법인이사가 같은 다른 투자회사를 흡수하는 방법으로 합병하는 경우가 아니면 다른 회사와 합병할 수 없습니다.
- 투자회사가 합병하려는 경우에는 「자본시장과 금융투자업에 관한 법률」 제201조제2항 단서에 따른 주주총회의 결의를 거쳐야 합니다. 다만, 건전한 거래질서를 해할 우려가 적은 소규모 투자회사의 합병 등의 경우에는 제외합니다.
- 합병 시에는 합병계획서 등 공시, 합병 시 금융위에 대한 보고, 거래소에 대한 보고에 대해서는 투자신탁의 합병에 관한 규정이 준용됩니다.

## 4-3. 투자합자조합의 해산과 청산

### 4-3-1. 투자합자조합의 해산사유

투자합자조합은 다음의 어느 하나에 해당하는 사유로 해산합니다. 이 경우 청산인은 해산의 사유와 연월일, 청산인의 성명·주민등록번호(청산인이 법인인 경우에는 명칭·사업자등록번호)를 금융위원회에 보고해야 합니다.

① 조합계약에서 정한 존속기간의 만료, 그 밖의 해산사유의 발생

② 조합원총회의 결의

③ 투자합자조합 등록의 취소

④ 유한책임조합원의 총수가 1인이 되는 경우(다만, 건전한 거래질서를 해할 우려가 없는 경우로서「자본시장과 금융투자업에 관한 법률 시행령」 제238조로 정하는 경우는 제외함)

### 4-3-2. 투자합자조합의 해산과 청산 절차

- 투자합자조합이 해산하는 경우 조합계약 또는 조합원총회에서 달리 정한 경우를 제외하고는 업무집행조합원이 청산인이 됩니다.
- 금융위원회는 투자합자조합이 위에 따른 청산인이 없거나 없게 된 경우에는 직권으로 청산인을 선임합니다.
- 금융위원회는 청산인이 업무를 집행할 때 현저하게 부적합하거나 중대

한 법령 위반사항이 있는 경우에는 직권으로 또는 이해관계인의 청구에 의하여 청산인을 해임할 수 있습니다. 이 경우 금융위원회는 직권으로 새로운 청산인을 선임할 수 있습니다.

- 청산인은 투자합자조합의 남은재산을 조합원에게 분배할 때 조합계약으로 정하는 바에 따라 투자합자조합재산에 속하는 자산을 그 조합원에게 지급할 수 있습니다.
- 그 외의 청산사무에 대해서는 투자회사의 청산감독인에 관한 규정을 제외하고 투자회사에 대한「자본시장과 금융투자업에 관한 법률」제203조의 규정이 준용됩니다.

# 제3절 집합투자기구의 관계회사

## 1. 집합투자기구의 관계회사

### 1-1. 일반사무관리회사

#### 1-1-1. "일반사무관리회사"란?

"일반사무관리회사"란 투자회사로부터 투자회사 주식의 발행 및 명의개서(名義改書), 투자회사재산의 계산, 법령 또는 정관에 의한 통지 및 공고 등「자본시장과 금융투자업에 관한 법률」 제184조제6항의 업무를 위탁받은 자를 말합니다.

#### 1-1-2. 일반사무관리회사의 등록 및 등록요건

- 일반사무관리회사를 하려는 자는 금융위원회에 등록을 해야 하며, 다음의 요건을 모두 갖추어야 합니다.
  ① 다음의 어느 하나에 해당할 것
    ㉠ 「상법」에 따른 주식회사
    ㉡ 명의개서대행회사
    ㉢ 그 밖에「자본시장과 금융투자업에 관한 법률」 제16조제1항제1호부터 제5호까지의 금융기관
  ② 20억원 이상의 자기자본을 갖출 것
  ③ 상근 임직원 중「자본시장과 금융투자업에 관한 법률 시행령」 제276조제3항에서 정하는 기준의 전문인력을 보유할 것
  ④ 전산설비 등 다음의 물적 설비를 갖출 것
    ㉠ 일반사무관리회사의 업무를 하는 데에 필요한 전산설비, 업무공간 및 사무장비
    ㉡ 정전·화재 등의 사고가 발생할 경우에 업무의 연속성을 유지하기 위하여 필요한 보완설비
  ⑤ 임원이 「자본시장과 금융투자업에 관한 법률」 제5조에 적합할 것

⑥ 다음의 이해상충방지체계를 구축하고 있을 것(「은행법」에 따른 은행업, 「보험업법」에 따른 보험업, 금융투자업, 종합금융회사 업무를 하고 있는 경우에 한함)

㉠ 일반사무관리회사의 업무와 그 외의 업무 간에 독립된 부서로 구분되어 업무처리와 보고가 독립적으로 이루어질 것

㉡ 일반사무관리회사의 업무와 그 외의 업무 간에 직원의 겸직이나 파견을 금지할 것

㉢ 일반사무관리회사의 업무와 그 외의 업무를 하는 사무실이 정보공유를 막을 수 있을 정도로 공간적으로 분리될 것

㉣ 일반사무관리회사의 업무와 그 외의 업무에 관한 전산자료가 공유될 수 없도록 독립되어 저장·관리·열람될 것

- 위에 따라 등록을 한 일반사무관리회사는 등록 이후 그 영업을 함에 있어서 위의 등록요건을 계속 유지해야 합니다.

### 1-1-3. 금융위원회의 등록결정 및 공고

- 금융위원회는 위의 일반사무관리회사의 등록신청서를 접수한 경우에는 그 내용을 검토하여 30일 이내에 등록 여부를 결정하고, 그 결과와 이유를 지체 없이 신청인에게 문서로 통지해야 합니다. 이 경우 등록신청서에 흠결이 있는 때에는 보완을 요구할 수 있습니다.
- 금융위원회는 위에 따라 등록을 결정한 경우 일반사무관리회사등록부에 필요한 사항을 기재하여야 하며, 등록 결정한 내용을 관보 및 인터넷 홈페이지 등에 공고해야 합니다.

### 1-1-4. 일반사무관리회사에 대한 감독·검사

금융위원회는 투자자를 보호하고 건전한 거래질서를 유지하기 위하여 일반사무관리회사에 대하여 다음의 사항에 관하여 필요한 조치를 명할 수 있습니다.

① 고유재산의 운용에 관한 사항

② 영업의 질서 유지에 관한 사항

③ 영업방법에 관한 사항

④ 그 밖에 투자자 보호 또는 건전한 거래질서를 위하여 필요한 사항으로서 다음의 사항

㉠ 이해상충방지에 관한 사항

㉡ 업무수탁에 관한 사항

㉢ 협회에 가입하지 않은 일반사무관리회사에 대하여 협회가 건전한 영업질서의 유지와 투자자를 보호하기 위하여 행하는 자율규제에 준하는 내부기준을 제정하도록 하는 것에 관한 사항

### 1-1-5. 직무관련 정보의 이용 금지

- 일반사무관리회사는 직무상 알게 된 정보로서 외부에 공개되지 않은 정보를 정당한 사유 없이 자기 또는 제삼자의 이익을 위해 이용해서는 안됩니다.
- 이를 위반하여 직무상 알게 된 정보로서 외부에 공개되지 않은 정보를 자기 또는 제삼자의 이익을 위해 이용한 자는 3년 이하의 징역 또는 1억원 이하의 벌금에 처해집니다.

### 1-1-6. 자료의 기록·유지

- 일반사무관리회사는 금융투자업 영위와 관련한 자료를 영업에 관한 자료, 재무에 관한 자료, 업무에 관한 자료, 내부통제에 관한 자료 등 「자본시장과 금융투자업에 관한 법률 시행령」 제62조에 따라 자료의 종류별로 일정 기간 동안 기록·유지해야 합니다. 이러한 기록·유지 의무를 위반하여 자료를 기록·유지하지 않은 자는 3년 이하의 징역 또는 1억원 이하의 벌금에 처해집니다.
- 일반사무관리회사는 위에 따라 기록·유지해야 하는 자료가 멸실되거나 위조 또는 변조가 되지 않도록 적절한 대책을 수립·시행해야 합니다.

### 1-1-7. 일반사무관리회사의 손해배상 의무

- 일반사무관리회사는 법령·약관·집합투자규약·투자설명서(「자본시장과 금융투자업에 관한 법률」 제123조제1항에 따른 투자설명서를 말함)에 위반하는 행위를 하거나 그 업무를 소홀히 하여 투자자에게 손해를 발생시킨 경우에는 그 손해를 배상할 책임이 있습니다.
- 다만, 배상의 책임을 질 일반사무관리회사가 신의성실의무 규정인 「자본시장과 금융투자업에 관한 법률」 제37조제2항, 이해상충 방지의무 규정인 「자본시장과 금융투자업에 관한 법률」 제44조, 정보교류차단 의무 규정인 「자본시장과 금융투자업에 관한 법률」 제45조, 불건전영업 행위 금지의무 규정인 「자본시장과 금융투자업에 관한 법률」 제71조 또는 제85조를 위반한 경우(투자매매업 또는 투자중개업과 집합투자업을 함께 경영함에 따라 발생하는 이해상충과 관련된 경우로 한정함)로서 그 일반사무관리회사가 상당한 주의를 하였음을 증명하거나 투자자가 금융투자상품의 매매, 그 밖의 거래를 할 때에 그 사실을 안 경우에는 배상의 책임을 지지 않습니다.

### 1-1-8. 임원의 연대배상 책임

일반사무관리회사가 위에 따른 손해배상책임을 지는 경우로서 관련되는 임원에게도 귀책사유(歸責事由)가 있는 경우에는 그 일반사무관리회사와 관련되는 임원이 연대하여 그 손해를 배상할 책임이 있습니다.

## 1-2. 집합투자기구평가회사

### 1-2-1. "집합투자기구평가회사"란?

"집합투자기구평가회사"란 집합투자기구를 평가하고 이를 투자자에게 제공하는 업무를 하려는 자를 말합니다.

### 1-2-2. 집합투자기구평가회사의 등록 및 등록요건

- 집합투자기구평가회사를 하려는 자는 금융위원회에 등록을 해야 하며,

다음의 요건을 모두 갖추어야 합니다.

① 「상법」에 따른 주식회사일 것

② 투자매매업자·투자중개업자 또는 집합투자업자와 그 계열회사가 아닐 것

③ 5억원 이상의 자기자본을 갖출 것

④ 상근 임직원 중「자본시장과 금융투자업에 관한 법률 시행령」 제276조제3항제1호부터 제3호까지의 기관 또는 집합투자기구평가회사에서 증권·집합투자기구 등의 평가·분석업무나 기업금융업무(「자본시장과 금융투자업에 관한 법률」 제71조제3호에 따른 기업금융업무를 말함)에 2년 이상 종사한 경력이 있는 3인 이상의 집합투자기구평가전문인력을 보유할 것

⑤ 전산설비 등 다음의 물적 설비를 갖출 것

ⓐ 집합투자기구평가회사의 업무를 하기에 필요한 전산설비, 업무공간 및 사무장비

ⓑ 정전·화재 등의 사고가 발생할 경우 업무의 연속성을 유지하기 위하여 필요한 보완설비

⑥ 임원이 「자본시장과 금융투자업에 관한 법률」 제5조에 적합할 것

⑦ 다음의 집합투자기구평가체계를 갖출 것

ⓐ 평가대상 집합투자기구에 관한 사항

ⓑ 집합투자기구의 유형 분류 기준 및 유형별 기준지표에 관한 사항

ⓒ 수익률과 위험지표의 계산에 관한 사항

ⓓ 집합투자기구의 등급 결정에 관한 사항

ⓔ 자료제공과 공시 등에 관한 사항

⑧ 다음의 이해상충방지체계를 구축하고 있을 것(「은행법」에 따른 은행업, 「보험업법」에 따른 보험업, 금융투자업, 종합금융회사 업무를 하고 있는 경우에 한함)

ⓐ 집합투자기구평가회사의 업무와 그 외의 업무 간에 독립된 부

서로 구분되어 업무처리와 보고가 독립적으로 이루어질 것

ⓛ 집합투자기구평가회사의 업무와 그 외의 업무 간에 직원의 겸직과 파견을 금지할 것

ⓒ 집합투자기구평가회사의 업무와 그 외의 업무를 하는 사무실이 정보공유를 막을 수 있을 정도로 공간적으로 분리될 것

ⓔ 집합투자기구평가회사의 업무와 그 외의 업무에 관한 전산자료가 공유될 수 없도록 독립되어 저장·관리·열람될 것

- 위에 따라 등록을 한 집합투자기구평가회사는 등록 이후 그 영업을 함에 있어서 위의 등록요건을 계속 유지해야 합니다.

### 1-2-3. 금융위원회의 등록결정 및 공고

- 금융위원회는 집합투자기구평가회사의 등록신청를 접수한 경우에는 그 내용을 검토하여 30일 이내에 등록 여부를 결정하고, 그 결과와 이유를 지체 없이 신청인에게 문서로 통지해야 합니다. 이 경우 등록신청서에 흠결이 있는 때에는 보완을 요구할 수 있습니다.
- 금융위원회는 위에 따라 등록을 결정한 경우 집합투자기구평가회사등록부에 필요한 사항을 기재해야 하며, 등록결정한 내용을 관보 및 인터넷 홈페이지 등에 공고해야 합니다.

### 1-2-4. 영업행위준칙의 제정

- 집합투자기구평가회사는 다음으로 정하는 사항이 포함된 영업행위준칙을 제정해야 합니다.

① 보편타당하고 공정한 기준에 따라 집합투자기구평가업무의 일관성이 유지되도록 하기 위한 사항

② 미공개정보의 이용을 금지하기 위한 사항

③ 집합투자기구 평가를 위하여 얻은 정보를 다른 업무를 하는 데에 이용하지 않도록 하기 위한 사항

- 집합투자업자는 집합투자기구 평가를 위하여 필요한 범위에서 직접 또

는 협회를 통하여 집합투자재산의 명세를 집합투자기구평가회사에 제공할 수 있습니다.

### 1-2-5. 집합투자기구평가회사에 대한 감독·검사

금융위원회는 투자자를 보호하고 건전한 거래질서를 유지하기 위하여 집합투자기구평가회사에 대하여 다음의 사항에 관하여 필요한 조치를 명할 수 있습니다.

① 고유재산의 운용에 관한 사항

② 영업의 질서 유지에 관한 사항

③ 영업방법에 관한 사항

④ 그 밖에 투자자 보호 또는 건전한 거래질서를 위하여 필요한 사항으로서 다음의 사항

㉠ 이해상충방지에 관한 사항

㉡ 협회에 가입하지 아니한 집합투자기구평가회사에 대하여 협회가 건전한 영업질서의 유지와 투자자를 보호하기 위하여 행하는 자율규제에 준하는 내부기준을 제정하도록 하는 것에 관한 사항

### 1-2-6. 직무관련 정보의 이용 금지

- 집합투자기구평가회사는 직무상 알게 된 정보로서 외부에 공개되지 않은 정보를 정당한 사유 없이 자기 또는 제삼자의 이익을 위해 이용해서는 안됩니다.
- 이를 위반하여 직무상 알게 된 정보로서 외부에 공개되지 않은 정보를 자기 또는 제삼자의 이익을 위해 이용한 자는 3년 이하의 징역 또는 1억원 이하의 벌금에 처해집니다.

### 1-2-7. 자료의 기록·유지

- 집합투자기구평가회사는 금융투자업 영위와 관련한 자료를 영업에 관한 자료, 재무에 관한 자료, 업무에 관한 자료, 내부통제에 관한 자료 등「자본시장과 금융투자업에 관한 법률 시행령」 제62조에 따라 자료의

종류별로 일정 기간 동안 기록·유지해야 합니다. 이러한 기록·유지 의무를 위반하여 자료를 기록·유지하지 않은 자는 3년 이하의 징역 또는 1억원 이하의 벌금에 처해집니다.

- 집합투자기구평가회사는 위에 따라 기록·유지해야 하는 자료가 멸실되거나 위조 또는 변조가 되지 않도록 적절한 대책을 수립·시행해야 합니다.

## 1-2-8. 집합투자기구평가회사의 손해배상 의무

- 집합투자기구평가회사는 법령·약관·집합투자규약·투자설명서(「자본시장과 금융투자업에 관한 법률」 제123조제1항에 따른 투자설명서를 말함)에 위반하는 행위를 하거나 그 업무를 소홀히 하여 투자자에게 손해를 발생시킨 경우에는 그 손해를 배상할 책임이 있습니다.
- 다만, 배상의 책임을 질 집합투자기구평가회사가 신의성실의무 규정인 「자본시장과 금융투자업에 관한 법률」 제37조제2항, 이해상충 방지의무 규정인 「자본시장과 금융투자업에 관한 법률」 제44조, 정보교류차단 의무 규정인 「자본시장과 금융투자업에 관한 법률」 제45조, 불건전영업행위 금지의무 규정인 「자본시장과 금융투자업에 관한 법률」 제71조 또는 제85조를 위반한 경우(투자매매업 또는 투자중개업과 집합투자업을 함께 경영함에 따라 발생하는 이해상충과 관련된 경우로 한정함)로서 그 집합투자기구평가회사가 상당한 주의를 하였음을 증명하거나 투자자가 금융투자상품의 매매, 그 밖의 거래를 할 때에 그 사실을 안 경우에는 배상의 책임을 지지 않습니다.

## 1-2-9. 임원의 연대배상 책임

집합투자기구평가회사가 위에 따른 손해배상책임을 지는 경우로서 관련되는 임원에게도 귀책사유(歸責事由)가 있는 경우에는 그 집합투자기구평가회사와 관련되는 임원이 연대하여 그 손해를 배상할 책임이 있습니다.

## 1-3. 채권평가회사

### 1-3-1. "채권평가회사"란?

"채권평가회사"란 집합투자재산에 속하는 채권 등 자산의 가격을 평가하고 이를 집합투자기구에게 제공하는 업무를 하는 자를 말합니다.

### 1-3-2. 채권평가회사의 등록 및 등록요건

- 채권평가회사를 하려는 자는 금융위원회에 등록을 해야 하며, 다음의 요건을 모두 갖추어야 합니다.

  ① 「상법」에 따른 주식회사일 것

  ② 30억원 이상의 자기자본을 갖출 것

  ③ 상호출자제한기업집단의 출자액 또는 다음의 금융기관의 출자액이 각각 100분의 10 이하일 것

    ㉠ 은행

    ㉡ 「한국산업은행법」에 따른 한국산업은행

    ㉢ 「중소기업은행법」에 따른 중소기업은행

    ㉣ 「신용보증기금법」에 따른 신용보증기금

    ㉤ 「기술보증기금법」에 따른 기술보증기금

    ㉥ 보험회사

    ㉦ 금융투자업자

    ㉧ 종합금융회사

  ④ 상근 임직원 중 「자본시장과 금융투자업에 관한 법률 시행령」 제285조제3항의 전문인력을 보유할 것

  ⑤ 전산설비 등 다음의 물적 설비를 갖출 것

    ㉠ 채권평가회사의 업무를 하기에 필요한 전산설비, 업무공간및 사무장비

    ㉡ 정전·화재 등의 사고가 발생할 경우 업무의 연속성을 유지하기 위하여 필요한 보완설비

  ⑥ 임원이 「자본시장과 금융투자업에 관한 법률」 제5조에 적합할 것

⑦ 다음의 사항에 대한 채권 등의 가격평가체계를 갖출 것

㉠ 평가대상 채권 등에 관한 사항

㉡ 채권 등의 분류기준에 관한 사항

㉢ 수익률 계산방법

㉣ 자료제공과 공시 등에 관한 사항

⑧ 다음의 이해상충방지체계를 구축하고 있을 것(「은행법」에 따른 은행업, 「보험업법」에 따른 보험업, 금융투자업, 종합금융회사 업무를 하고 있는 경우에 한함)

㉠ 채권평가회사의 업무와 그 외의 업무 간에 독립된 부서로 구분되어 업무처리와 보고가 독립적으로 이루어질 것

㉡ 채권평가회사의 업무와 그 외의 업무 간에 직원의 겸직과 파견을 금지할 것

㉢ 채권평가회사의 업무와 그 외의 업무를 하는 사무실이 정보공유를 막을 수 있을 정도로 공간적으로 분리될 것

㉣ 채권평가회사의 업무와 그 외의 업무에 관한 전산자료가 공유될 수 없도록 독립되어 저장·관리·열람될 것

- 위에 따라 등록을 한 채권평가회사는 등록 이후 그 영업을 함에 있어서 위의 등록요건을 계속 유지해야 합니다.

### 1-3-3. 금융위원회의 등록결정 및 공고

- 금융위원회는 위의 등록신청서를 접수한 경우에는 그 내용을 검토하여 30일 이내에 등록 여부를 결정하고, 그 결과와 이유를 지체 없이 신청인에게 문서로 통지해야 합니다. 이 경우 등록신청서에 흠결이 있는 때에는 보완을 요구할 수 있습니다.
- 금융위원회는 위에 따라 등록을 결정한 경우 채권평가회사등록부에 필요한 사항을 기재해야 하며, 등록결정한 내용을 관보 및 인터넷 홈페이지 등에 공고해야 합니다.

### 1-3-4. 업무준칙의 제정

- 채권평가회사는 다음으로 정하는 사항이 포함된 업무준칙을 제정해야 합니다.
  ① 보편타당하고 공정한 기준에 따라 채권 등 자산의 가격평가업무를 일관성이 유지되도록 하기 위한 사항
  ② 미공개정보의 이용을 금지하기 위한 사항
  ③ 채권 등 자산의 가격평가업무를 위하여 얻은 정보를 다른 업무를 하는 데에 이용하지 않도록 하기 위한 사항
- 집합투자업자는 집합투자재산 평가를 위하여 필요한 범위에서 직접 또는 협회를 통하여 집합투자재산의 명세를 채권평가회사에 제공할 수 있습니다.

### 1-3-5. 채권평가회사에 대한 감독·검사

금융위원회는 투자자를 보호하고 건전한 거래질서를 유지하기 위하여 채권평가회사에 대하여 다음의 사항에 관하여 필요한 조치를 명할 수 있습니다.

① 고유재산의 운용에 관한 사항
② 영업의 질서 유지에 관한 사항
③ 영업방법에 관한 사항
④ 그 밖에 투자자 보호 또는 건전한 거래질서를 위하여 필요한 사항으로서 다음의 사항
  ㉠ 이해상충방지에 관한 사항
  ㉡ 협회에 가입하지 아니한 채권평가회사에 대하여 협회가 건전한 영업질서의 유지와 투자자를 보호하기 위하여 행하는 자율규제에 준하는 내부기준을 제정하도록 하는 것에 관한 사항

### 1-3-6. 직무관련 정보의 이용 금지

- 채권평가회사는 직무상 알게 된 정보로서 외부에 공개되지 않은 정보를

정당한 사유 없이 자기 또는 제삼자의 이익을 위해 이용해서는 안됩니다.
- 이를 위반하여 직무상 알게 된 정보로서 외부에 공개되지 않은 정보를 자기 또는 제삼자의 이익을 위해 이용한 자는 3년 이하의 징역 또는 1억원 이하의 벌금에 처해집니다.

### 1-3-7. 자료의 기록·유지

- 채권평가회사는 금융투자업 영위와 관련한 자료를 영업에 관한 자료, 재무에 관한 자료, 업무에 관한 자료, 내부통제에 관한 자료 등「자본시장과 금융투자업에 관한 법률 시행령」 제62조에 따라 자료의 종류별로 일정 기간 동안 기록·유지해야 합니다. 이러한 기록·유지 의무를 위반하여 자료를 기록·유지하지 않은 자는 3년 이하의 징역 또는 1억원 이하의 벌금에 처해집니다.
- 채권평가회사는 위에 따라 기록·유지해야 하는 자료가 멸실되거나 위조 또는 변조가 되지 않도록 적절한 대책을 수립·시행해야 합니다.

### 1-3-8. 채권평가회사의 손해배상 의무

- 채권평가회사는 법령·약관·집합투자규약·투자설명서(「자본시장과 금융투자업에 관한 법률」 제123조제1항에 따른 투자설명서를 말함)에 위반하는 행위를 하거나 그 업무를 소홀히 하여 투자자에게 손해를 발생시킨 경우에는 그 손해를 배상할 책임이 있습니다.
- 다만, 배상의 책임을 질 채권평가회사가 신의성실의무 규정인 「자본시장과 금융투자업에 관한 법률」 제37조제2항, 이해상충 방지의무 규정인 「자본시장과 금융투자업에 관한 법률」 제44조, 정보교류차단 의무 규정인 「자본시장과 금융투자업에 관한 법률」 제45조, 불건전영업행위 금지의무 규정인 「자본시장과 금융투자업에 관한 법률」 제71조 또는 제85조를 위반한 경우(투자매매업 또는 투자중개업과 집합투자업을 함께 경영함에 따라 발생하는 이해상충과 관련된 경우로 한정함)로서 그 채권평가회사가 상당한 주의를 하였음을 증명하거나 투자자가 금융투

자상품의 매매, 그 밖의 거래를 할 때에 그 사실을 안 경우에는 배상의 책임을 지지 않습니다.

### 1-3-9. 임원의 연대배상 책임

채권평가회사가 위에 따른 손해배상책임을 지는 경우로서 관련되는 임원에게도 귀책사유(歸責事由)가 있는 경우에는 그 채권평가회사와 관련되는 임원이 연대하여 그 손해를 배상할 책임이 있습니다.

# 제4장

# 집합투자증권

# 제1절 집합투자증권의 발행과 판매

## 1. 집합투자증권의 발행

### 1-1. 집합투자증권의 개념

#### 1-1-1. "집합투자증권"이란?

「자본시장과 금융투자업에 관한 법률」에서 "집합투자증권"이란 집합투자기구에 대한 출자지분(투자신탁의 경우에는 수익권을 말함)이 표시된 것을 말합니다.

| 펀드 | 집합투자증권 |
|---|---|
| 일반적으로 집합투자기구 자체를 펀드라고 하며, 펀드투자는 집합투자기구가 발행한 투자증권이나 주식 등을 구매하는 것을 말합니다. 펀드라는 용어는 「자본시장과 금융투자업에 관한 법률」에서 사용하는 용어는 아니지만, 집합투자증권이라는 뜻으로 혼용되어 쓰이는 경우도 있습니다. | 집합투자증권은 투자신탁의 수익증권, 투자회사(뮤츄얼펀드) 주식 등과 같이 투자자로부터 자금을 모아 자산운용회사가 운용하고 그 결과를 분배하는 금융상품으로 원본손실 가능성이 있어 금융투자상품에 해당합니다. |

### 1-2. 투자신탁의 수익증권 발행

#### 1-2-1. 투자신탁의 수익증권

- 투자신탁을 설정한 집합투자업자는 투자신탁의 수익권을 균등하게 나누어 수익증권으로 표시해야 합니다.
- 수익자는 신탁원본의 상환 및 이익의 분배 등에 관하여 수익증권의 좌수에 따라 균등한 권리를 가집니다.
- 수익증권은 무액면 기명식으로 합니다.
- 투자신탁을 설정한 집합투자업자는 수익증권의 발행가액 전액이 납입된 경우 신탁업자의 확인을 받아 수익증권을 발행해야 합니다.

### 1-2-2. 수익증권 기재사항

투자신탁을 설정한 집합투자업자는 수익증권에 다음의 사항을 기재하고 그 집합투자업자 및 그 투자신탁재산을 보관·관리하는 신탁업자의 대표이사(집행임원 설치회사의 경우 대표집행임원을 말함)는 전자등록기관에 전자등록 또는 기록된 같은 항 각 호의 사항이 실제 수익증권 발행 내역과 일치하는지 여부를 확인한 후 그 결과를 전자등록기관을 통해서 투자신탁을 설정한 집합투자업자에게 통보해야 합니다.

① 집합투자업자 및 신탁업자의 상호

② 수익자의 성명 또는 명칭

③ 신탁계약을 체결할 당시의 신탁원본의 가액 및 수익증권의 총좌수

④ 수익증권의 발행일

### 1-2-3. 수익자명부 작성의 전자등록기관 위탁

- 투자신탁을 설정한 집합투자업자는 수익자명부의 작성에 관한 업무를 「주식·사채 등의 전자등록에 관한 법률」 제2조제6호에 따른 전자등록기관(이하 "전자등록기관"이라 함)에 위탁하여야 합니다.
- 전자등록기관은 위탁을 받은 경우 다음의 사항을 적은 수익자명부를 작성·갖춰 놓아야 합니다.
  ① 수익자의 주소 및 성명
  ② 수익자가 소유하는 수익증권의 좌수
- 전자등록기관은 위의 사항에 관한 정보를 타인에게 제공해서는 안됩니다. 다만, 수익자총회 개최를 위해 집합투자업자에게 제공하는 경우, 「금융실명거래 및 비밀보장에 관한 법률」 제4조제1항 단서에 따라 제공하는 경우에는 이를 제공할 수 있습니다.

## 1-3. 투자회사의 주식 발행

### 1-3-1. 투자회사의 주식

- 투자회사의 주식은 무액면 기명식으로 발행합니다.
- 투자회사는 회사 성립일 또는 신주의 납입기일에 지체 없이 「주식·사채 등의 전자등록에 관한 법률」에 따른 전자등록의 방법으로 주식을 발행하여야 합니다.

### 1-3-2. 신주발행

- 투자회사가 그 성립 후에 신주를 발행하는 경우 신주의 수, 발행가액 및 납입기일은 이사회가 결정합니다. 다만, 정관에서 달리 정하고 있는 경우에는 그에 따릅니다.
- 주주의 청구가 있는 경우 그 주주의 주식을 매수할 수 있는 투자회사(이하 '개방형투자회사'라 함)가 그 성립 후에 신주를 발행하는 경우 이사회는 다음의 사항을 결정할 수 있습니다.
  ① 신주의 발행기간
  ② 신주의 발행기간 이내에 발행하는 신주수의 상한
  ③ 신주의 발행기간 동안 매일의 발행가액 및 주금납입기일을 정하는 방법
- 이 경우 개방형투자회사는 위의 3.의 방법에 따라 확정된 매일의 발행가액을 그 투자회사의 주식을 판매하는 투자매매업자 또는 투자중개업자의 지점, 그 밖의 영업소에 게시하고, 인터넷 홈페이지 등을 이용하여 공시해야 합니다.
- 투자회사는 그 성립 후에 신주를 발행하는 경우 같은 날에 발행하는 신주의 발행가액, 그 밖의 발행조건은 균등하게 정해야 합니다.
- 주식인수인은 투자회사가 그 성립 후에 신주를 발행하는 경우 주금의 납입과 동시에 주주의 권리·의무를 가집니다.

## 1-4. 집합투자증권의 공모 발행

### 1-4-1. 증권신고서(모집·매출에 관한 신고서, 일괄신고서)의 제출

- 모집·매출에 관한 신고서 : 증권의 모집 또는 매출 총액이 10억원 이상

인 경우에 그 발행인이 그 모집 또는 매출에 관한 신고서를 금융위원회에 제출하여 수리되지 않으면 증권의 모집 또는 매출을 할 수 없습니다.

- 일괄신고서

① 집합투자증권을 공모의 방식으로 발행하는 경우 위 모집·매출에 관한 신고서를 제출하야야 함에도 불구하고 아래의 어느 하나에 해당하는 집합투자증권(이하 "개방형집합투자증권"이라 함)은 일정기간 동안 모집하거나 매출할 증권의 총액을 일괄하여 적은 신고서(이하 "일괄신고서"라 함)를 금융위원회에 제출하여 수리된 경우에는 그 기간 중에 그 증권을 모집하거나 매출할 때마다 제출해야 하는 신고서를 따로 제출하지 않고 그 증권을 모집하거나 매출할 수 있습니다.

㉠ 환매금지형집합투자기구가 아닌 집합투자기구의 집합투자증권

㉡ 가목에 준하는 것으로서 「자본시장과 금융투자업에 관한 법률」 제279조제1항에 따른 외국 집합투자증권

② 위 일괄신고서를 통하여 그 증권(집합투자증권 및 파생결합증권 중 개방형 집합투자증권 및 금적립계좌등은 제외함)을 모집하거나 매출할 때마다「자본시장과 금융투자업에 관한 법률 시행령」 제122조에 따른 일괄신고와 관련된 서류(이하 "일괄신고추가서류"라 함)를 제출해야 합니다.

③ 일괄신고서의 발행예정기간은 일괄신고서의 효력발생일부터 2개월 이상 1년 이내의 기간으로 합니다. 다만, 개방형 집합투자증권 또는 금적립계좌등인 경우에는 해당 집합투자규약 또는 발행계약에서 정한 존속기간 또는 계약기간(집합투자규약 또는 발행계약에서 존속기간 또는 계약기간을 정하지 않은 경우에는 무기한으로 함)을 발행예정기간으로 합니다.

④ 일괄신고서를 제출한 자는 발행예정기간 중 3회 이상 그 증권을 발행해야 합니다.

- 신고의 효력발생시기

① 위의 모집·매출에 관한 신고서와 일괄신고서(이하 "증권신고서"라 함)는 그 증권신고서가 금융위원회에 제출되어 수리된 날부터 증권의 종류 또는 거래의 특성 등에 따라 아래의 기간이 지난 날에 그 효력이 발생합니다.

㉠ 채무증권의 모집 또는 매출인 경우에는 7일. 다만, 다음 각 목의 어느 하나에 해당하는 채무증권인 경우에는 5일

ⓐ 담보부사채

ⓑ 보증사채권

ⓒ 자산유동화계획에 따라 발행되는 사채권

ⓓ 일괄신고서에 의하여 모집 또는 매출되는 채무증권

㉡ 지분증권의 모집 또는 매출인 경우에는 15일. 다만, 주권상장법인(투자회사는 제외함)의 주식의 모집 또는 매출인 경우에는 10일, 주주 또는 제3자에게 배정하는 방식의 주식(투자회사의 주식은 제외함)의 모집 또는 매출인 경우에는 7일

㉢ 증권시장에 상장된 환매금지형집합투자기구의 집합투자증권의 모집 또는 매출인 경우에는 10일, 주주 등 출자자 또는 수익자에게 배정하는 방식의 환매금지형집합투자기구의 집합투자증권의 모집 또는 매출인 경우에는 7일

㉣ 위 ㉠부터 ㉢까지에 해당하는 증권의 모집 또는 매출 외의 경우에는 15일

② 위의 효력의 발생은 그 증권신고서의 기재사항이 진실 또는 정확하다는 것을 인정하거나 정부에서 그 증권의 가치를 보증 또는 승인하는 효력을 가지지 않습니다.

③ 증권의 발행인은 증권신고를 철회하려는 경우에는 그 증권신고서에 기재된 증권의 취득 또는 매수의 청약일 전일까지 철회신고서를 금융위원회에 제출해야 합니다.

- 거래의 제한

① 위 신고의 효력이 발생하지 않은 증권의 취득 또는 매수의 청약이 있는 경우에 그 증권의 발행인·매출인과 그 대리인은 그 청약의 승낙을 해서는 안 됩니다.

② 일괄신고추가서류를 제출해야 하는 경우 그 일괄신고추가서류가 제출되지 않으면 그 증권의 발행인·매출인과 그 대리인은 그 증권에 관한 취득 또는 매수의 청약에 대한 승낙을 해서는 안 됩니다.

- 정정신고서

① 금융위원회는 다음의 어느 하나에 해당하는 경우에는 그 증권신고서에 기재된 증권의 취득 또는 매수의 청약일 전일까지 그 이유를 제시하고 그 증권신고서의 기재내용을 정정한 신고서(이하 "정정신고서"라 함)의 제출을 요구할 수 있습니다.

㉠ 증권신고서의 형식을 제대로 갖추지 않은 경우

㉡ 그 증권신고서 중 중요사항에 관하여 거짓의 기재 또는 표시가 있거나 중요사항이 기재 또는 표시되지 않은 경우

㉢ 중요사항의 기재나 표시내용이 불분명하여 투자자의 합리적인 투자판단을 저해하거나 투자자에게 중대한 오해를 일으킬 수 있는 경우

② 위의 정정요구가 있는 경우 그 증권신고서는 그 요구를 한 날부터 수리되지 않은 것으로 봅니다.

③ 증권신고서(일괄신고추가서류를 포함함)를 제출한 자가 그 증권신고서의 기재사항을 정정하려는 경우에는 그 증권신고서에 기재된 증권의 취득 또는 매수의 청약일 전일까지 정정신고서를 제출할 수 있습니다. 이 경우 중요한 사항으로서「자본시장과 금융투자업에 관한 법률 시행령」제130조제1항 각 호에 해당하는 사항을 정정하고자 하는 경우 또는 투자자 보호를 위하여 그 증권신고서에 기재된 내용을 정정할 필요가 있는 경우로서 「자본시장과 금융투자업에 관한 법률 시행령」제130조제2항 각 호의 어느 하나에 해당하는 경

우에는 반드시 정정신고서를 제출해야 합니다.

④ 일괄신고서를 제출한 자는 위의 그 발행예정기간 종료 전까지 정정신고서를 제출할 수 있습니다.

㉠ 이 경우 집합투자증권 중 개방형집합투자증권을 제외하고는 발행예정금액 및 발행예정기간은 이를 정정해서는 안됩니다.

㉡ 다만, 발행예정금액의 100분의 20 이하로 감액되는 발행예정액수는 정정할 수 있습니다(다만, 투자자 보호 등을 위해 필요하다고 인정되는 경우에는 금융위원회가 그 한도를 발행예정금액의 100분의 20 이하로 정해 고시할 수 있습니다).

⑤ 위에 따라 정정신고서가 제출된 경우에는 그 정정신고서가 수리된 날에 그 증권신고서가 수리된 것으로 봅니다.

### 1-4-2. 투자설명서

투자설명서의 작성 및 공시

① 증권을 모집하거나 매출하는 경우 그 발행인은「자본시장과 금융투자업에 관한 법률 시행령」제131조에 따라 작성한 투자설명서(이하 '투자설명서'라 함) 및 간이투자설명서(모집 또는 매출하는 증권이 집합투자증권인 경우로 한정함)를 그 증권신고의 효력이 발생하는 날(일괄신고추가서류를 제출해야 하는 경우에는 그 일괄신고추가서류를 제출하는 날로 함)에 금융위원회에 제출해야 하며, 이를 다음의 장소에 비치하고 일반인이 열람할 수 있도록 해야 합니다.

㉠ 해당 증권의 발행인의 본점

㉡ 금융위원회

㉢「자본시장과 금융투자업에 관한 법률」제373조에 따라 설립된 한국거래소

㉣ 청약사무를 취급하는 장소

② 투자설명서에는 증권신고서(「자본시장과 금융투자업에 관한 법률」제119조제2항의 일괄신고추가서류를 포함함)에 기재된 내용과 다른 내

용을 표시하거나 그 기재사항을 누락해서는 안 됩니다. 다만, 기업경영 등 비밀유지와 투자자 보호와의 형평 등을 고려하여 기재를 생략할 필요가 있는 아래의 사항에 대해서는 그 기재를 생략할 수 있습니다.

㉠ 「군사기밀 보호법」 제2조에 따른 군사기밀에 해당하는 사항

㉡ 발행인의 업무나 영업에 관한 것으로서 금융위원회의 확인을 받은 사항

③ 개방형 집합투자증권 및 금적립계좌등의 발행인은 위의 투자설명서 외에 다음의 구분에 따라 투자설명서 및 간이투자설명서를 금융위원회에 추가로 제출해야 하며, 이를 해당 증권의 발행인의 본점과 금융위원회, 한국거래소, 청약사무를 취급하는 장소에 비치하고 일반인이 열람할 수 있도록 해야 합니다. 다만, 그 집합투자증권 및 파생결합증권의 모집 또는 매출을 중지한 경우에는 제출·비치 및 공시를 하지 않을 수 있습니다.

㉠ 투자설명서 및 간이투자설명서를 제출한 후 1년마다 1회 이상 다시 고친 투자설명서 및 간이투자설명서를 제출할 것

㉡ 「자본시장과 금융투자업에 관한 법률」 제182조제8항에 따라 변경등록을 한 경우 변경등록의 통지를 받은 날부터 5일 이내에 그 내용을 반영한 투자설명서 및 간이투자설명서를 제출할 것

- 정당한 투자설명서의 사용

① 누구든지 증권신고의 효력이 발생한 증권을 취득하려는 자(전문투자자, 투자설명서를 받기를 거부한다는 의사표시를 한자 등「자본시장과 금융투자업에 관한 법률 시행령」 제132조 각 호의 어느 하나에 해당하는 자는 제외함)에게「자본시장과 금융투자업에 관한 법률」제123조에 맞는 투자설명서(집합투자증권의 경우 투자자가 투자설명서의 교부를 별도로 요청하지 않는 경우에는 간이투자설명서를 말함)를 미리 발급하지 않으면 그 증권을 취득하게 하거나 매도해서는 안됩니다.

② 이 경우 투자설명서가 「자본시장과 금융투자업에 관한 법률」 제436조에 따른 전자문서의 방법에 따르는 때에는 다음의 요건을 모두 충족하는 때에 이를 발급한 것으로 봅니다(「자본시장과 금융투자업에 관한 법률」 제124조제1항 후단).

㉠ 전자문서에 의하여 투자설명서를 받는 것을 전자문서를 받을 자(이하 "전자문서수신자"라 함)가 동의할 것

㉡ 전자문서수신자가 전자문서를 받을 전자전달매체의 종류와 장소를 지정할 것

㉢ 전자문서수신자가 그 전자문서를 받은 사실이 확인될 것

㉣ 전자문서의 내용이 서면에 의한 투자설명서의 내용과 동일할 것

### 1-4-3. 증권신고서 및 투자설명서의 거짓 기재에 대한 책임

- 증권신고서(정정신고서 및 첨부서류를 포함함)와 투자설명서(예비투자설명서 및 간이투자설명서를 포함함) 중 중요사항에 관하여 거짓의 기재 또는 표시가 있거나 중요사항이 기재 또는 표시되지 않음으로써 증권의 취득자가 손해를 입은 경우에는 다음의 자는 그 손해에 관하여 배상의 책임을 집니다. 다만, 배상의 책임을 질 자가 상당한 주의를 하였음에도 불구하고 이를 알 수 없었음을 증명하거나 그 증권의 취득자가 취득의 청약을 할 때에 그 사실을 안 경우에는 배상의 책임을 지지 않습니다.

① 그 증권신고서의 신고인과 신고 당시의 발행인의 이사(이사가 없는 경우 이에 준하는 자를 말하며, 법인의 설립 전에 신고된 경우에는 그 발기인을 말함)

② 「상법」 제401조의2제1항의 어느 하나에 해당하는 자로서 그 증권신고서의 작성을 지시하거나 집행한 자

③ 그 증권신고서의 기재사항 또는 그 첨부서류가 진실 또는 정확하다고 증명하여 서명한 공인회계사·감정인 또는 신용평가를 전문으로 하는 자, 변호사, 변리사 또는 세무사 등 공인된 자격을 가진 자(그 소속단체를 포함함)

④ 그 증권신고서의 기재사항 또는 그 첨부서류에 자기의 평가·분석·확인 의견이 기재되는 것에 대하여 동의하고 그 기재내용을 확인한 자

⑤ 그 증권의 인수인 또는 주선인(인수인 또는 주선인이 2명 이상인 경우에는 ① 인수인 또는 ② 발행인 또는 매출인으로부터 인수 외의 방법으로 그 발행인 또는 매출인을 위하여 해당 증권의 모집·사모·매출을 할 것을 의뢰받거나 그 밖에 직접 또는 간접으로 증권의 모집·사모·매출을 분담할 것을 의뢰받아 그 조건 등을 정하는 주선인을 말함)

⑥ 그 투자설명서를 작성하거나 발급한 자

⑦ 매출의 방법에 의한 경우 매출신고 당시의 매출인

- 다만, 배상의 책임질 자가 상당한 주의를 하였음에도 불구하고 이를 알 수 없었음을 증명하거나 그 증권의 취득자가 취득의 청약을 할 때에 그 사실을 안 경우에는 배상의 책임을 지지 않습니다.

## 2. 집합투자증권의 판매

### 2-1. 집합투자증권의 판매계약 체결

#### 2-1-1. 판매계약을 체결해야 하는 경우

투자신탁이나 투자익명조합의 집합투자업자 또는 투자회사 등은 집합투자기구의 집합투자증권을 판매하려는 경우 투자매매업자와 판매계약을 체결하거나 투자중개업자와 위탁판매계약을 체결해야 합니다.

#### 2-1-2. 판매계약을 체결하지 않아도 되는 경우

다만, 투자신탁이나 투자익명조합의 집합투자업자가 투자매매업자 또는 투자중개업자로서 집합투자기구의 집합투자증권을 판매하는 경우에는 판매계약 또는 위탁판매계약을 체결하지 않습니다.

## ■ 펀드 가입절차가 복잡해진 이유는?

**Q.** 「자본시장과 금융투자업에 관한 법률」 시행 이후 펀드에 가입하는 절차가 복잡해졌다는데 그 이유는 무엇인가요?

**A.** 「자본시장과 금융투자업에 관한 법률」은 금융투자회사가 특정 투자자에게 금융투자상품의 매매 또는 투자자문계약·투자일임계약·신탁계약의 체결을 권유(이하 투자권유)하는 경우 투자자의 투자목적, 재산상황 및 투자경험 등의 정보를 파악하고 이를 기초로 투자자에 적합하지 않은 투자권유를 할 수 없도록 하고 있습니다(이를 적합성의 원칙이라고 함).

또한 금융투자회사는 금융투자상품의 내용, 투자에 따른 위험, 원본손실 가능성, 수수료 등에 대해 투자자가 이해할 수 있도록 설명해야 합니다(이를 설명의무라 함). 이에 다라 금융투자회사의 투자자 정보 확인, 설명절차 등으로 금융투자상품 거래절차가 종전에 비해 다소 복잡해진 측면이 있으나 이는 불완전판매를 방지하고 객관적 정보에 기초한 건전한 투자문화를 구축하기 위해 불가피한 것입니다.

## 2-2. 집합투자증권 판매자의 투자권유

### 2-2-1. 판매자의 설명의무

집합투자증권을 판매하는 자는 일반투자자를 상대로 투자권유를 하는 경우에는 금융투자상품의 내용, 투자에 따르는 위험,「자본시장과 금융투자업에 관한 법률 시행령」 제53조제1항 각 호의 사항을 일반투자자가 이해할 수 있도록 설명해야 합니다.

**[관련판례] 펀드 판매 시 불충분한 설명으로 고객보호의무를 위반한 경우 불법행위를 구성한다고 한 사례**

투자신탁 수익증권을 판매하는 은행 직원이 고객에게 투자신탁 수익증권의 매수를 권유하면서 중도 환매가격에 대하여 오해를 불러일으킬 수 있는 부실한 표시가 기재된 상품설명서를 제공하고, 그 환매가격에 대한 명확한 설명을 하지 않음으로써 고객으로 하여금 중도 환매가격에 관하여 오해하게 한 사안에서, 이는 고객이 올바른 정보를 바탕으로 합리적인 투자판단을 할 수 있도록 고객을 보호하여야 할 주의의무를 위반한 것으로 고객에 대하여 불법행위를 구성한다고 판시하였습니다(대법원 2010.11.11. 선고 2008다52369 판결).

### 2-2-2. 집합투자증권 판매자의 고객파악 의무 (Know your customer rule)

- 집합투자증권을 판매하는 자는 일반투자자에게 투자권유를 하기 전에 면담·질문 등을 통해 일반투자자의 투자목적·재산상황 및 투자경험 등의 정보를 파악하고, 일반투자자로부터 서명(「전자서명법」 제2조제2호에 따른 전자서명을 포함합니다. 이하 같다), 기명날인, 녹취, 전자우편(이와 비슷한 전자통신을 포함함), 우편, 전화자동응답시스템의 방법으로 확인을 받아 이를 유지·관리해야 하며, 확인받은 내용을 투자자에게 지체 없이 제공해야 합니다.
- 집합투자증권을 판매하는 자는 일반투자자에게 투자권유를 하지 않고

「자본시장과 금융투자업에 관한 법률」 제93조제1항에 따른 집합투자기구의 집합투자증권(금융위원회가 정하여 고시하는 집합투자기구의 집합투자증권은 제외함)을 판매하려는 경우에는 면담·질문 등을 통해 그 일반투자자의 투자목적·재산상황 및 투자경험 등의 정보를 파악해야 합니다.

### 2-2-3. 부당권유 금지

집합투자증권을 판매하는 자는 투자권유를 할 때 거짓의 내용을 알리거나 단정적인 판단 또는 확실하다고 잘못 인식하게 할 소지가 있는 내용을 제공하는 행위, 계속적인 투자권유 거부의사에 반해 투자권유를 하는 행위 등을 해서는 안됩니다.

### 2-2-4. 불건전 영업행위의 금지

집합투자증권을 판매하는 자는 일반투자자에게 빈번하거나 과도하게 투자권유를 하는 행위나 재산상 이익을 제공하거나 제공받는 행위, 수익률을 보장하는 행위, 손실보전 및 이익보장 행위, 판매대가를 부당한 수수료를 요구하는 행위 등 불건전 영업행위를 해서는 안됩니다.

## 2-3. 집합투자증권 판매의 제한

### 2-3-1. 판매제한 사유

- 투자매매업자 또는 투자중개업자는 아래의 어느 하나의 사유가 발생하여 집합투자업자(투자신탁이나 투자익명조합의 집합투자업자에 한함)로부터 그 사유를 통보받은 경우에는 집합투자증권을 판매해서는 안 됩니다.

  ① 「자본시장과 금융투자업에 관한 법률」 제237조제1항에 따라 집합투자증권의 환매를 연기한 경우

  ② 「자본시장과 금융투자업에 관한 법률」제240조제3항에 따른 집합투자기구에 대한 회계감사인의 감사의견이 적정의견이 아닌 경우

- 다만, 집합투자업자로부터 위의 사유가 해소되었다는 통지를 받은 경우에는 판매를 다시 시작할 수 있습니다.

## 2-4. 집합투자증권의 판매수수료와 판매보수

### 2-4-1. 판매수수료와 판매보수의 한도

- "판매수수료"란 집합투자증권을 판매하는 행위에 대한 대가로 투자자로부터 직접 받는 금전을 말한다.
- "판매보수"란 집합투자증권을 판매한 투자매매업자, 투자중개업자가 투자자에게 지속적으로 제공하는 용역의 대가로 집합투자기구로부터 받는 금전을 말합니다.
- 판매수수료 및 판매보수는 아래의 한도를 초과해서는 안됩니다.

| 구분 | 판매수수료 및 판매보수의 한도 |
| --- | --- |
| 판매수수료 | 납입금액 또는 환매금액의 100분의 2 |
| 판매보수 | 집합투자재산의 연평균가액의 100분의 1<br>(다만, 투자자의 투자기간에 따라 판매보수율이 감소하는 경우로서 금융위원회가 정하여 고시하는 기간을 넘는 시점에 적용되는 판매보수율이 100분의 1 미만인 경우 그 시점까지는 100분의 1에서부터 1천분의 15까지의 범위에서 정할 수 있음) |

- 투자매매업자 또는 투자중개업자는 집합투자규약으로 정하는 바에 따라 다음의 방법으로 판매수수료나 판매보수를 받을 수 있습니다.
  ① 판매수수료: 판매 또는 환매시 한꺼번에 투자자로부터 받거나 투자기간 동안 나누어 투자자로부터 받는 방법
  ② 판매보수: 매일의 집합투자재산의 규모에 비례하여 집합투자기구로부터 받는 방법

### 2-4-2. 운용실적에 따른 판매수수료 및 판매보수 금지

투자매매업자 또는 투자중개업자는 집합투자증권의 판매와 관련하여 판매수수료 및 판매보수를 받는 경우 집합투자기구의 운용실적에 연동(連動)하여 판매수수료 또는 판매보수를 받아서는 안됩니다.

## ■ 펀드의 보수 및 수수료 등을 비교할 수 있는 곳

Q. 펀드에 부과되는 보수, 수수료 등 제반비용과 펀드매니저 및 자산운용사에 대한 정보는 어디에서 확인할 수 있나요?

A. 펀드에 부과되는 보수, 수수료 등 제반비용과 펀드메니저 및 펀드수 정보는 금융투자협회 인터넷 홈페이지 종합통계(http://freesis.kofia.or.kr/)에서 보수 및 비용비교 확인 메뉴를 통해 펀드별로 비교해 볼 수 있습니다. 또한 자산운용회사 정보는 금융투자협회 전자공시(http://dis.kofia.or.kr) 검색을 통해 확인할 수 있습니다.

## ■ 펀드 수수료

Q. 펀드에 가입할 때 지급해야 하는 펀드 판매수수료란 무엇이고 펀드 판매보수와 어떠한 차이가 있나요? 그리고 그 금액은 각각 얼마나 되나요?

A. 펀드 판매수수료는 펀드가입시 펀드 판매행위에 대한 대가로 지급해야 하는 금전을 말합니다. 수수료 액은 납입금액 또는 환매금액의 100분의 2를 초과해서는 안됩니다. 반면, 판매보수란 집합투자증권을 판매한 투자매매업자나 투자중개업자 등이 집합투자기구(자산운용사)로부터 받는 금전을 말합니다. 판매보수는 집합투자재산의 연평균가액의 100분의 1를 초과할 수 없습니다.

■ **펀드가입 시 유의사항**

**Q.** 여유자금이 있어서 적립식 펀드에 가입하려고 합니다. 펀드가입 시 유의해야 할 사항은 무엇인가요?

**A.** 펀드투자는 투자자 스스로 결정하며 그 결과에 대한 책임은 투자자가 지는 것이 원칙입니다. 또한 펀드는 수익률을 보장하는 상품이 아니므로, 원금손실이 발생할 수 있음에 주의해야 합니다. 따라서 펀드가입 전, 재무상황 및 투자성향에 관한 올바른 정보를 제공해야 자신에게 가장 적합한 펀드를 추천 받을 수 있으며, 펀드 투자설명서의 내용을 꼼꼼히 읽고 중요한 사항은 판매직원에게 반드시 설명을 들어야 합니다.

◇ 판매자의 설명의무

☞ 집합투자증권을 판매하는 자는 일반투자자를 상대로 투자권유를 하는 경우에는 금융투자상품의 내용, 투자에 따르는 위험 등을 일반투자자가 이해할 수 있도록 설명해야 합니다.

◇ 집합투자증권 판매자의 고객파악 의무(Know your customer rule)

☞ 집합투자증권을 판매하는 자는 일반투자자에게 투자권유를 하기 전에 면담·질문 등을 통해 일반투자자의 투자목적·재산상황 및 투자경험 등의 정보를 파악하고, 일반투자자로부터 서명, 기명날인, 녹취, 전자우편, 우편, 전화자동응답시스템의 방법으로 확인을 받아 이를 유지·관리해야 하며, 확인받은 내용을 투자자에게 지체 없이 제공해야 합니다.

☞ 집합투자증권을 판매하는 자는 일반투자자에게 투자권유를 하지 않고 집합투자기구의 집합투자증권을 판매하려는 경우에는 면담·질문 등을 통해 그 일반투자자의 투자목적·재산상황 및 투자경험 등의 정보를 파악해야 합니다.

◇ 부당권유, 불건전 영업행위 등의 금지

☞ 이 밖에도 집합투자증권을 판매하는 자는 투자자에게 부당한 권유를 해서는 안되며, 빈번하거나 과도하게 투자권유를 하는 행위나 재산상 이익을 제공하거나 제공받는 행위, 수익률을 보장하는 행위, 손실보전 및 이익보장 행위, 판매대가를 부당한 수수료를 요구하는 행위 등 불건전 영업행위를 해서는 안됩니다.

# 제2절 집합투자증권의 환매

## 1. 집합투자증권의 환매청구

### 1-1. 집합투자증권의 환매 청구

#### 1-1-1. 환매청구의 자유

투자자는 언제든지 집합투자증권의 환매를 청구할 수 있습니다.

#### 1-1-2. 환매청구가 제한되는 경우

투자자가 위에 따른 환매를 청구하는 경우라도 투자신탁이나 투자익명조합의 집합투자업자 또는 투자회사 등은 다음의 어느 하나에 해당하는 경우에는 위의 환매청구에 따르지 않을 수 있습니다.

① 집합투자기구(투자신탁은 제외함)가 해산한 경우

② 투자회사의 순자산액이 정관으로 정하는 최저순자산액에 미달하는 경우

③ 법령 또는 법령에 따른 명령에 따라 환매가 제한되는 경우

④ 투자신탁의 수익자, 투자회사의 주주 또는 그 수익자·주주의 질권자로서 권리를 행사할 자를 정하기 위해 「상법」 제354조제1항(「자본시장과 금융투자업에 관한 법률」 제189조제9항에서 준용하는 경우를 포함함. 이하 같음)에 따라 일정한 날을 정하여 수익자명부 또는 주주명부에 기재된 수익자·주주 또는 질권자를 그 권리를 행사할 수익자·주주 또는 질권자로 보도록 한 경우로서 이 일정한 날과 그 권리를 행사할 날의 사이에 환매청구를 한 경우.

### 1-2. 집합투자증권의 환매 절차

#### 1-2-1. 집합투자증권의 환매청구 및 환매요구

- 투자자는 집합투자증권의 환매를 청구하려는 경우에는 그 집합투자증권을 판매한 투자매매업자 또는 투자중개업자에게 청구해야 합니다.
- 위에 따라 환매청구를 받은 투자매매업자 또는 투자중개업자는 수익증

권 또는 투자익명조합의 지분증권인 경우 해당 투자신탁 또는 투자익명조합의 집합투자업자에 대하여, 투자회사등이 발행한 집합투자증권인 경우 그 투자회사등에 대하여 각각 지체 없이 환매에 따를 것을 요구해야 합니다.

## 1-2-2. 신탁업자 등에 대한 환매청구 및 환매요구

- 다만, 투자매매업자 또는 투자중개업자가 해산·인가취소 또는 업무정지된 경우, 천재지변 등으로 인한 전산장애, 그 밖에 이에 준하는 사유로 인해 집합투자증권을 판매한 투자매매업자·투자중개업자가 정상적으로 업무를 하는 것이 곤란하다고 금융위원회가 인정한 경우(이하 '해산등'이라 함)로 인해 환매청구에 따를 수 없는 경우에는 다음의 방법에 따라 해당 집합투자기구의 집합투자업자에게 직접 청구할 수 있으며, 환매청구를 받은 집합투자업자가 해산등으로 인해 환매에 따를 수 없는 경우에는 해당 집합투자재산을 보관·관리하는 신탁업자에게 청구할 수 있습니다.
  ① 투자자는 집합투자업자 또는 그 집합투자업자가 해당 집합투자증권을 판매한 투자매매업자 또는 투자중개업자와 협의하여 결정한 다른 투자매매업자 또는 투자중개업자를 통하여 환매를 청구할 수 있습니다.
  ② 집합투자업자는 위에 따른 투자자의 환매청구에 응하는 데에 필요한 범위에서 해산등으로 인해 환매청구에 응할 수 없는 투자매매업자 또는 투자중개업자의 인력, 전산설비 등의 물적 설비 및 투자자에 관한 정보 등을 사용할 수 있습니다.
- 위에 따라 투자회사 등이 발행한 집합투자증권의 환매청구를 받은 집합투자업자 또는 신탁업자는 투자회사 등에 대하여 지체 없이 환매에 따를 것을 요구해야 합니다.

### 1-2-3. 환매대금의 지급

- 위에 따라 환매청구를 받거나 환매에 따를 것을 요구받은 투자신탁이나 투자익명조합의 집합투자업자(해당 집합투자재산을 보관·관리하는 신탁업자를 포함함) 또는 투자회사 등은 그 집합투자기구의 투자대상자산의 환금성 등을 고려하여 투자자가 환매청구를 한 날부터 15일 이내에 집합투자규약에서 정한 환매일에 환매대금을 지급해야 합니다.
- 위에 따라 환매대음은 15일 내에 지급해야 하나, 다음의 어느 하나에 해당하는 경우로서 집합투자규약에서 환매청구를 받은 날부터 15일을 초과하여 환매일을 정한 경우에는 제외합니다.
  ① 각 집합투자기구 자산총액의 100분의 10의 비율을 초과하여 「금융투자업규정」 제7-22조의 어느 하나에 해당하는 자산(외화자산을 기초로 하는 파생상품이나 파생결합증권을 포함함)에 투자하는 경우
  ② 각 집합투자기구 자산총액의 100분의 50을 초과하여 외화자산에 투자하는 경우
  ③ 사모투자재간접집합투자기구인 경우
  ④ 부동산·특별자산투자재간접집합투자기구인 경우
- 투자신탁이나 투자익명조합의 집합투자업자(해당 집합투자재산을 보관·관리하는 신탁업자를 포함함) 또는 투자회사 등은 위에 따라 환매대금을 지급하는 경우에는 집합투자재산의 범위에서 집합투자재산으로 소유 중인 금전 또는 집합투자재산을 처분하여 조성한 금전으로만 지급해야 합니다. 다만, 집합투자기구의 투자자 전원의 동의를 받은 경우에는 그 집합투자기구에서 소유하고 있는 집합투자재산으로 지급할 수 있습니다.

### 1-2-4. 집합투자증권 환매 시의 취득제한 및 예외

- 집합투자증권을 판매한 투자매매업자·투자중개업자, 집합투자재산을 운용하는 집합투자업자 또는 집합투자재산을 보관·관리하는 신탁업자는 환매청구를 받거나 환매에 따를 것을 요구받은 집합투자증권을 자기의

계산으로 취득하거나 타인에게 취득하게 해서는 안됩니다.

- 다만, 집합투자증권의 원활한 환매를 위해 필요하거나 투자자의 이익을 해할 우려가 없는 경우로서 다음의 경우에는 그 투자매매업자·투자중개업자·집합투자업자 또는 신탁업자는 환매청구를 받거나 환매에 따를 것을 요구받은 집합투자증권을 자기의 계산으로 취득할 수 있습니다.
  ① 단기금융집합투자기구의 집합투자증권을 판매한 투자매매업자 또는 투자중개업자가 그 단기금융집합투자기구별 집합투자증권 판매규모의 100분의 5에 상당하는 금액 또는 100억원 중 큰 금액의 범위에서 개인투자자로부터 환매청구일에 공고되는 기준가격으로 환매청구일에 그 집합투자증권을 매수하는 경우
  ② 투자자가 금액을 기준으로 집합투자증권(단기금융집합투자기구의 집합투자증권은 제외함)의 환매를 청구함에 따라 그 집합투자증권을 판매한 투자매매업자 또는 투자중개업자가 해당 집합투자기구의 집합투자규약에서 정한 환매가격으로 그 집합투자규약에서 정한 환매일에 그 집합투자증권의 일부를 불가피하게 매수하는 경우
- 투자신탁이나 투자익명조합의 집합투자업자(해당 집합투자재산을 보관·관리하는 신탁업자를 포함함. 이하 같음) 또는 투자회사 등은 집합투자증권을 환매한 경우에는 그 집합투자증권을 소각해야 합니다.

## ■ 집합투자증권의 환매 정보를 알고 싶으면?

**Q.** 펀드를 보유하고 있을 경우에 펀드의 환매 등에 관한 정보는 어디에서 확인할 수 있나요?

**A.** 펀드의 환매정보, 즉 환매시 적용되는 기준가격(추이), 환매대금지급일, 환매수수료(환매제한기간 중 투자자부담)에 관한 정보는 투자설명서를 통해 확인할 수 있으며, 가입한 펀드의 운용실적, 기간 수익률, 실현수익률 등은 금융투자협회 전자공시(http://dis.kofia.or.kr) 사이트의 운용실적 비교공시를 통해 확인할 수 있습니다.

## ■ 펀드의 환매

**Q.** 급하게 자금이 필요한 곳이 있어서 펀드를 환매하려고 합니다. 환매대금은 언제 지급되며, 어떠한 기준에 따라 지급되는 것인가요?

**A.** 펀드의 환매는 국내형, 해외형에 따라 채권형,주식형 등 상품유형에 따라 펀드 환매일이 각각 다릅니다. 따라서 자신이 가입한 펀드의 환매정보, 환매시 적용되는 기준가격(추이), 환매대금지급일, 환매수수료(환매제한기간 중 투자자부담)에 관한 정보는 투자설명서를 통해 확인할 수 있으며, 가입한 펀드의 운용실적, 기간 수익률, 실현수익률 등은 금융투자협회 전자공시(https://dis.fundservice.net) 사이트의 운용실적 비교공시를 통해 확인할 수 있습니다.

◇ 집합투자증권의 환매청구 및 환매요구

☞ 투자자는 집합투자증권의 환매를 청구하려는 경우에는 그 집합투자증권을 판매한 투자매매업자 또는 투자중개업자에게 청구해야 합니다.

☞ 위에 따라 환매청구를 받은 투자매매업자 또는 투자중개업자는 수익증권 또는 투자익명조합의 지분증권인 경우 해당 투자신탁 또는 투자익명조합의 집합투자업자에 대하여, 투자회사등이 발행한 집합투자증권인 경우 그 투자회사등에 대하여 각각 지체 없이 환매에 따를 것을 요구해야 합니다.

◇ 환매대금의 지급

☞ 환매청구를 받거나 환매에 따를 것을 요구받은 투자신탁이나 투자익명조합의 집합투자업자 또는 투자회사 등은 그 집합투자기구의 투자대상자산의 환금성 등을 고려하여 투자자가 환매청구를 한 날부터 15일 이내에 집합투자규약에서 정한 환매일에 환매대금을 지급해야 합니다.

☞ 환매대금은 15일 내에 지급해야 하나, 각 집합투자기구 자산총액의 100분의 50을 초과하여 외화자산에 투자하는 경우 등으로서 집합투자규약에서 환매청구를 받은 날부터 15일을 초과하여 환매일을 정한 경우에는 제외합니다.

☞ 자신이 가입한 펀드의 환매정보, 환매시 적용되는 기준가격(추이), 환매대금지급일, 환매수수료(환매제한기간 중 투자자부담)에 관한 정보는 투자설명서를 통해 확인할 수 있으며, 가입한 펀드의 운용실적, 기간 수익률, 실현수익률 등은 금융투자협회 전자공시사이트의 운용실적 비교공시를 통해 확인할 수 있습니다.

## 2. 환매가격 · 환매연기

### 2-1. 집합투자증권의 환매가격 및 환매수수료

#### 2-1-1. 환매가격 산정방법

- 투자신탁이나 투자익명조합의 집합투자업자 또는 투자회사 등은 집합투자증권을 환매하는 경우 환매청구일 후에 산정되는 기준가격으로 해야 합니다.
- 다만, 환매청구일에 공고되는 기준가격으로 환매청구일에 환매한다는 내용을 집합투자규약에 정한 경우로서 다음의 경우에는 환매청구일 이전에 산정된 기준가격으로 환매할 수 있습니다.
  ① 투자매매업자 또는 투자중개업자가 단기금융집합투자기구의 집합투자증권을 판매한 경우로서 다음의 어느 하나에 해당하는 경우
    ⓐ 투자자가 금융투자상품 등의 매수에 따른 결제대금을 지급하기 위하여 단기금융집합투자기구의 집합투자증권을 환매하기로 그 투자매매업자 또는 투자중개업자와 미리 약정한 경우
    ⓑ 투자자가 공과금 납부 등 정기적으로 발생하는 채무를 이행하기 위하여 단기금융집합투자기구의 집합투자증권을 환매하기로 그 투자매매업자 또는 투자중개업자와 미리 약정한 경우
    ⓒ 단기금융집합투자기구의 집합투자증권을 환매하는 경우
  ② 투자매매업자 또는 투자중개업자가 다음의 어느 하나에 해당하는 자에게 단기금융집합투자기구의 집합투자증권을 판매한 경우로서 그 집합투자증권을 환매하는 경우
    ⓐ 「외국환거래법」 제13조에 따른 외국환평형기금
    ⓑ 「국가재정법」 제81조에 따른 여유자금을 통합하여 운용하는 단기금융집합투자기구 및 증권집합투자기구

#### 2-1-2. 환매수수료 산정 및 부담

- 집합투자증권을 환매하는 경우에 부과하는 환매수수료는 집합투자증권

의 환매를 청구하는 해당 투자자가 부담하며, 투자자가 부담한 환매수수료는 집합투자재산에 귀속됩니다.

- 집합투자증권의 환매수수료는「자본시장과 금융투자업에 관한 법률」 제236조제2항에 따라 집합투자규약에서 정하는 기간 이내에 환매하는 경우에 부과합니다. 이 경우 환매수수료는 환매금액 또는 이익금 등을 기준으로 부과할 수 있습니다.

## 2-2. 집합투자증권의 환매연기

### 2-2-1. 집합투자증권의 환매연기

- 투자신탁이나 투자익명조합의 집합투자업자 또는 투자회사 등은 집합투자재산인 자산의 처분이 불가능한 경우 등 다음의 경우로 인해 집합투자규약에서 정한 환매일에 집합투자증권을 환매할 수 없게 된 경우에는 그 집합투자증권의 환매를 연기할 수 있습니다.
  ① 집합투자재산의 처분이 불가능하여 사실상 환매에 응할 수 없는 경우로서 다음의 어느 하나에 해당하는 경우
    ⓐ 뚜렷한 거래부진 등의 사유로 집합투자재산을 처분할 수 없는 경우
    ⓑ 증권시장이나 해외 증권시장의 폐쇄·휴장 또는 거래정지, 그 밖에 이에 준하는 사유로 집합투자재산을 처분할 수 없는 경우
    ⓒ 천재지변, 그 밖에 이에 준하는 사유가 발생한 경우
  ② 투자자 간의 형평성을 해칠 염려가 있는 경우로서 다음의 어느 하나에 해당하는 경우
    ⓐ 부도발생 등으로 인하여 집합투자재산을 처분하여 환매에 응하는 경우에 다른 투자자의 이익을 해칠 염려가 있는 경우
    ⓑ 집합투자재산에 속하는 자산의 시가가 없어서 환매청구에 응하는 경우에 다른 투자자의 이익을 해칠 염려가 있는 경우
    ⓒ 대량의 환매청구에 응하는 것이 투자자 간의 형평성을 해칠 염

려가 있는 경우

③ 환매를 청구받거나 요구받은 투자매매업자 또는 투자중개업자·집합투자업자·신탁업자·투자회사등이 해산등으로 인하여 집합투자증권을 환매할 수 없는 경우

④ 교차판매 집합투자기구의 집합투자증권에 대한 투자자의 환매청구금액이 환매청구일 현재 해당 교차판매 집합투자기구의 집합투자재산 순자산가치의 100분의 10을 초과하는 경우

⑤ 그 밖에 위의 ①부터 ④까지의 경우에 준하는 경우로서 금융위원회가 환매연기가 필요하다고 인정한 경우

- 위에 따른 환매를 연기할 수 있는 경우 투자신탁이나 투자익명조합의 집합투자업자 또는 투자회사 등은 환매를 연기한 날부터 6주 이내에 집합투자자총회에서 집합투자증권의 환매에 관한 사항으로서 다음의 사항을 결의(「자본시장과 금융투자업에 관한 법률」 제190조제5항 본문, 제201조제2항 단서, 제210조제2항 단서, 제215조제3항, 제220조제3항 및 제226조제3항의 결의를 말함)해야 합니다.

① 환매를 재개하려는 경우에는 환매대금의 지급시기와 지급방법(다만, 위 4.에 따라 환매를 연기한 집합투자증권의 환매대금 지급시기와 지급방법은 제외함)

② 환매연기를 계속하려는 경우에는 환매연기기간과 환매를 재개할 때의 환매대금의 지급시기 및 지급방법

③ 「자본시장과 금융투자업에 관한 법률」 제237조제5항에 따라 일부 환매를 하는 경우에는 환매연기의 원인이 되는 자산의 처리방법

- 투자신탁이나 투자익명조합의 집합투자업자 또는 투자회사 등은 집합투자자총회에서 집합투자증권의 환매에 관한 사항을 정하지 않거나 환매에 관하여 정한 사항의 실행이 불가능한 경우에는 계속하여 환매를 연기할 수 있습니다.

### 2-2-2. 환매결의 또는 환매연기 시 투자자에 대한 통지사항

- 투자신탁이나 투자익명조합의 집합투자업자 또는 투자회사 등은 집합투자자총회에서 환매에 관한 사항이 결의되거나 환매의 연기를 계속하는 경우 지체 없이 다음의 구분에 따라 정한 사항을 투자자에게 통지해야 합니다.
  ① 집합투자자총회에서 환매에 관한 사항을 결의한 경우
    ⓐ 환매에 관하여 결의한 사항
    ⓑ 환매가격
    ⓒ 일부환매의 경우에는 그 뜻과 일부환매의 규모
  ② 환매연기를 계속하는 경우
    ⓐ 환매를 연기하는 사유
    ⓑ 환매를 연기하는 기간
    ⓒ 환매를 재개하는 경우 환매대금의 지급방법
    ⓓ 환매를 재개하는 경우에 환매가격 및 환매대금의 지급시기
    ⓔ 일부환매의 경우에 그 뜻과 일부환매의 규모
- 투자신탁이나 투자익명조합의 집합투자업자 또는 투자회사 등은 환매연기사유의 전부 또는 일부가 해소된 경우에는 환매가 연기된 투자자에 대하여 환매한다는 뜻을 통지하고 집합투자자총회에서 결의한 내용에 따라 환매대금을 지급해야 합니다.

### 2-2-3. 일부 환매연기

- 투자신탁이나 투자익명조합의 집합투자업자 또는 투자회사 등은 집합투자재산의 일부가 위의 환매연기사유에 해당하는 경우 그 일부에 대해서는 환매를 연기하고 나머지에 대해서는 투자자가 소유하고 있는 집합투자증권의 지분(持分)에 따라 환매에 따를 수 있습니다.
- 투자신탁이나 투자익명조합의 집합투자업자 또는 투자회사 등은 환매가 연기된 집합투자재산만으로 별도의 집합투자기구를 설정 또는 설립할 수 있습니다.

### 2-2-4. 환매연기 시 집합투자증권 판매자에 대한 통지

- 집합투자업자(투자신탁이나 투자익명조합의 집합투자업자만 해당함. 이하 같음)는 다음의 어느 하나에 해당하는 사유가 발생한 경우 해당 집합투자증권을 판매한 투자매매업자 또는 투자중개업자에게 이를 즉시 통지해야 합니다.

  ① 집합투자증권의 환매를 연기한 경우

  ② 집합투자기구에 대한 회계감사인의 감사의견이 적정의견이 아닌 경우
- 집합투자업자는 위의 사유가 해소된 경우에는 해당 집합투자증권을 판매한 투자매매업자 또는 투자중개업자에게 이를 즉시 통지해야 합니다.

# 제5장

# 집합투자재산

# 제1절 집합투자재산의 운용

## 1. 집합투자업자의자산운용 제한 등

### 1-1. 선관의무 및 충실의무

#### 1-1-1. 선관의무

집합투자업자는 투자자에 대하여 선량한 관리자의 주의로써 집합투자재산을 운용해야 합니다.

#### 1-1-2. 충실의무

집합투자업자는 투자자의 이익을 보호하기 위해 해당 업무를 충실하게 수행해야 합니다.

### 1-2. 자산운용의 지시 및 실행 등

#### 1-2-1. 투자신탁의 집합투자업자

- 원칙

투자신탁의 집합투자업자는 투자신탁재산을 운용할 때 그 투자신탁재산을 보관·관리하는 신탁업자에 대하여 그 지시내용을 전산시스템에 의해 객관적이고 정확하게 관리할 수 있는 방법에 따라 투자신탁재산별로 투자대상자산의 취득·처분 등에 관하여 필요한 지시를 해야 하며, 그 신탁업자는 집합투자업자의 지시에 따라 투자대상자산의 취득·처분 등을 해야 합니다.

- 예외

① 집합투자업자는 투자신탁재산의 효율적 운용을 위해 불가피한 경우로서「자본시장과 금융투자업에 관한 법률 시행령」제79조제2항 각 호의 어느 하나에 해당하고 방법을 정하여 투자대상자산을 운용하는 경우에는 자신의 명의로 직접 투자대상자산의 취득·처분 등을 할 수 있습니다.

② 위에 따라 집합투자업자가 직접 투자대상자산의 취득·처분 등의 업무를 수행하는 경우에는 투자신탁재산별로 미리 정하여진 자산배분명세에 따라 취득·처분 등의 결과를 공정하게 배분해야 합니다.

③ 위에 따라 배분하는 경우에는 집합투자업자는 자산배분명세, 취득·처분 등의 결과, 배분결과 등에 관한 장부 및 서류를 「자본시장과 금융투자업에 관한 법률 시행규칙」 제9조에 따라 작성하고 이를 유지·관리해야 합니다.

- 집합투자업자의 이행책임 및 손해배상책임

투자신탁의 집합투자업자(그 투자신탁재산을 보관·관리하는 신탁업자를 포함함. 이하 같음)는 투자대상자산의 취득·처분 등을 한 경우 그 투자신탁재산을 한도로 하여 그 이행 책임을 부담합니다. 다만, 그 집합투자업자가 「자본시장과 금융투자업에 관한 법률」 제64조제1항에 따라 손해배상책임을 지는 경우에는 그렇지 않습니다.

## 1-2-2. 투자신탁을 제외한 집합투자업자

- 투자신탁을 제외한 집합투자기구의 집합투자업자는 그 집합투자재산을 운용할 때 집합투자기구의 명의(투자익명조합의 경우에는 그 집합투자업자의 명의를 말함)로 그 지시내용을 전산시스템에 의하여 객관적이고 정확하게 관리할 수 있는 방법에 따라 집합투자재산(투자신탁재산은 제외함)별로 투자대상자산의 취득·처분 등을 하고, 그 집합투자재산을 운용하는 경우 집합투자재산별로 투자대상자산의 취득·처분 등을 하는 방법 및 그 집합투자기구의 신탁업자에게 취득·처분 등을 한 자산의 보관·관리에 필요한 지시를 해야 하며, 그 신탁업자는 집합투자업자의 지시에 따라야 합니다.
- 이 경우 집합투자업자가 투자대상자산의 취득·처분 등을 할 때에는 집합투자업자가 그 집합투자기구를 대표한다는 사실을 표시해야 합니다.

## 1-3. 자산운용의 제한

### 1-3-1. 자산운용시 금지 행위

집합투자업자는 집합투자재산을 운용할 때 아래 표의 어느 하나에 해당하는 행위를 해서는 안됩니다.

| 운용 대상 | 자산운용의 제한 |
| --- | --- |
| 증권 | ① 각 집합투자기구 자산총액의 100분의 10 이내의 범위에서 일정 비율을 초과하여 동일종목의 증권에 투자하는 행위. 이 경우 동일법인 등이 발행한 증권 중 지분증권(그 법인 등이 발행한 지분증권과 관련된 증권예탁증권을 포함함)과 지분증권을 제외한 증권은 각각 동일종목으로 봄<br>② 각 집합투자업자가 운용하는 전체 집합투자기구 자산총액으로 동일법인 등이 발행한 지분증권 총수의 100분의 20을 초과하여 투자하는 행위<br>③ 각 집합투자기구 자산총액으로 동일법인 등이 발행한 지분증권 총수의 100분의 10을 초과하여 투자하는 행위 |
| 파생상품 | ① 일정한 적격 요건을 갖추지 못한 자와 장외파생상품을 매매하는 행위<br>② 파생상품의 매매에 따른 위험평가액이 일정 기준을 초과하여 투자하는 행위<br>③ 파생상품의 매매와 관련하여 기초자산 중 동일법인 등이 발행한 증권(그 법인 등이 발행한 증권과 관련된 증권예탁증권을 포함 |

| | |
|---|---|
| | 함)의 가격변동으로 인한 위험평가액이 각 집합투자기구 자산총액의 100분의 10을 초과하여 투자하는 행위<br>④ 같은 거래상대방과의 장외파생상품 매매에 따른 거래상대방 위험평가액이 각 집합투자기구 자산총액의 100분의 10을 초과하여 투자하는 행위 |
| 부동산 | ① 부동산을 취득한 후 5년 이내의 범위에서 일정 기간 이내에 이를 처분하는 행위. 다만, 부동산개발사업(토지를 택지·공장용지 등으로 개발하거나 그 토지 위에 건축물, 그 밖의 공작물을 신축 또는 재축하는 사업을 말함)에 따라 조성하거나 설치한 토지·건축물 등을 분양하는 경우, 그 밖에 투자자 보호를 위하여 필요한 경우에는 제외함<br>② 건축물, 그 밖의 공작물이 없는 토지로서 그 토지에 대하여 부동산개발사업을 시행하기 전에 이를 처분하는 행위. 다만, 집합투자기구의 합병·해지 또는 해산, 그 밖에 투자자 보호를 위하여 필요한 경우에는 제외함 |
| 집합투자증권 | ① 각 집합투자기구 자산총액의 100분의 50을 초과하여 같은 집합투자업자(외국집합투자업자를 포함함)가 운용하는 집합투자기구(외국 집합투자기구를 포함함)의 집합투자증권에 투자하는 행위 |

② 각 집합투자기구 자산총액의 100분의 20을 초과하여 같은 집합투자기구(외국집합투자기구를 포함함)의 집합투자증권에 투자하는 행위
③ 집합투자증권에 자산총액의 100분의 40을 초과하여 투자할 수 있는 집합투자기구(외국 집합투자기구를 포함함)의 집합투자증권에 투자하는 행위
④ 사모집합투자기구(사모집합투자기구에 상당하는 외국 사모집합투자기구를 포함함)의 집합투자증권에 투자하는 행위
⑤ 각 집합투자기구의 집합투자재산으로 같은 집합투자기구(외국 집합투자기구를 포함함)의 집합투자증권 총수의 100분의 20을 초과하여 투자하는 행위. 이 경우 그 비율의 계산은 투자하는 날을 기준으로 함
⑥ 집합투자기구의 집합투자증권을 판매하는 투자매매업자 또는 투자중개업자가 받는 판매수수료 및 판매보수와 그 집합투자기구가 투자하는 다른 집합투자기구(외국 집합투자기구를 포함함)의 집합투자증권을 판매하는 투자매매업자(외국 법령에 따라 외국에서 투자매매업에 상당하는 영업을 영위하는 외국 투자매매업자를 포함함) 또는 투자중개업자(외국 법령에 따라 외국에서 투자매매업에 상당하는 영업을 영위하는 외국 투자매매업자를 포함함)가 받는 판매수수료 및 판

| | |
|---|---|
| | 매보수의 합계가 일정 기준을 초과하여 집합투자증권에 투자하는 행위 |
| 그 밖의 운용대상 | ① 각 집합투자기구에 속하는 증권 총액의 범위에서 100분의 50의 비율을 초과하여 환매조건부매도(증권을 일정기간 후에 환매수할 것을 조건으로 매도하는 경우를 말함. 이하 같음)를 하는 행위[「금융투자업규정」(금융위원회 고시 제2020-29호, 2020.6.24. 발령, 2020.7.1. 시행) 제4-53조제1항]<br>② 각 집합투자기구에 속하는 증권의 범위에서 100분의 50의 비율을 초과하여 증권을 대여하는 행위(「금융투자업규정」 제4-53조제1항)<br>③ 각 집합투자기구의 자산총액 범위에서 100분의 20의 비율을 초과하여 증권을 차입하는 행위(「금융투자업규정」 제4-53조제2항) |

### 1-3-2. 예외(허용사유)

다만, 투자자 보호 및 집합투자재산의 안정적 운용을 해할 우려가 없는 경우로서「자본시장과 금융투자업에 관한 법률 시행령」 제80조제1항 각 호의 어느 하나에 해당하는 행위를 하는 경우에는 이를 할 수 있습니다.

## 2. 집합투자업자의자산운용 시 영업행위 제한

### 2-1. 불건전 영업행위의 금지

#### 2-1-1. 불건전 영업행위

집합투자업자는 다음의 어느 하나에 해당하는 행위를 해서는 안됩니다.

① 집합투자재산을 운용할 때 금융투자상품, 그 밖의 투자대상자산의 가격에 중대한 영향을 미칠 수 있는 매수 또는 매도 의사를 결정한 후 이를 실행하기 전에 그 금융투자상품, 그 밖의 투자대상자산을 집합투자업자 자기의 계산으로 매수 또는 매도하거나 제삼자에게 매수 또는 매도를 권유하는 행위

② 자기 또는 집합투자업자와 같은 기업집단(「독점규제 및 공정거래에 관한 법률」 제2조제2호에 따른 기업집단을 말함. 이하 같음)에 속하는 인수인과 집합투자업자가 운용하는 전체 집합투자기구의 집합투자증권을 100분의 30의 비율 이상 판매한 인수인(이하 "관계인수인"이라 함)이 인수한 증권을 집합투자재산으로 매수하는 행위

③ 자기 또는 관계인수인이 발행인 또는 매출인으로부터 직접 증권의 인수를 의뢰받아 인수조건 등을 정하는 업무를 담당한 법인의 특정증권등(「자본시장과 금융투자업에 관한 법률」 제172조제1항의 특정증권등을 말함. 이하 같음)에 대하여 인위적인 시세(「자본시장과 금융투자업에 관한 법률」 제176조제2항제1호의 시세를 말함)를 형성하기 위해 집합투자재산으로 그 특정증권등을 매매하는 행위

④ 특정 집합투자기구의 이익을 해하면서 자기 또는 제삼자의 이익을 도모하는 행위

⑤ 특정 집합투자재산을 집합투자업자의 고유재산 또는 그 집합투자업자가 운용하는 다른 집합투자재산, 투자일임재산(투자자로부터 투자판단을 일임받아 운용하는 재산을 말함. 이하 같음) 또는 신탁재산과 거래하는 행위

⑥ 제삼자와의 계약 또는 담합 등에 의하여 집합투자재산으로 특정 자

산에 교차하여 투자하는 행위

⑦ 투자운용인력이 아닌 자에게 집합투자재산을 운용하게 하는 행위

⑧ 그 밖에 투자자 보호 또는 건전한 거래질서를 해할 우려가 있는 행위로서 「자본시장과 금융투자업에 관한 법률 시행령」 제87조제4항 각 호의 어느 하나에 해당하는 행위

### 2-1-2. 불공정 영업행위의 예외

위 불건전 영업행위 내용에 해당한다고 하더라도 투자자 보호 및 건전한 거래질서를 해할 우려가 없는 경우로서 집합투자재산의 운용과 관련한 정보를 이용하지 않았음을 증명하거나, 증권시장의 파생상품시장 간의 가격 차이를 이용한 차익거래, 그 밖에 이에 준하는 거래로서 집합투자재산의 운용과 관련한 정보를 의도적으로 이용하지 않았다는 사실이 객관적으로 명백한 경우 등 「자본시장과 금융투자업에 관한 법률 시행령」 제87조제1항 각 호의 어느 하나에 해당하는 경우에는 이를 할 수 있습니다.

### 2-1-3. 불공정 영업행위의 처벌

- 위 불건전 영업행위에 관한 ①부터 ⑦까지의 행위를 위반한 자는 5년 이하의 징역 또는 2억원 이하의 벌금에 처해집니다.
- 위 불건전 영업행위에 관한 ⑧의 행위를 위반한 자에게는 1억원 이하의 과태료가 부과됩니다.

## 2-2. 성과보수의 제한

### 2-2-1. 성과보수의 제한

집합투자업자는 집합투자기구의 운용실적에 연동하여 미리 정하여진 산정방식에 따른 보수(이하 "성과보수"라 함)를 받아서는 안됩니다.

### 2-2-2. 성과보수를 받을 수 있는 경우

- 다만, 다음의 어느 하나에 해당하는 경우에는 성과보수를 받을 수 있습니다.

① 집합투자기구가 사모집합투자기구인 경우

② 사모집합투자기구 외의 집합투자기구 중 운용보수의 산정방식, 투자자의 구성 등을 고려하여 투자자 보호 및 건전한 거래질서를 해할 우려가 없는 경우로서「자본시장과 금융투자업에 관한 법률 시행령」제88조제1항 각 호의 요건을 모두 충족하는 경우

- 집합투자업자는 위에 따라 성과보수를 받고자 하는 경우에는 그 성과보수의 산정방식, 그 밖에 다음의 사항을 해당 투자설명서(「자본시장과 금융투자업에 관한 법률」제123조제1항에 따른 투자설명서를 말함) 및 집합투자규약에 기재해야 합니다.

① 성과보수가 지급된다는 뜻과 그 한도

② 성과보수를 지급하지 않는 집합투자기구보다 높은 투자위험에 노출될 수 있다는 사실

③ 성과보수를 포함한 보수 전체에 관한 사항

④ 기준지표

⑤ 성과보수의 지급시기

⑥ 성과보수가 지급되지 않는 경우에 관한 사항

⑦ 집합투자기구의 운용을 담당하는 투자운용인력의 경력과 집합투자기구의 운용을 담당하는 투자운용인력의 운용성과

### 2-2-3. 성과보수 제한 위반자에 대한 처벌

- 위 성과보수 제한을 위반한 자에게는 1억원 이하의 과태료가 부과됩니다.

## 2-3. 의결권 제한 등

### 2-3-1. 투자자 이익보호를 위한 의결권 행사

집합투자업자(투자신탁이나 투자익명조합의 집합투자업자만 해당함)는 투자자의 이익을 보호하기 위해 집합투자재산에 속하는 주식의 의결권을 충실하게 행사해야 합니다.

### 2-3-2. 의결권 행사가 제한되는 경우

- 위에도 불구하고 집합투자업자는 다음의 어느 하나에 해당하는 경우에는 집합투자재산에 속하는 주식을 발행한 법인의 주주총회에 참석한 주주가 소유하는 주식수에서 집합투자재산에 속하는 주식수를 뺀 주식수의 결의내용에 영향을 미치지 않도록 의결권을 행사해야 합니다.
  ① 다음의 어느 하나에 해당하는 자가 그 집합투자재산에 속하는 주식을 발행한 법인을 계열회사로 편입하기 위한 경우
    ⓐ 그 집합투자업자, 그와 이해관계가 있는 특수관계인 및「자본시장과 금융투자업에 관한 법률 시행령」제141조제2항에 따른 공동보유자
    ⓑ 그 집합투자업자에 대하여 사실상의 지배력을 행사하는 자로서 관계 투자매매업자·투자중개업자와 및 그 계열회사와 집합투자업자의 대주주(최대주주의 특수관계인인 주주를 포함함)
  ② 그 집합투자재산에 속하는 주식을 발행한 법인이 그 집합투자업자와 다음의 어느 하나에 해당하는 관계가 있는 경우
    ⓐ 계열회사의 관계가 있는 경우
    ⓑ 그 집합투자업자에 대하여 사실상의 지배력을 행사하는 관계로서 관계 투자매매업자·투자중개업자 또는 그 계열회사와 집합투자업자의 대주주(최대주주의 특수관계인인 주주를 포함함)의 관계가 있는 경우
  ③ 그 밖에 투자자 보호 또는 집합투자재산의 적정한 운용을 해할 우려가 있는 경우
- 위에도 불구하고 집합투자업자는 법인의 합병, 영업의 양도·양수, 임원의 임면, 정관변경, 그 밖에 이에 준하는 사항으로서 투자자의 이익에 명백한 영향을 미치는 사항(이하 "주요의결사항"이라 함)에 대하여 위의 방법에 따라 의결권을 행사하는 경우 집합투자재산에 손실을 초래할 것이 명백하게 예상되는 때에는 투자자의 이익을 보호하기 위해 의

결권을 충실히 행사할 수 있습니다. 다만,「독점규제 및 공정거래에 관한 법률」 제9조제1항에 따른 상호출자제한기업집단(이하 "상호출자제한기업집단"이라 함)에 속하는 집합투자업자는 집합투자재산으로 그와 계열회사의 관계에 있는 주권상장법인이 발행한 주식을 소유하고 있는 경우에는 다음의 요건을 모두 충족하는 방법으로만 의결권을 행사할 수 있습니다.

① 그 주권상장법인의 특수관계인(「독점규제 및 공정거래에 관한 법률」 제7조제1항제5호가목에 따른 특수관계인을 말함)이 의결권을 행사할 수 있는 주식의 수를 합하여 그 법인의 발행주식총수의 100분의 15를 초과하지 않도록 의결권을 행사할 것

② 집합투자업자가 투자한도를 초과하여 취득한 주식은 그 주식을 발행한 법인의 주주총회에 참석한 주주가 소유한 주식수에서 집합투자재산인 주식수를 뺀 주식수의 결의내용에 영향을 미치지 않도록 의결권을 행사할 것

- 금융위원회는 집합투자업자가 위의 사항을 위반하여 집합투자재산에 속하는 주식의 의결권을 행사한 경우에는 6개월 이내의 기간을 정하여 그 주식의 처분을 명할 수 있습니다.
- 위의 의결권 행사 제한에 관한 사항을위반하여 의결권을 행사한 자는 5년 이하의 징역 또는 2억원 이하의 벌금에 처해집니다.

### 2-3-3. 의결권 행사 및 교차행사의 금지

- 집합투자업자는 투자한도를 초과하여 취득한 주식에 대하여는 그 주식의 의결권을 행사할 수 없으며, 제삼자와의 계약에 의하여 의결권을 교차하여 행사하는 위의 적용을 면하기 위한 행위를 해서는 안됩니다.
- 이러한 의결권 행사 제한을 위반하여 의결권을 행사한 자는 5년 이하의 징역 또는 2억원 이하의 벌금에 처해집니다.

### 2-3-4. 금융위원회의 주식처분 명령

- 금융위원회는 집합투자업자가 위 의결권 제한, 의결권 행사 금지, 의결권 교차 행사 금지 규정 등에 관한 규정을 위반하여 집합투자재산에 속하는 주식의 의결권을 행사한 경우에는 6개월 이내의 기간을 정하여 그 주식의 처분을 명할 수 있습니다.
- 이러한 주식처분 명령에 위반하여 주식을 처분하지 않은 자는 3년 이하의 징역 또는 1억원 이하의 벌금에 처해집니다.

### 2-3-5. 의결권행사내용 등의 기록유지

- 집합투자업자는 각 집합투자재산에서 각 집합투자기구 자산총액의 100분의 5 또는 100억 이상을 소유하는 주식을 발행한 법인(이하 "의결권공시대상법인"이라 함)에 대한 의결권 행사 여부 및 그 내용(의결권을 행사하지 않은 경우에는 그 사유)을 의결권공시대상법인에 대한 의결권 행사 여부 및 그 내용(의결권을 행사하지 않은 경우에는 그 사유)을 자산운용보고서 및 영업보고서에 기재하여 기록·유지해야 합니다.
- 이를 위반하여 의결권행사내용 등의 기록을 유지하지 않은 자에게는 5천만원 이하의 과태료가 부과됩니다.

### 2-3-6. 의결권 행사의 공시

- 집합투자업자는 집합투자재산에 속하는 주식 중「자본시장과 금융투자업에 관한 법률」 제9조제15항제3호가목에 따른 주권상장법인으로서 「자본시장과 금융투자업에 관한 법률」 제87조제7항에 따른 의결권공시대상법인이 발행한 주식(「자본시장과 금융투자업에 관한 법률」 제9조제15항제3호나목에 따른 주권상장법인의 경우에는 주식과 관련된 증권예탁증권을 포함함)의 의결권 행사 내용 등을 다음의 구분에 따라 공시해야 합니다.

| 구분 | 공시내용 |
| --- | --- |
| ① 주요의결사항에 대하여 의결권을 행사하는 경우 | 의결권의 구체적인 행사내용 및 그 사유 |
| ② 의결권공시대상법인에 대하여 의결권을 행사하는 경우 | 의결권의 구체적인 행사내용 및 그 사유 |
| ③ 의결권공시대상법인에 대하여 의결권을 행사하지 않은 경우 | 의결권을 행사하지 않은 구체적인 사유 |

- 이를 위반하여 공시를 하지 않거나 거짓으로 공시한 자 자에게는 1억 원 이하의 과태료가 부과됩니다.
- 집합투자업자는 의결권 행사 여부에 관한 사항 등을 공시하는 경우에는 투자자가 그 의결권 행사 여부의 적정성 등을 파악하는 데에 필요한 자료로서 다음의 자료를 함께 공시해야 합니다.
  ① 의결권 행사와 관련된 집합투자업자의 내부지침
  ② 집합투자업자가 의결권 행사와 관련하여 집합투자기구별로 소유하고 있는 주식 수 및 증권예탁증권 수
  ③ 집합투자업자와 의결권 행사 대상 법인의 관계가「자본시장과 금융투자업에 관한 법률 시행령」 제89조제1항 또는 제2항에서 정하고 있는 관계에 해당하는지 여부

# 3. 집합투자업자의자산운용에 대한 공시

## 3-1. 자산운용보고서의 발급

### 3-1-1. 자산운용보고서의 발급

- 집합투자업자는 자산운용보고서를 작성하여 해당 집합투자재산을 보관·관리하는 신탁업자의 확인을 받아 3개월마다 1회 이상 해당 집합투자기구의 투자자에게 발급해야 합니다.
- 다만, 투자자가 수시로 변동되는 등 투자자의 이익을 해할 우려가 없는 경우로서 다음의 어느 하나의 경우에는 자산운용보고서를 투자자에

게 발급하지 않을 수 있습니다.

① 투자자가 자산운용보고서의 수령을 거부한다는 의사를 서면, 전화·전신·팩스, 전자우편 또는 이와 비슷한 전자통신의 방법으로 표시한 경우

② 집합투자업자가 단기금융집합투자기구를 설정 또는 설립하여 운용하는 경우로서 매월 1회 이상 단기금융집합투자기구 또는 환매금지형 집합투자기구의 자산운용보고서를 집합투자업자, 투자매매업자, 투자중개업자 및 협회의 인터넷 홈페이지를 이용하여 공시하는 방법으로 자산운용보고서를 공시하는 경우

③ 집합투자업자가 환매금지형집합투자기구를 설정 또는 설립하여 운용하는 경우(「자본시장과 금융투자업에 관한 법률」 제230조제3항에 따라 그 집합투자증권이 상장된 경우만 해당함)로서 3개월마다 1회 이상 단기금융집합투자기구 또는 환매금지형 집합투자기구의 자산운용보고서를 집합투자업자, 투자매매업자, 투자중개업자 및 협회의 인터넷 홈페이지를 이용하여 공시하는 방법으로 자산운용보고서를 공시하는 경우

④ 투자자가 소유하고 있는 집합투자증권의 평가금액이 10만원 이하인 경우로서 집합투자규약에 자산운용보고서를 교부하지 않는다고 정하고 있는 경우

- 자산운용보고서를 작성·발급하는데 드는 비용은 집합투자업자가 부담합니다.

## ■ 펀드보유 시 확인해야 할 정보와 유의사항

**Q.** 펀드를 보유하고 있을 경우에 확인해야 할 정보나 유의사항은 없나요?

**A.** 펀드가입 이후 자산운용사와 판매회사, 보관·관리회사는 투자자가 가입한 펀드의 수익률 현황, 투자규모 등을 유지·관리하며, 투자자에게 주기적으로 잔고를 통보하고 자산운용보고서를 제공하는 등 다음과 같은 사후관리 업무를 합니다.

① 수동적 서비스: 투자자 전화 문의 등에 대한 응대, 투자자 보고서 발송(자산운용보고서, 자산보관·관리보고서) 등

② 적극적 서비스: 펀드 잔고 통보, 자산관리 보고서 발송, 우수(인기)펀드 추천, 투자자 세미나 개최 등

이 중 자산운용사가 작성하여 판매회사가 송부하는 분기별 자산운용보고서에는 운용성과 개요 및 운용기간 중 손익, 펀드자산내역, 매매금액 및 매매회전율 등의 중요한 투자정보가 담겨 있으니 분기별로 꼼꼼히 확인할 필요가 있습니다.

또한 자산보관 및 관리업무를 담당하는 신탁회사가 작성하여 판매회사가 보내주는 분기별 자산보관·관리보고서는 펀드의 적정 운용 여부를 확인할 수 있는 자료입니다. 자산보관·관리보고서는 펀드매니저 변동사항, 약관변경 사항, 수익자 총회 의결내용, 운용상 위반사항·시정사항 등 펀드의 적정한 운용여부를 분기별로 체크할 수 있는 정보를 제공합니다.

### 3-1-2. 자산운용보고서 발급의무 위반자에 대한 처벌

- 「자본시장과 금융투자업에 관한 법률」 제88조를 위반하여 자산운용보고서를 제공하지 않은 자 또는 거짓으로 작성하거나 그 기재사항을 누락하고 작성하여 제공한 자는 1년 이하의 징역 또는 3천만원 이하의 벌금에 처해집니다(「자본시장과 금융투자업에 관한 법률」 제446조제14호).

## 3-2. 수시공시

### 3-2-1. 수시공시 대상

투자신탁이나 투자익명조합의 집합투자업자는 다음의 어느 하나에 해당하는 사항이 발생한 경우 이를 지체 없이 공시해야 합니다.

① 투자운용인력의 변경이 있는 경우 그 사실과 변경된 날부터 최근 3년 이내의 투자운용인력의 운용경력(운용한 집합투자기구의 명칭, 집합투자재산의 규모와 수익률을 말함)

② 환매연기 또는 환매재개의 결정 및 그 사유

③ 「금융투자업규정」 제7-35조제2항에 따른 부도채권 등 부실화된 자산이 발생한 경우 그 명세 및 상각률

④ 집합투자자총회의 결의내용

⑤ 투자설명서의 변경 등 「자본시장과 금융투자업에 관한 법률 시행령」 제93조제3항 각 호의 어느 하나에 해당하는 사항

### 3-2-2. 수시공시 방법

위의 수시공시는 다음의 방법으로 합니다.

① 집합투자업자, 집합투자증권을 판매한 투자매매업자 또는 투자중개업자 및 금융투자협회의 인터넷 홈페이지를 이용하여 공시하는 방법

② 집합투자증권을 판매한 투자매매업자 또는 투자중개업자로 하여금 전자우편을 이용하여 투자자에게 알리는 방법

③ 집합투자업자, 집합투자증권을 판매한 투자매매업자 또는 투자중개업자의 본점과 지점, 그 밖의 영업소에 게시하는 방법

■ 중요사항에 대한 수시공시 사항을 확인할 수 있는 곳은?

**Q.** 펀드를 보유하고 있을 경우에 펀드의 중요사항에 관한 수시공시 사항은 어디에서 확인할 수 있나요?

**A.** 수시공시 내용은 금융투자협회 전자공시(https://dis.kofia.or.kr) 사이트의 펀드 수시공시 조회를 통해 확인할 수 있습니다. 또한, 자산운용사·판매회사의 인터넷홈페이지나 전자우편, 혹은 자산운용사·판매회사 본·지점을 통해서도 조회가 가능합니다[본인이 가입한 펀드의 간편코드번호(5자리, 협회가 부여)를 알고 있으면 검색이 간편함].

## 3-3. 영업보고서·결산서류의 제출 및 장부·서류의 열람 등

### 3-3-1. 영업보고서 및 결산서류의 제출

- 집합투자업자(투자신탁이나 투자익명조합의 집합투자업자만 해당함. 이하 같음)는「자본시장과 금융투자업에 관한 법률 시행령」 제94조제1항의 방법에 따라 집합투자재산에 관한 매 분기의 영업보고서를 작성하여 매 분기 종료 후 2개월 이내에 금융위원회 및 금융투자협회에 제출해야 합니다.
- 집합투자업자는 집합투자기구에 대하여 다음의 어느 하나에 해당하는 사유가 발생한 경우 그 사유가 발생한 날부터 2개월 이내에「자본시장과 금융투자업에 관한 법률」 제239조에 따른 결산서류를 금융위원회 및 금융투자협회에 제출해야 합니다.
  ① 집합투자기구의 회계기간 종료
  ② 집합투자기구의 계약기간 또는 존속기간의 종료
  ③ 집합투자기구의 해지 또는 해산
- 금융위원회 및 금융투자협회는 위에 따라 제출받은 영업보고서 및 결산서류를 인터넷 홈페이지 등을 이용하여 공시해야 합니다.
- 협회는 집합투자업자, 투자매매업자·집합투자기구의 종류 등 「자본시장과 금융투자업에 관한 법률 시행령」 제94조제2항에서 정하는 항목별로 구분하여 「금융투자업규정」 제4-69조제1항에 따른 기준에 맞도록 각 집합투자재산의 순자산가치의 변동명세가 포함된 운용실적을 비교하여 그 결과를 인터넷 홈페이지 등을 이용하여 공시해야 합니다.

### 3-3-2. 장부·서류의 열람 및 공시 등

- 투자자는 집합투자업자(투자신탁이나 투자익명조합의 집합투자업자만 해당하며, 해당 집합투자증권을 판매한 투자매매업자 및 투자중개업자를 포함함. 이하 같음)에게 영업시간 중에 이유를 적은 서면으로 그 투자자에 관련된 집합투자재산에 관한 장부·서류의 열람이나 등본 또는 초본의 발급을 청구할 수 있습니다.

- 이 경우 그 집합투자업자는 다음의 정당한 사유가 없는 한 이를 거절해서는 안됩니다.
  ① 집합투자재산의 매매주문내역 등이 포함된 장부·서류를 제공함으로써 제공받은 자가 그 정보를 거래 또는 업무에 이용하거나 타인에게 제공할 것이 뚜렷하게 염려되는 경우
  ② 집합투자재산의 매매주문내역 등이 포함된 장부·서류를 제공함으로써 다른 투자자에게 손해를 입힐 것이 명백히 인정되는 경우
  ③ 해지 또는 해산된 집합투자기구에 관한 장부·서류로서「자본시장과 금융투자업에 관한 법률 시행령」제62조제1항 각 호의 구분에 따른 보존기한이 지나는 등의 사유로 인하여 투자자의 열람제공 요청에 응하는 것이 불가능한 경우
- 집합투자업자는 집합투자규약을 인터넷 홈페이지 등을 이용하여 공시해야 합니다.

# 4. 집합투자업자의 자산운용 특례

## 4-1. 파생상품의 운용 특례

### 4-1-1. 파생상품 운용 특례

- 집합투자업자는 파생상품 매매에 따른 위험평가액(「자본시장과 금융투자업에 관한 법률」제81조제1항제1호마목의 위험평가액을 말함. 이하 같음)이 집합투자기구 자산총액의 100분의 10을 초과하여 투자할 수 있는 집합투자기구의 집합투자재산을 파생상품에 운용하는 경우에는 계약금액 등「자본시장과 금융투자업에 관한 법률 시행령」제96조제2항 각 호의 지표를 인터넷 홈페이지 등을 이용하여 공시해야 합니다.
- 이 경우 그 집합투자기구의 투자설명서(「자본시장과 금융투자업에 관한 법률」제123조제1항에 따른 투자설명서를 말함)에 해당 위험에 관한 지표의 개요 및 위험에 관한 지표가 공시된다는 사실을 기재해야 합니다.
- 집합투자업자는 장외파생상품 매매에 따른 위험평가액이 100분의 10을

초과하여 투자할 수 있는 집합투자기구의 집합투자재산을 장외파생상품에 운용하는 경우에는 장외파생상품 운용에 따른 위험관리방법을 작성하여 그 집합투자재산을 보관·관리하는 신탁업자의 확인을 받아 금융위원회에 신고해야 합니다.

## 4-2. 부동산의 운용 특례

### 4-2-1. 집합투자재산으로 부동산 취득 시 금전의 차입 및 대여

- 집합투자업자는「자본시장과 금융투자업에 관한 법률」 제83조제1항 각 호 외의 부분 본문에 따라 금전을 차입할 수 없음에도 불구하고 집합투자재산으로 부동산을 취득하는 경우(부동산집합투자기구를 운용하는 경우를 포함)에는「자본시장과 금융투자업에 관한 법률 시행령」 제97조제1항의 방법에 따라 집합투자기구의 계산으로 금전을 차입할 수 있습니다.
- 집합투자업자는「자본시장과 금융투자업에 관한 법률」 제83조제4항에 따라 집합투자재산 중 금전을 대여 할 수 없음에도 불구하고 집합투자재산으로 부동산개발사업을 영위하는 법인(부동산신탁업자, 「부동산투자회사법」에 따른 부동산투자회사 또는 다른 집합투자기구를 포함함)에 대하여 다음의 요건을 모두 충족하는 방법에 따라 금전을 대여할 수 있습니다.
  ① 집합투자규약에서 금전의 대여에 관한 사항을 정하고 있을 것
  ② 집합투자업자가 부동산에 대하여 담보권을 설정하거나 시공사 등으로부터 지급보증을 받는 등 대여금을 회수하기 위한 적절한 수단을 확보할 것

### 4-2-2. 실사보고서의 작성 및 비치

집합투자업자는 집합투자재산으로 부동산을 취득하거나 처분하는 경우에는 그 부동산의 현황, 거래가격, 다음의 사항이 기재된 실사보고서를 작성·갖춰 놓아야 합니다.

① 부동산의 거래비용

② 부동산과 관련된 재무자료

③ 부동산의 수익에 영향을 미치는 요소

④ 그 밖에 부동산의 거래 여부를 결정함에 있어 필요한 사항으로서 담보권 설정 등 부동산과 관련한 권리의무관계에 관한 사항과 실사자에 관한 사항

## 4-2-3. 사업계획서의 작성 및 공시

- 집합투자업자는 집합투자재산으로 부동산개발사업에 투자하려는 경우에는 추진일정·추진방법, 다음의 사항이 기재된 사업계획서를 작성하여 「감정평가 및 감정평가사에 관한 법률」에 따른 감정평가법인등으로부터 그 사업계획서가 적정한지의 여부에 대하여 확인을 받아야 하며, 이를 인터넷 홈페이지 등을 이용하여 공시해야 합니다.

  ① 건축계획 등이 포함된 사업계획에 관한 사항

  ② 자금의 조달·투자 및 회수에 관한 사항

  ③ 추정손익에 관한 사항

  ④ 사업의 위험에 관한 사항

  ⑤ 공사시공 등 외부용역에 관한 사항

  ⑥ 그 밖에 투자자를 보호하기 위하여 필요한 사항으로서 금융위원회가 정하여 고시하는 사항(미고시)

- 투자신탁재산으로 부동산을 취득하는 경우 「부동산등기법」 제81조를 적용할 때 신탁의 등기를 신청하는 신청서에 첨부하는 서면에 수익자를 기재하지 않을 수 있습니다.

# 제2절 집합투자재산의 보관 및 관리

## 1. 집합투자재산의 보관 및 관리

### 1-1. 신탁업자의 선관주의의무 등

### 1-1-1. 선관주의의무

집합투자재산을 보관·관리하는 신탁업자는 선량한 관리자의 주의로써 집합투자재산을 보관·관리해야 하며, 투자자의 이익을 보호해야 합니다.

### 1-1-2. 신탁업자의 제한

- 집합투자재산을 보관·관리하는 신탁업자는 다음의 어느 하나에 해당하는 자의 계열회사여서는 안됩니다.
  ① 해당 집합투자기구(투자회사·투자유한회사·투자합자회사 및 투자유한책임회사로 한정함)
  ② 그 집합투자재산을 운용하는 집합투자업자
- 집합투자재산을 보관·관리하는 신탁업자는 집합투자재산을 자신의 고유재산, 다른 집합투자재산 또는 제삼자로부터 보관을 위탁받은 재산과 구분하여 관리해야 합니다. 이 경우 집합투자재산이라는 사실과 위탁자를 기록해야 합니다.
- 집합투자재산을 보관·관리하는 신탁업자는 자신이 보관·관리하는 집합투자재산을 자신의 고유재산, 다른 집합투자재산 또는 제3자로부터 보관을 위탁받은 재산과 거래해서는 안됩니다. 다만, 집합투자재산을 효율적으로 운용하기 위해 필요한 경우로서 다음의 경우에는 거래가 가능합니다.
  ① 집합투자업자가 집합투자재산을 투자대상자산에 운용하고 남은 현금을 집합투자규약에서 정하는 바에 따라 신탁업자가 자신의 고유재산과 거래하는 경우
  ② 금융기관에의 예치(다만, 집합투자재산 중 금융기관에 예치한 총금

액의 100분의 10을 초과할 수 없음)

③ 단기대출(다만, 집합투자재산 중 단기대출한 총금액의 100분의 10을 초과할 수 없음)

④ 「외국환거래법」에 따라 외국통화를 매입하거나 매도하는 경우(환위험을 회피하기 위한 선물환거래를 포함함)

⑤ 환위험을 회피하기 위한 장외파생상품의 매매로서 「자본시장과 금융투자업에 관한 법률」 제5조제1항제3호에 따른 계약의 체결을 하는 경우(그 기초자산이 외국통화인 경우로 한정함)

⑥ 전담중개업무를 제공하는 자가 전문사모집합투자기구 등과 전담중개업무로서 하는 거래

⑦ 「자본시장과 금융투자업에 관한 법률」 제83조제1항 단서에 따른 금전차입 거래(이 경우 신탁업자의 고유재산과의 거래로 한정)

⑧ 「자본시장과 금융투자업에 관한 법률 시행령」 제85조제5호의3에서 정하는 거래

- 집합투자재산을 보관·관리하는 신탁업자는 자신이 보관·관리하는 집합투자재산을 그 이해관계인의 고유재산과 거래해서는 안됩니다.
- 집합투자재산을 보관·관리하는 신탁업자는 그 집합투자기구의 집합투자재산에 관한 정보를 자기의 고유재산의 운용, 자기가 운용하는 집합투자재산의 운용 또는 자기가 판매하는 집합투자증권의 판매를 위해 이용해서는 안됩니다.

### 1-1-3. 증권의 예탁

집합투자재산을 보관·관리하는 신탁업자는 집합투자재산 중 증권, 그 밖에 다음의 것을 자신의 고유재산과 구분하여 집합투자기구별로 예탁결제원에 예탁해야 합니다. 다만,「자본시장과 금융투자업에 관한 법률 시행령」 제63조제2항 각 호의 어느 하나에 해당하는 경우에는 그렇지 않습니다.

① 어음(「자본시장과 금융투자업에 관한 법률」 제4조제3항에 따른 기업어음증권은 제외함)

② 증권과 유사하고 집중예탁과 계좌 간 대체에 적합한 것으로서 예탁결제원이 따로 정하는 것

## 1-2. 집합투자재산 운용행위 감시 등

### 1-2-1. 집합투자업자에 대한 시정 요구 등

- 집합투자재산(투자회사재산은 제외함)을 보관·관리하는 신탁업자는 그 집합투자재산을 운용하는 집합투자업자의 운용지시 또는 운용행위가 법령, 집합투자규약 또는 투자설명서(예비투자설명서 및 간이투자설명서를 포함함. 이하 같음) 등을 위반하는지 여부에 대해「자본시장과 금융투자업에 관한 법률 시행령」제269조제1항에 따른 기준 및 방법에 따라 확인하고 위반사항이 있는 경우에는 그 집합투자업자에 대하여 그 운용지시 또는 운용행위의 철회·변경 또는 시정을 요구해야 합니다.
- 투자회사재산을 보관·관리하는 신탁업자는 그 투자회사재산을 운용하는 집합투자업자의 운용행위가 법령, 정관 또는 투자설명서 등을 위반하는지의 여부에 대하여「자본시장과 금융투자업에 관한 법률 시행령」제269조제1항에 따른 기준 및 방법에 따라 확인하고 위반이 있는 경우에는 그 투자회사의 감독이사에게 보고해야 하며, 보고를 받은 투자회사의 감독이사는 그 투자회사재산을 운용하는 집합투자업자에 대하여 그 운용행위의 시정을 요구해야 합니다.
- 집합투자업자는 신탁업자 또는 투자회사의 감독이사의 시정요구에 대하여 금융위원회에 이의를 신청할 수 있습니다. 이 경우 관련 당사자는 다음에 따라 행하는 금융위원회의 결정에 따라야 합니다.
  ① 집합투자업자가 금융위원회에 이의신청을 한 날부터 30일 이내에 그 지시내용이 법령·집합투자규약 또는 투자설명서 등을 위반하였는지를 결정할 것. 다만, 부득이한 사정으로 그 기간 이내에 결정할 수 없는 경우에는 이의신청을 한 날부터 60일 이내에 결정할 것
  ② 위반사항을 시정하기 위한 방법과 시기 등을 결정하여 집합투자업자에게 통지할 것

### 1-2-2. 시정요구 불이행 시의 그 내용의 보고 및 공시

집합투자재산(투자회사재산은 제외함)을 보관·관리하는 신탁업자 또는 투자회사의 감독이사는 해당 집합투자재산을 운용하는 집합투자업자가 위의 시정 요구를 제3영업일(요구를 한 시점이 제1영업일이며, 제2영업일은 다음날을, 제3영업일은 그 다음날을 뜻함) 이내에 이행하지 않는 경우에는 그 사실을 금융위원회에 보고해야 하며, 다음의 사항을 그 집합투자증권을 판매하는 투자매매업자·투자중개업자의 본점과 지점, 그 밖의 영업소에 게시하여 투자자가 열람할 수 있도록 하거나, 홈페이지 등을 이용해 공시해야 합니다. 다만, 투자회사의 감독이사가 금융위원회에 대한 보고 또는 공시에 관한 업무를 이행하지 않은 경우에는 그 투자회사재산을 보관·관리하는 신탁업자가 이를 이행해야 합니다.

① 집합투자업자의 지시내용

② 집합투자업자의 지시내용 중 법령·집합투자규약·투자설명서 등을 위반한 사항

③ 집합투자업자가「자본시장과 금융투자업에 관한 법률」제247조제4항에 따라 금융위원회에 대하여 이의신청을 한 경우에는 그 내용과 이에 대한 금융위원회의 결정내용

### 1-2-3. 신탁업자의 확인의무

집합투자재산을 보관·관리하는 신탁업자는 집합투자재산과 관련하여 다음의 사항을 확인해야 합니다.

① 투자설명서가 법령 및 집합투자규약에 부합하는지 여부

② 「자본시장과 금융투자업에 관한 법률」 제88조제1항·제2항에 따른 자산운용보고서의 작성이 적정한지 여부

③ 「자본시장과 금융투자업에 관한 법률」 제93조제2항에 따른 위험관리방법의 작성이 적정한지 여부

④ 「자본시장과 금융투자업에 관한 법률」 제238조제1항에 따른 집합투자재산의 평가가 공정한지 여부

⑤ 「자본시장과 금융투자업에 관한 법률」 제238조제6항에 따른 기준가격 산정이 적정한지 여부

⑥ 「자본시장과 금융투자업에 관한 법률」 제247조제1항 또는 제2항의 시정요구 등에 대한 집합투자업자의 이행명세

⑦ 「자본시장과 금융투자업에 관한 법률」 제242조제1항제2호에 따른 집합투자증권의 추가발행 시 기존 투자자의 이익을 해칠 염려가 없는지 여부

## 1-2-4. 자산보관·관리보고서의 발급

- 집합투자재산을 보관·관리하는 신탁업자는 집합투자재산에 관하여 규제「자본시장과 금융투자업에 관한 법률」 제90조제2항의 어느 하나의 사유가 발생한 날부터 2개월 이내에 다음의 사항이 기재된 자산보관·관리보고서를 작성하여 투자자에게 발급해야 합니다. 다만, 투자자가 수시로 변동되는 등 투자자의 이익을 해할 우려가 없는 경우 등 규제「자본시장과 금융투자업에 관한 법률 시행령」 제270조제1항 각 호의 어느 하나에 해당하는 경우에는 자산보관·관리보고서를 투자자에게 발급하지 않을 수 있습니다.

  ① 집합투자규약의 주요 변경사항

  ② 투자운용인력의 변경

  ③ 집합투자자총회의 결의내용

  ④ 「자본시장과 금융투자업에 관한 법률」 제247조제5항의 사항

  ⑤ 「자본시장과 금융투자업에 관한 법률」 제84조제1항에 따른 이해관계인과의 거래의 적격 여부를 확인한 경우에는 그 내용

  ⑥ 회계감사인의 선임, 교체 및 해임에 관한 사항

  ⑦ 그 밖에 투자자를 보호하기 위하여 필요한 사항으로서 금융위원회가 정하여 고시하는 사항(미고시)

- 신탁업자는 위에 따른 자산보관·관리보고서를 2개월의 기간 이내에 금융위원회 및 금융투자협회에 발급해야 합니다.

# 제3절 집합투자재산의 평가 및 회계

## 1. 집합투자재산의 평가 및 회계

### 1-1. 집합투자재산의 평가 및 기준가격 산정

### 1-1-1. 집합투자재산의 평가방법

- 집합투자재산의 평가방법은 다음과 같습니다.

| 구분 | 내용 |
|---|---|
| 시가에 따른 평가 | 집합투자업자는 증권시장(해외 증권시장을 포함함)에서 거래된 최종시가(해외 증권의 경우 전날의 최종시가) 또는 장내파생상품이 거래되는 파생상품시장(해외 파생상품시장을 포함함)에서 공표하는 가격(해외 파생상품의 경우 전날의 가격)에 따라 집합투자재산을 시가에 따라 평가 |
| 공정가액에 따른 평가 | 평가일 현재 신뢰할 만한 시가가 없는 경우에는 집합투자재산에 속한 자산의 종류별로 투자대상자산의 취득가격, 거래가격 등「자본시장과 금융투자업에 관한 법률 시행령」 제260조제2항으로 정하는 공정가액으로 평가 |

- 집합투자업자는 위에 따른 집합투자재산의 평가업무를 수행하기 위해 「자본시장과 금융투자업에 관한 법률 시행령」 제261조에 따른 평가위원회(이하 "평가위원회"라 함)를 구성·운영해야 합니다.
- 집합투자업자는 집합투자재산에 대한 평가가 공정하고 정확하게 이루어질 수 있도록 그 집합투자재산을 보관·관리하는 신탁업자의 확인을 받아 다음의 사항이 포함된 집합투자재산의 평가와 절차에 관한 기준(이하 "집합투자재산평가기준"이라 함)을 마련해야 합니다.

  ① 평가위원회의 구성 및 운영에 관한 사항

② 집합투자재산의 평가의 일관성 유지에 관한 사항

③ 집합투자재산의 종류별로 해당 재산의 가격을 평가하는 채권평가회사(「자본시장과 금융투자업에 관한 법률」 제263조에 따른 채권평가회사를 말함)를 두는 경우 그 선정 및 변경과 해당 채권평가회사가 제공하는 가격의 적용에 관한 사항

④ 금융위원회가 정하여 고시하는 부도채권 등 부실화된 자산 등의 분류 및 평가와 관련하여 적용할 세부기준에 관한 사항

⑤ 집합투자재산 평가오류의 수정에 관한 사항

⑥ 집합투자재산에 속한 자산의 종류별 평가기준에 관한 사항

⑦ 「자본시장과 금융투자업에 관한 법률」 제192조제4항에 따른 미수금 및 미지급금 등의 평가방법에 관한 사항

- 집합투자업자는 평가위원회가 집합투자재산을 평가한 경우 그 평가명세를 지체 없이 그 집합투자재산을 보관·관리하는 신탁업자에게 통보해야 합니다.
- 집합투자재산을 보관·관리하는 신탁업자는 집합투자업자의 집합투자재산에 대한 평가가 법령 및 집합투자재산평가기준에 따라 공정하게 이루어졌는지 확인해야 합니다.

### 1-1-2. 집합투자재산 기준가격

- 투자신탁이나 투자익명조합의 집합투자업자 또는 투자회사 등은 위의 집합투자재산의 평가방법에 따라 평가한 결과에 위의 기준가격의 공시의무에 따른 기준가격의 공고·게시일 전날의 대차대조표상에 계상된 자산총액(「자본시장과 금융투자업에 관한 법률」 제238조제1항에 따른 평가방법으로 계산한 것을 말함)에서 부채총액을 뺀 금액을 그 공고·게시일 전날의 집합투자증권 총수로 나누어 계산하는 방법으로 집합투자증권의 기준가격을 산정해야 합니다.
- 투자신탁이나 투자익명조합의 집합투자업자 또는 투자회사등은 산정된 기준가격을 매일 공고·게시해야 합니다. 다만, 다음의 어느 하나에 해

당하는 경우 등 기준가격을 매일 공고·게시하는 것이 곤란한 경우에는 해당 집합투자규약에서 기준가격의 공고·게시주기를 15일 이내의 범위에서 별도로 정할 수 있습니다.

① 집합투자재산을 외화자산에 투자하는 경우

② 사모투자재간접집합투자기구인 경우

③ 부동산·특별자산투자재간접집합투자기구인 경우

### 1-1-3. 기준가격 거짓 산정 시 위탁명령

금융위원회는 투자신탁이나 투자익명조합의 집합투자업자 또는 투자회사 등이 기준가격 산정방법에 위반하여 거짓으로 기준가격을 산정한 경우에는 그 투자신탁이나 투자익명조합의 집합투자업자 또는 투자회사등에 대하여 기준가격 산정업무를 일반사무관리회사에 그 범위를 정하여 위탁하도록 명할 수 있습니다. 이 경우 해당 집합투자업자 및 그 집합투자업자의 계열회사, 투자회사·투자유한회사·투자합자회사·투자유한책임회사의 계열회사는 그 수탁대상에서 제외됩니다.

## 1-2. 집합투자재산의 결산서류

### 1-2-1. 결산서류의 작성

- 투자신탁이나 투자익명조합의 집합투자업자 또는 투자회사 등은 집합투자기구의 결산기마다 다음의 서류 및 부속명세서(이하 “결산서류”라 함)를 작성해야 합니다.

  ① 대차대조표

  ② 손익계산서

  ③ 자산운용보고서

- 투자회사의 법인이사는 결산서류의 승인을 위해 이사회 개최 1주 전까지 그 결산서류를 이사회에 제출하여 그 승인을 받아야 합니다.
- 투자신탁이나 투자익명조합의 집합투자업자 또는 투자회사 등은 다음의 서류를 본점(투자회사등의 경우 그 투자회사등의 집합투자재산을

운용하는 집합투자업자의 본점을 포함함)에 갖춰 놓아야 하며, 해당 집합투자증권을 판매한 투자매매업자 또는 투자중개업자에게 이를 송부하여 그 영업소에 비치하도록 해야 합니다.

① 결산서류

② 회계감사보고서

③ 집합투자자총회 의사록

④ 이사회 의사록(투자회사의 경우만 해당함)

- 투자신탁이나 투자익명조합의 집합투자업자, 투자회사 등 및 해당 집합투자증권을 판매한 투자매매업자 또는 투자중개업자는 결산서류 및 회계감사보고서를 비치일부터 5년간 보존해야 합니다.
- 집합투자기구의 투자자 및 채권자는 영업시간 중 언제든지 비치된 서류를 열람할 수 있으며, 그 서류의 등본 또는 초본의 발급을 청구할 수 있습니다.

### 1-2-2. 집합투자재산에 대한 회계감사 등

- 투자신탁이나 투자익명조합의 집합투자업자 또는 투자회사 등은 집합투자재산에 관하여 회계처리를 하는 경우 금융위원회가 증권선물위원회의 심의를 거쳐 정하여 고시한 회계처리기준에 따라야 합니다.
- 투자신탁이나 투자익명조합의 집합투자업자 또는 투자회사 등은 집합투자재산에 대하여 회계기간의 말일 및 다음의 날부터 2개월 이내에 회계감사인의 회계감사를 받아야 합니다.

  ① 계약기간 종료 또는 해지의 경우: 그 종료일 또는 해지일

  ② 존속기간 만료 또는 해산의 경우: 그 만료일 또는 해산일

- 다만, 투자자의 이익을 해할 우려가 없는 경우로서 회계기간의 말일과 위의 1.과 2.의 어느 하나에 해당하는 날을 기준으로 다음의 어느 하나에 해당하는 경우에는 회계감사가 면제됩니다.

  ① 집합투자기구(교차판매 집합투자기구는 제외함. 이하에서 같음)의 자산총액이 300억원 이하인 경우

② 집합투자기구의 자산총액이 300억원 초과 500억원 이하인 경우로서 회계기간의 말일과「자본시장과 금융투자업에 관한 법률」 제240조제3항의 어느 하나에 해당하는 날 이전 6개월간 집합투자증권을 추가로 발행하지 않은 경우

### 1-2-3. 집합투자재산 회계감사인의 손해배상책임

- 회계감사인은 위의 집합투자재산에 대한 회계감사 결과 회계감사보고서 중 중요사항에 관하여 거짓의 기재 또는 표시가 있거나 중요사항이 기재 또는 표시되지 않음으로써 이를 이용한 투자자에게 손해를 끼친 경우에는 그 투자자에 대하여 손해를 배상할 책임을 집니다.
- 위에 따라 회계감사인이 손해배상 책임을 지는 경우「주식회사 등의 외부감사에 관한 법률」 제2조제7호나목에 따른 감사반이 회계감사인인 경우에는 해당 집합투자재산에 대한 감사에 참여한 자가 연대하여 손해를 배상할 책임을 집니다.
- 회계감사인이 투자자에 대하여 손해를 배상할 책임이 있는 경우로서 해당 집합투자재산을 운용하는 집합투자업자의 이사·감사(감사위원회가 설치된 경우에는 감사위원회의 위원을 말함. 이하 같음) 또는 투자회사의 감독이사에게도 귀책사유가 있는 경우에는 그 회계감사인과 집합투자업자의 이사·감사 또는 투자회사의 감독이사는 연대하여 손해를 배상할 책임을 집니다.
- 다만, 손해를 배상할 책임이 있는 자가 고의가 없는 경우에 그 자는 법원이 귀책사유에 따라 정하는 책임비율에 따라 손해를 배상할 책임이 있습니다.

# 제6장

# 금융분쟁 해결 방법

# 제1절 당사자간의 화해계약을 통한 해결

## 1. 당사자간의 화해계약을 통한 해결

### 1-1. 당사자간의 분쟁해결

### 1-1-1. 「민법」상 화해계약을 통한 분쟁해결

- 금융투자회사의 영업행위 과정에서 금융투자회사 또는 그 임직원의 채무 불이행이나 불법행위가 발생한 경우 회사 또는 그 임직원이 자신의 잘못을 인정하고 그 손해를 배상할 의사가 있는 경우에는 당사자는 언제든지 자유롭게 합의를 할 수 있으며, 이 경우에는 「민법」 제731조의 화해계약이 성립한 것으로 볼 수 있습니다.
- 화해는 당사자가 서로 양보하여 당사자간의 분쟁을 종지할 것을 약정함으로써 그 효력이 발생합니다.

■ 「민법」상 화해계약을 통한 분쟁해결 시 주의사항

**Q.** 「민법」 의 화해계약을 통해 금융분쟁을 해결할 경우 주의할 점은 없나요?

**A.** 「민법」의 화해계약을 통한 분쟁해결은 합의과정에서 일방이 상대적으로 우월적인 지위에 있을 수 있으며 이로 인해 합의내용의 불공정성 문제가 제기될 수 있고, 합의한 이후에도 합의사항에 대한 이행 여부가 중요한 문제로 남을 수 있습니다.

만일, 이러한 문제없이 해결될 수 있다면 당사자 간의 분쟁해결은 가장 손쉽고 합리적인 분쟁해결 수단이 될 수 있습니다. 또한 화해계약을 통해 분쟁을 종결할 때에는 합의된 내용을 서면으로 작성하는 것이 좋습니다.

### 1-2. 투자계약 시 손실보전행위의 금지

#### 1-2-1. 손실보전 등의 금지

- 당사자간의 분쟁 상황을 대비하여 투자계약 시 손실을 보전하기로 하는 약정을 하는 경우 이러한 행위는 자기책임원칙이 적용되는 금융투자상품의 거래질서를 해치기 때문에「자본시장과 금융투자업에 관한 법률」 제55조에서 금지하고 있습니다.
- 금융투자업자는 금융투자상품의 매매, 그 밖의 거래와 관련하여「자본시장과 금융투자업에 관한 법률」 제103조제3항에 따라 손실의 보전 또는 이익의 보장을 하는 경우, 그 밖에 건전한 거래질서를 해할 우려가 없는 경우로서 정당한 사유가 있는 경우를 제외하고는 다음의 어느 하나에 해당하는 행위를 해서는 안됩니다. 금융투자업자의 임직원이 자기의 계산으로 하는 경우에도 또한 같습니다.
  ① 투자자가 입을 손실의 전부 또는 일부를 보전하여 줄 것을 미리 약속하는 행위
  ② 투자자가 입은 손실의 전부 또는 일부를 사후에 보전하여 주는 행위
  ③ 투자자에게 일정한 이익을 보장할 것을 미리 약속하는 행위
  ④ 투자자에게 일정한 이익을 사후에 제공하는 행위

#### 1-2-2. 손실보전을 할 수 있는 경우

- 신탁업자는 수탁한 재산에 대하여 손실의 보전이나 이익의 보장을 해서는 안됩니다. 다만, 연금이나 퇴직금의 지급을 목적으로 하는 신탁으로서 금융위원회가 정하여 고시하는 경우에는 손실의 보전이나 이익의 보장을 할 수 있습니다.

#### 1-2-3. 손실보전 행위의 효력(무효)

- 위와 같은 손실보전 금지에도 불구하고 손실보전을 약속한 경우 판례는 "정당한 사유 없이 해당 거래에서 발생한 손실의 전부 또는 일부를 보전하여 주는 행위를 금지행위의 하나로 규정하고 있는바, 증권회사

등이 고객에 대하여 증권거래와 관련하여 발생한 손실을 보전하여 주기로 하는 약속이나 그 손실보전행위는 위험관리에 의하여 경제활동을 촉진하는 증권시장의 본질을 훼손하고 안이한 투자판단을 초래하여 가격형성의 공정을 왜곡하는 행위로서, 증권투자에 있어서의 자기책임원칙에 반하는 것이라고 할 것이므로, 정당한 사유 없는 손실보전의 약속 또는 그 실행행위는 사회질서에 위반되어 무효"라고 판시하고 있습니다.

■ 손실보전행위의 금지

**Q.** 투자 손실을 우려해 펀드 가입을 망설이고 있었는데, 펀드판매 담당자가 손실을 보전하기로 하는 약정을 해주겠다고 합니다. 이러한 약정을 할 수도 있나요?

**A.** 당사자간의 분쟁 상황을 대비하여 투자계약 시 손실을 보전하기로 하는 약정을 하는 경우 이러한 행위는 자기책임원칙이 적용되는 금융투자상품의 거래질서를 해치기 때문에 「자본시장과 금융투자업에 관한 법률」 제55조에서 금지하고 있습니다.

◇ 손실보전 등의 금지

☞ 금융투자업자는 건전한 거래질서를 해할 우려가 없는 경우로서 정당한 사유가 있는 경우를 제외하고는 투자자가 입을 손실의 전부 또는 일부를 보전하여 줄 것을 미리 약속하는 행위나 투자자가 입은 손실의 전부 또는 일부를 사후에 보전하여 주는 행위, 투자자에게 일정한 이익을 보장할 것을 미리 약속하는 행위, 투자자에게 일정한 이익을 사후에 제공하는 행위 등을 해서는 안됩니다.

☞ 손실보전 금지에도 불구하고 손실보전을 약속한 경우 판례는 "정당한 사유 없이 해당 거래에서 발생한 손실의 전부 또는 일부를 보전하여 주는 행위를 금지행위의 하나로 규정하고 있는바, 증권회사 등이 고객에 대하여 증권거래와 관련하여 발생한 손실을 보전하여 주기로 하는 약속이나 그 손실보전행위는 위험관리에 의하여 경제활동을 촉진하는 증권시장의 본질을 훼손하고 안이한 투자판단을 초래하여 가격형성의 공정을 왜곡하는 행위로서, 증권투자에 있어서의 자기책임원칙에 반하는 것이라고 할 것이므로, 정당한 사유 없는 손실보전의 약속 또는 그 실행행위는 사회질서에 위반되어 무효"라고 판시하고 있습니다

(대법원 2001.4.24. 선고 99다30718 판결).

# 제2절 자율적 분쟁조정제도를 통한 해결

## 1. 금융감독원을 통한 분쟁조정

### 1-1. 금융분쟁 조정 담당기관

#### 1-1-1. 금융감독원

- 금융감독원은 금융투자업자와 이해관계인 사이에 발생하는 분쟁의 조정을 심의·의결하기 위해 금융분쟁조정위원회를 두고 있습니다. 금융투자업자와 분쟁이 있는 이해관계인은 금융감독원장에게 분쟁의 조정을 신청할 수 있습니다.
- 금융감독원의 분쟁조정 제도

① 금융상담 및 민원처리제도

금융감독원은 서울 본원 및 부산·대구·광주·대전지원 및 춘천·전주·제주 출장소에서 금융소비자의 금융거래와 관련한 질문, 요청, 이의신청 등의 내용을 상담하고 있으며, 효율적인 상담업무 처리를 위해 통합콜센터(국번없이 1332)를 설치해 운영하고 있습니다.

또한 금융관련 민원의 효율적인 처리를 위해 e-금융민원센터(www.fcsc.kr)를 운영하는 한편, FAQ(자주하는 질문), 분쟁조정사례 등을 제공하고 금융감독원 홈페이지(www.fss.or.kr)에 Q&A(질의응답) 등을 통해 금융소비자가 손쉽게 문제해결 방안을 찾을 수 있도록 돕고 있습니다.

② 금융분쟁처리제도

금융감독원은 「금융위원회의 설치 등에 관한 법률」에 따라 소비자보호의 일환으로 금융수요자 및 그 밖의 이해관계인과 금융회사 사이 금융업무와 관련하여 분쟁이 발생할 경우 당사자의 주장과 사실관계를 조사하고 이에 대한 합리적인 분쟁해결 방안이나 조정의견을 제시하여 당사자간의 합의를 유도함으로써 소송을 통하지 않고 분쟁을 원만히 해결해 주고 있습니다.

## 1-2. 분쟁조정 처리절차

### 1-2-1. 민원제기

- 금융투자업자와 분쟁이 발생한 경우 금융감독원의 금융민원센터에 민원제기를 합니다.
- 민원제기는 인터넷, 우편, FAX를 이용하여 접수할 수도 있고, 직접 방문하여 민원 상담 후 상담요원의 안내를 받아 제기할 수도 있습니다. 민원제기를 할 때에는 다음의 내용이 기재된 신청서를 제출해야 합니다.
  ① 신청인의 성명
  ② 주민등록번호
  ③ 주소
  ④ 연락처
  ⑤ 상대 금융회사명
  ⑥ 6하 원칙에 따라 구체적으로 기술한 신청요지

### 1-2-2. 민원접수 후 통보

민원이 접수되면 접수완료 후 핸드폰 문자통보를 해주며, 담당자가 지정되면 다시 문자통보를 해 줍니다.

### 1-2-3. 접수된 민원에 대한 조사

금융감독원장은 「자본시장과 금융투자업에 관한 법률」에 따른 금융투자업자, 증권금융회사, 종합금융회사 및 명의개서대행회사에 대해 업무 수행상 필요하다고 인정하는 때에는 그 기관에 대해 업무 또는 재산에 관한 보고, 자료의 제출, 관계자의 출석 및 진술을 요구할 수 있습니다.

### 1-2-4. 합의권고

- 금융감독원장은 분쟁조정의 신청을 받은 경우 그 내용을 통지하고 합의를 권고할 수 있습니다.
- 금융감독원장은 분쟁조정의 신청을 받은 날부터 30일 내에 합의가 이루어지지 않으면 바로 이를 조정위원회에 회부합니다.

- 다만, 분쟁조정의 신청내용이 다음 중 어느 하나에 해당하는 경우에는 조정위원회에 회부를 하지 않을 수 있습니다.
  ① 이미 법원에 제소된 사건이거나 분쟁조정신청을 한 후 소를 제기한 경우
  ② 신청의 내용이 분쟁조정대상으로서 적합하지 않다고 인정되는 경우
  ③ 신청의 내용이 관련법령 또는 객관적인 증명 등에 의해 합의권고절차 및 조정절차진행의 실익이 없는 경우
  ④ 신청인이 정당한 이유 없이 기한 내에 보완을 하지 않는 경우
  ⑤ 신청의 내용과 직접적인 이해관계가 없는 자가 조정신청을 한 경우
  ⑥ 신청인이 부당한 이익을 얻을 목적으로 조정신청을 한 경우
  ⑦ 조정을 하는 것이 적당하지 않다고 인정되는 경우

### 1-2-5. 분쟁조정위원회의 심의

- 조정위원회는 조정의 회부를 받은 경우 60일 내에 이를 심의하여 조정안을 작성해야 합니다.
- 조정위원회는 당사자 또는 이해관계인의 의견을 들을 필요가 있다고 인정되면 이들에게 회의에 출석하여 의견을 진술할 것을 요청할 수 있습니다.
- 의견을 듣고자 하는 경우 긴급을 요하지 않는 한 시기 및 장소를 정하여 의견청취 3일 전까지 당사자 또는 이해관계인에게 알려야 합니다.
- 당사자 또는 이해관계인은 조정위원회의 허가를 받아 조정위원회에 출석해 의견을 진술할 수 있습니다.

### 1-2-6. 심의 후 조정결정통지 및 수락권고

- 금융감독원장은 조정안을 신청인과 관계당사자에게 제시하고 수락을 권고할 수 있습니다.
- 수락을 권고할 때 당사자가 수락한 조정안은 재판상의 화해와 동일한 효력을 갖는다는 사실을 통보해야 합니다.

- 당사자가 조정안을 받은 날부터 20일 내에 조정안을 수락하지 않는 경우 조정안을 수락하지 않는 것으로 본다는 사실도 함께 통보해야 합니다.

### 1-2-7. 조정안의 수락 또는 불수락

금융감독원장은 당사자가 조정안을 수락하면 조정서를 작성하여 발급해야 합니다. 그러나 분쟁조정위원회의 조정안을 불수락하는 금융기관은 조정안을 수락하지 않는 사유를 적은 서면을 금융감독원장에게 제출해야 합니다.

### 1-2-8. 소 제기 시의 통지

- 당사자는 분쟁조정 신청 후 해당 사건에 소를 제기한 경우 바로 이 사실을 금융감독원장에게 알려야 합니다.
- 금융감독원장은 조정신청사건의 처리절차의 진행 중 일방당사자가 소를 제기한 경우 그 조정의 처리를 중지하고 이를 당사자 쌍방에게 통보해야 합니다.

## ■ 펀드 관련 분쟁해결

**Q.** 국내 주식형 펀드에 투자했다가, 유럽재정 위기악화로 인하여 큰 손실을 입었습니다. 손해를 배상받고 싶은데요, 어떻게 해야 하나요?

**A.** 펀드와 관련하여 분쟁이 있는 투자자는 금융감독원장에게 분쟁의 조정을 신청할 수 있으며, 한국소비자원의 소비자상담센터에 민원을 제기하거나, 한국거래소 또는 금융투자협회의 분쟁조정위원회의 자율조정제도를 통해 분쟁을 해결할 수 있습니다. 금융감독원이나 한국소비자원 등을 통한 조정 절차에서 해결이 되지 않은 경우에는 법원의 민사소송이나 증권관련집단소송을 통해 권리를 구제받을 수도 있습니다.

◇ 금융감독원을 통한 분쟁해결

☞ 금융감독원은 금융투자업자와 이해관계인 사이에 발생하는 분쟁의 조정을 심의·의결하기 위해 금융분쟁조정위원회를 두고 있습니다.

☞ 금융투자업자와 분쟁이 있는 이해관계인은 금융감독원장에게 분쟁의 조정을 신청할 수 있으며, 금융감독원장은 합의권고 및 분쟁조정위원회의 심의를 요청할 수 있습니다.

◇ 한국소비자원을 통한 분쟁해결

☞ 소비자와 사업자 사이에 발생한 분쟁을 조정하기 위해 한국소비자원에 소비자분쟁조정위원회를 두고 있으며, 금융 분쟁이 발생한 경우 한국소비자원의 소비자상담센터에 민원 제기를 합니다.

◇ 한국거래소 및 금융투자협회를 통한 분쟁해결

☞ 한국거래소는 유가증권시장·코스닥시장 및 파생상품시장 등에서의 매매와 관련된 분쟁의 자율조정(당사자의 신청이 있는 경우에 한함)에 관한 업무를 수행하며, 금융투자협회 또한 당사자의 신청이 있는 경우 회원의 영업행위와 관련된 분쟁의 자율조정에 관한 업무를 수행합니다.

◇ 소송등을 통한 해결

☞ 금융감독원이나 한국소비자원 등을 통한 조정절차에서 해결이 되지 않은 경우 법원의 민사소송이나 증권관련집단소송을 통해 권리를 구제받을 수 있습니다.

# 2. 한국소비자원을 통한 분쟁조정

## 2-1. 한국소비자원의 분쟁조정 담당기관

### 2-1-1. 소비자분쟁조정위원회

소비자와 사업자 사이에 발생한 분쟁을 조정하기 위해 한국소비자원에 소비자분쟁조정위원회를 두고 있습니다.

## 2-2. 한국소비자원의 분쟁조정 절차

### 2-2-1. 민원제기

- 금융 분쟁이 발생한 경우 한국소비자원의 소비자상담센터에 민원 제기를 합니다.
- 민원제기는 전화, 인터넷, 우편, FAX를 이용하여 접수할 수도 있고, 직접 방문하여 민원 상담안내를 받아 제기할 수도 있습니다.

### 2-2-2. 합의권고

한국소비자원장은 피해구제신청의 당사자에 대해 피해보상에 관한 합의를 권고할 수 있습니다.

### 2-2-3. 소비자분쟁조정위원회의 조정 신청

한국소비자원장은 피해구제의 신청을 받은 날부터 30일 내에 합의가 이루어지지 않으면 바로 이를 소비자분쟁조정위원회에 분쟁조정을 신청해야 합니다. 다만, 피해의 원인규명 등에 상당한 시일이 요구되는 피해구제신청사건으로서 다음에 해당하는 사건은 60일 내의 범위에서 처리기간을 연장할 수 있습니다.

① 의료 관련 사건

② 보험 관련 사건

③ 농업 및 어업 관련 사건

④ 그 밖에 피해의 원인규명에 시험·검사 또는 조사가 필요한 사건

### 2-2-4. 소비자분쟁조정위원회의 조정 기간

- 소비자분쟁조정위원회는 분쟁조정의 신청을 받은 날부터 30일 내에 그 분쟁조정을 마쳐야 합니다.
- 소비자분쟁조정위원회는 정당한 사유가 있는 경우로서 30일 내에 그 분쟁조정을 마칠 수 없는 때에는 기간을 연장할 수 있습니다. 이 경우 그 사유와 기한을 명시하여 당사자 및 그 대리인에게 알려야 합니다.

### 2-2-5. 분쟁조정의 효력

- 소비자분쟁조정위원회의 위원장은 분쟁조정을 마친 경우 즉시 당사자에게 그 분쟁조정의 내용을 알려야 합니다.
- 통지를 받은 당사자는 그 통지를 받은 날부터 15일 내에 분쟁조정의 내용에 대한 수락 여부를 조정위원회에 통보해야 합니다.
- 당사자가 15일 내에 의사표시를 하지 않는 경우에는 수락한 것으로 봅니다.
- 당사자가 분쟁조정의 내용을 수락하거나 수락한 것으로 보는 경우 그 분쟁조정의 내용은 재판상 화해와 동일한 효력을 갖습니다.

## 2-3. 한국소비자원의 불만처리 및 피해구제 제외 대상

### 2-3-1. 분쟁조정 대상에서 제외되는 경우

한국소비자원의 소비자분쟁조정위원회에 분쟁조정을 신청하더라도 금융감독원에 금융분쟁조정이 신청되어 있거나 분쟁조정절차를 거친 사항과 동일한 내용의 피해구제가 다시 신청된 경우, 한국소비자원에 피해구제를 청구한 다음 이와 동일한 내용으로 금융감독원에 피해구제를 신청한 경우에는 분쟁조정 대상에서 제외됩니다.

# 3. 한국거래소 및 금융투자협회를 통한 분쟁조정

## 3-1. 한국거래소를 통한 분쟁조정

### 3-1-1. 한국거래소의 자율조정 기능

- 한국거래소(이하 "거래소"라 함)는 정관으로 정하는 바에 따라 거래소 시장 등에서의 매매와 관련된 분쟁의 자율조정(당사자의 신청이 있는 경우에 한함)에 관한 업무를 수행합니다.
- 거래소 내의 시장감시위원회(이하 "위원회"라 함)는 분쟁조정을 위해 필요하다고 인정되는 경우에는 당사자에 대하여 사실의 확인 또는 자료의 제출 등을 요구할 수 있습니다.
- 위원회는 당사자, 그 밖의 이해관계인의 의견을 들을 필요가 있다고 인정되는 경우에는 이들에게 회의에 출석하여 의견을 진술할 것을 요청할 수 있습니다.

### 3-1-2. 분쟁조정절차

- 분쟁조정신청
  ① 위탁자(그 밖의 이해관계인을 포함함) 또는 회원은 거래와 관련하여 분쟁이 있는 때에는 거래소에 그 조정을 신청(이하 "조정신청"이라 함)할 수 있습니다.
  ② 위원회에 조정신청을 하려는 자는 조정신청의 원인 및 사실을 증명하는 서류, 대리인이 조정신청을 하는 경우에는 그 위임장, 그 밖에 분쟁조정에 필요한 증거서류 또는 자료를 첨부한 분쟁조정신청서의 제출이나 구술에 의한 방법으로 할 수 있습니다.
- 사실조사

위원장은 분쟁조정신청사건에 관련된 사실의 조사를 위해 필요하다고 인정하는 경우에는 당사자 그 밖의 관련자의 방문, 출석요청, 현장답사 또는 사실·자료조회 등의 방법으로 조사하거나 당사자 그 밖의 관련자에게 사실의 확인 또는 자료의 제출 등을 요구할 수 있습니다. 이 경우 당사자는 정당한 사유 없이 이를 거부하지 못합니다.

- 종결처리 및 합의권고

위원장은 일정한 사유가 있는 경우 사건을 위원회에 회부하지 않고 직접 종결처리 할 수 있으며, 사건 중 분쟁의 원만한 해결을 위해 당사자가 합의하도록 함이 적당하다고 인정하는 경우에는 구두 또는 서면으로 당사자에게 합의를 권고할 수 있습니다.

- 위원회에의 회부 및 통지

위원장은 합의권고가 이루어지지 않은 경우에는 조정신청이 접수된 날부터 30일 이내에 사건을 위원회에 회부해야 합니다.

- 조정의 결정 및 통지

위원회는 사건이 위원회에 회부된 날부터 30일 이내에 조정결정을 해야 하며, 이를 당사자에게 통지해야 합니다.

### 3-1-3. 분쟁조정의 효력

당사자가 위원회의 조정안을 수락한 경우 「민법」상 화해계약의 효력을 갖게 됩니다(민법 제732조).

■ **한국거래소를 통한 분쟁조정 방법**

**Q.** 한국거래소를 통한 분쟁조정은 어떻게 할 수 있나요?

**A.** 유가증권시장, 코스닥시장, 파생상품시장에서의 매매거래와 관련하여 발생한 권리의무 또는 이해관계에 관한 분쟁이 발생한 경우 한국거래소의 분쟁조정제도(https://drc.krx.co.kr)를 통해서 분쟁을 해결할 수 있습니다. 한국거래소 분쟁조정제도는 60일 이내에 신속한 분쟁해결이 가능하고 조정내용의 비밀이 보장되며 조정비용이 무료라는 장점이 있습니다.

### 3-2. 금융투자협회를 통한 분쟁조정

#### 3-2-1. 금융투자협회의 자율조정 기능

- 금융투자협회(이하 "협회"라 함)는 당사자의 신청이 있는 경우 회원의 영업행위와 관련된 분쟁의 자율조정에 관한 업무를 수행합니다.
- 협회는 분쟁의 조정을 위해 필요하다고 인정되는 경우에는 당사자에 대하여 사실의 확인 또는 자료의 제출 등을 요구할 수 있습니다.
- 협회는 당사자, 그 밖의 이해관계인의 의견을 들을 필요가 있다고 인정되는 경우에는 이들에게 회의에 출석하여 의견을 진술할 것을 요청할 수 있습니다.

#### 3-2-2. 분쟁조정절차

- 분쟁조정신청접수/통지
  ① 분쟁조정절차는 신청인이 금융투자협회에 분쟁조정신청서를 제출함으로써 시작됩니다.
  ② 신청방법: 신청인 본인이 직접 신청함이 원칙이나 원하는 경우 대리인도 신청이 가능하며 조정신청/조회란으로 이동하여 인터넷으로 직접 신청하시거나 금융투자협회로 직접방문 또는 우편으로 신청이 가능합니다.
  ③ 신청서류: 분쟁조정신청서, 관련증거서류 또는 자료, 신청인 신분증이며 대리인이 신청하는 경우 위임장(신청인의 인감도장 날인), 신청인 인감증명서 및 대리인의 신분증이 추가됩니다.
- 합의권고
  조정신청/조회란으로 이동하여 인터넷으로 직접 신청(신청 후 신분증 사본, 관련증거서류 또는 자료를 우편으로 송부)하시거나 금융투자협회로 직접방문 또는 우편으로 신청이 가능합니다.
- 회부 전 처리
  분쟁조정신청 취하서가 접수되거나 수사기관의 수사진행, 법원에의 제소, 신청내용의 허위사실 등 일정한 사유에 의한 경우 위원회에 회부하지 않고 종결처리 할 수 있습니다.

- 위원회 회부

① 당사자간에 합의가 성립하지 않은 경우 협회는 조정신청서 접수일로부터 30일 이내에 분쟁조정위원회에 사건을 회부하며 위원회는 회부된 날부터 30일 이내에 심의하여 조정 또는 각하결정함을 원칙으로 하나 부득이한 경우 15일 이내에서 기한을 연장 할 수 있습니다.

② 위원이 당사자의 대리인이거나 친족관계 등 이해관계가 있는 경우 위원회에서 제척되며 신청인은 위원명단을 통지받은 후 7일 이내에 특정위원에 대한 기피신청서를 협회에 제출할 수 있습니다.

- 조정의 성립

① 당사자가 조정결정통지를 받은 날부터 20일 이내에 기명날인한 수락서를 협회에 제출함으로써 성립합니다.

② 회원인 당사자는 조정이 성립한 날부터 20일 이내에 조정에 따른 조치를 취하고 그 결과를 지체없이 협회에 통보해야 합니다.

- 재조정신청

분쟁조정신청의 당사자는 조정의 결과에 중대한 영향을 미치는 새로운 사실이 나타난 경우 조정결정 또는 각하결정을 통지받은 날부터 30일 이내에 재조정 신청이 가능합니다.

### 3-2-3. 분쟁조정의 효력

당사자가 금융투자협회 분쟁조정위원회의 조정안을 수락한 경우 「민법」상 화해계약의 효력을 갖게 됩니다.

## ■ 금융투자협회를 통한 분쟁조정 방법

**Q.** 금융투자협회를 통한 분쟁조정은 어떻게 할 수 있나요?

**A.** 금융투자협회를 통한 분쟁조정은 금융투자협회 홈페이지(https://www.kofia.or.kr)의 분쟁조정센터조정신청/조회란으로 이동하여 인터넷으로 직접 신청(신청 후 신분증 사본, 관련증거서류 또는 자료를 우편으로 송부)하시거나 금융투자협회로 직접방문 또는 우편으로 신청이 가능합니다.

# 제3절 소송 등을 통한 해결

## 1. 민사소송을 통한 해결

### 1-1. 민사소송을 통한 구제

#### 1-1-1. 민사소송의 개요

금융감독원이나 한국소비자원 등을 통한 조정절차에서 해결이 되지 않은 경우 법원의 민사소송을 통해 권리를 구제받을 수 있습니다.

#### 1-1-2. 화해권고결정

법원은 판결선고 전까지 언제라도 별도의 조정기일 회부 없이 변론준비절차 또는 변론절차에서 바로 화해권고결정을 할 수 있습니다.

#### 1-1-3. 민사조정절차

- 민사조정은 법관이나 법원에 설치된 조정위원회가 분쟁 당사자의 주장을 듣고 관련 자료 등 여러 사항을 검토해서 당사자들의 합의를 주선함으로써 조정을 하는 제도로 분쟁을 간편하고 신속하게 해결할 수 있습니다.
- 민사조정은 분쟁 당사자 일방이 법원에 조정을 신청하거나 해당 소송사건을 심리하고 있는 판사가 직권으로 조정에 회부하면 민사조정이 시작됩니다.
- 당사자 사이에 합의가 이루어져 조정조서가 작성되면 조정이 성립됩니다.
- 다음 중 어느 하나에 해당하는 사건에 관해서 법원은 직권으로 조정에 갈음하는 결정을 할 수 있습니다.
  ① 합의가 이루어지지 않은 경우
  ② 당사자 사이의 합의 내용이 적절하지 않다고 인정한 경우
  ③ 피신청인이 조징기일에 출석하지 않은 경우

# 2. 증권관련집단소송

## 2-1. 증권관련집단소송 개요

### 2-1-1. "증권관련집단소송"이란?

- "증권관련집단소송"이란 증권의 매매 또는 그 밖의 거래과정에서 다수인에게 피해가 발생한 경우 그 중의 1명 또는 수인(數人)이 대표당사자가 되어 수행하는 손해배상청구소송을 말합니다.
- 증권관련집단소송이 일반민사소송과 다른 점은 소액다수 피해자의 수권(授權)이 없이도 소송수행이 가능하고, 판결의 효력은 제외신고를 하지 않은 피해자 전체에게 효력이 미친다는 점에서 일반 민사소송과는 근본적으로 다릅니다.

## 2-2. 소송제기 사유

### 2-2-1. 증권관련집단소송의 범위

- 증권관련집단소송의 소(訴)는 다음의 손해배상청구에 한정하여 제기할 수 있습니다.
  ① 「자본시장과 금융투자업에 관한 법률」 제125조에 따른 손해배상청구
  ② 「자본시장과 금융투자업에 관한 법률」 제162조(제161조에 따른 주요사항보고서의 경우는 제외함)에 따른 손해배상청구
  ③ 「자본시장과 금융투자업에 관한 법률」 제175조, 제177조 또는 제179조에 따른 손해배상청구
  ④ 「자본시장과 금융투자업에 관한 법률」 제170조에 따른 손해배상청구
- 또한 위의 손해배상청구는 주권상장법인이 발행한 증권의 매매 또는 그 밖의 거래로 인한 것이어야 합니다.

## 2-3. 소송제기 및 허가 요건

### 2-3-1. 변호사 선임의 강제

- 증권관련집단소송의 원고와 피고는 변호사를 소송대리인으로 선임(選

任)해야 합니다.

- 증권관련집단소송의 대상이 된 증권을 소유하거나, 그 증권과 관련된 직접적인 금전적 이해관계가 있는 등의 사유로 이 법에 따른 소송절차에서 소송대리인의 업무를 수행하기에 부적절하다고 판단될 정도로 총원과 이해관계가 충돌되는 자는 증권관련집단소송의 원고측 소송대리인이 될 수 없습니다.

## 2-3-2. 대표당사자 및 소송대리인의 요건

- 대표당사자는 구성원 중 해당 증권관련집단소송으로 얻을 수 있는 경제적 이익이 가장 큰 자 등 총원의 이익을 공정하고 적절하게 대표할 수 있는 구성원이어야 합니다.
- 증권관련집단소송의 원고측 소송대리인은 총원의 이익을 공정하고 적절하게 대리할 수 있는 자이어야 합니다.
- 최근 3년간 3건 이상의 증권관련집단소송에 대표당사자 또는 대표당사자의 소송대리인으로 관여하였던 자는 증권관련집단소송의 대표당사자 또는 원고측 소송대리인이 될 수 없습니다. 다만, 여러 사정에 비추어 볼 때 위의 「증권관련 집단소송법」 제11조제1항 및 제2항에 따른 요건을 충족하는 데에 지장이 없다고 법원이 인정하는 자는 그렇지 않습니다.

## 2-3-3. 소송허가 요건

- 증권관련집단소송을 제기하기 위해서는 법적요건 충족여부에 대한 법원의 허가결정이 있어야 합니다. 따라서 법원으로부터 증권관련집단소송의 허가를 받으려면 다음의 요건을 갖춰야 합니다.
  ① 구성원이 50인 이상이고, 청구의 원인이 된 행위 당시를 기준으로 그 구성원이 보유하고 있는 증권의 합계가 피고 회사의 발행 증권 총수의 1만분의 1 이상일 것
  ② 「증권관련 집단소송법」 제3조제1항의 손해배상청구로서 법률상 또는 사실상의 중요한 쟁점이 모든 구성원에게 공통될 것

③ 증권관련집단소송이 총원의 권리 실현이나 이익 보호에 적합하고 효율적인 수단일 것

④ 「증권관련 집단소송법」 제9조에 따른 소송허가신청서의 기재사항 및 첨부서류에 흠이 없을 것

- 다만, 증권관련집단소송의 소가 제기된 후 위 1.의 요건을 충족하지 못하게 된 경우에도 제소(提訴)의 효력에는 영향이 없습니다.

## 2-4. 소의 제기 및 허가 절차

### 2-4-1. 소의 제기 및 소송허가 신청

- 대표당사자가 되기 위해 증권관련집단소송의 소를 제기하는 자는 소장(訴狀)과 소송허가신청서를 법원에 제출해야 합니다.
- 법원은 위에 따라 소장과 소송허가신청서가 제출된 사실을「자본시장과 금융투자업에 관한 법률」에 따라 거래소허가를 받은 거래소로서 금융위원회가 지정하는 거래소(이하 "지정거래소"라 함)에 즉시 통보해야 하며, 지정거래소는 그 사실을 일반인이 알 수 있도록 공시해야 합니다.

### 2-4-2. 소 제기의 공고 및 대표당사자의 선임

- 법원은 소장 및 소송허가신청서를 접수한 날부터 10일 이내에 다음의 사항을 공고해야 합니다.

① 증권관련집단소송의 소가 제기되었다는 사실

② 총원의 범위

③ 청구의 취지 및 원인의 요지

④ 대표당사자가 되기를 원하는 구성원은 공고가 있는 날부터 30일 이내에 법원에 신청서를 제출해야 한다는 사실

- 위의 ④에 따라 대표당사자가 되기를 원하는 구성원은 경력과 신청의 취지를 적은 신청서에 다음의 문서를 첨부하여 법원에 제출해야 합니다.

① 해당 증권관련집단소송을 수행하기 위해 또는 소송대리인의 지시에 따라 해당 증권관련집당소송과 관련 증권을 취득하지 않았다는 사실

② 최근 3년간 대표당사자로 관여한 증권관련집단소송의 내역

- 법원은 위의 공고를 한 날부터 50일 이내에 소를 제기하는 자와 대표당사자가 되기 위해 신청서를 제출한 구성원 중 「증권관련 집단소송법」 제11조에 따른 요건을 갖춘 자로서 총원의 이익을 대표하기에 가장 맞는 자를 결정(決定)으로 대표당사자로 선임합니다.
- 대표당사자의 결정에 대해서는 불복할 수 없습니다.

### 2-4-3. 소송허가 절차

- 대표당사자는 소송허가 신청의 이유를 소명(疎明)해야 합니다.
- 증권관련집단소송의 허가 여부에 관한 재판은 「증권관련 집단소송법」 제7조제1항에 따라 소를 제기하는 자와 피고를 심문(審問)하여 결정으로 합니다.
- 법원은 위의 허가 여부에 관한 재판을 할 때 손해배상청구의 원인이 되는 행위를 감독·검사하는 감독기관으로부터 손해배상청구 원인행위에 대한 기초조사 자료를 제출받는 등 직권으로 필요한 조사를 할 수 있습니다.

## 2-5. 소송허가의 결정 등

### 2-5-1. 소송허가 결정

- 법원은 「증권관련 집단소송법」 제3조의 소송제기 사유와 「증권관련 집단소송법」 제11조·제12조의 대표당사자 및 소송대리인의 요건 및 소송허가 요건에 맞는 경우에만 결정으로 증권관련집단소송을 허가합니다.
- 법원은 위의 소송허가 결정이 확정되면 지체 없이 다음의 사항을 구성원에게 고지해야 하며, 지정거래소에도 즉시 통보해야 합니다.

① 대표당사자와 그 법정대리인의 성명·명칭 또는 상호 및 주소

② 원고측 소송대리인의 성명·명칭 또는 상호 및 주소

③ 피고의 성명·명칭 또는 상호 및 주소

④ 총원의 범위

⑤ 청구의 취지 및 원인의 요지

⑥ 제외신고의 기간과 방법

⑦ 제외신고를 한 자는 개별적으로 소를 제기할 수 있다는 사실

⑧ 제외신고를 하지 않은 구성원에 대해서는 증권관련집단소송에 관한 판결 등의 효력이 미친다는 사실

⑨ 제외신고를 하지 않은 구성원은 증권관련집단소송의 계속(繫屬) 중에 법원의 허가를 받아 대표당사자가 될 수 있다는 사실

⑩ 변호사 보수에 관한 약정

⑪ 위의 ①부터 ⑩까지에서 규정한 사항 외에 법원이 필요하다고 인정하는 사항

### 2-5-2. 소송 불허가 결정

- 대표당사자는 증권관련집단소송의 불허가 결정에 대하여 즉시항고 할 수 있습니다.
- 위에 따른 불허가 결정이 확정된 때에는 증권관련집단소송의 소가 제기되지 않은 것으로 봅니다.

## 2-6. 판결의 효력

### 2-6-1. 확정 판결의 효력

증권관련집단소송은 일반 민사소송과 달리 제외신청을 하지 않은 피해자 전원에게 확정판결의 효력이 미치게 됩니다.

### 2-6-2. 금전 등의 분배

- 소송의 대표당사자는 집행권원(執行權原)을 취득하였을 때에는 지체 없이 그 권리를 실행해야 합니다.
- 법원은 직권으로 또는 대표당사자의 신청에 의해 분배관리인을 선임해야 합니다.
- 분배관리인은 법원의 감독하에 권리실행으로 취득한 금전 등의 분배업무를 수행합니다.

# 〈부록 – 별표자료〉

■[별표 1] 자본시장과 금융투자업에 관한 법률 <개정 2016.3.29.>

# 금융투자업자 및 그 임직원에 대한 처분 및 업무 위탁계약 취소·변경 명령의 사유

(제43조제2항제4호, 제420조제1항제6호·
제3항 및 제422조제1항·제2항 관련)

1. 제11조를 위반하여 금융투자업인가(변경인가를 포함한다)를 받지 아니하고 금융투자업(투자자문업, 투자일임업 및 전문사모집합투자업은 제외한다)을 영위한 경우
2. 거짓, 그 밖의 부정한 방법으로 제14조에 따른 예비인가를 받은 경우
3. 제17조를 위반하여 금융투자업등록(변경등록을 포함한다)을 하지 아니하고 투자자문업 또는 투자일임업을 영위한 경우
4. 삭제 <2015.7.31.>
5. 삭제 <2015.7.31.>
6. 삭제 <2015.7.31.>
7. 삭제 <2015.7.31.>
8. 삭제 <2015.7.31.>
9. 삭제 <2015.7.31.>
10. 삭제 <2015.7.31.>
11. 삭제 <2015.7.31.>

11의2. 제28조의2제1항을 위반하여 파생상품업무책임자를 두지 아니하거나 지정·변경 시 통보하지 아니한 경우

12. 제30조제1항 또는 제2항을 위반하여 영업용순자본을 총위험액 이상으로 유지하지 아니한 경우
13. 제30조제3항에 따른 보고·비치 또는 공시를 하지 아니하거나 거짓으로 보고·비치 또는 공시를 한 경우
14. 제31조제1항을 위반하여 경영건전성기준을 준수하지 아니한 경우
15. 제31조제4항에 따른 명령을 위반한 경우
16. 제32조제1항 각 호에 따라 회계처리를 하지 아니한 경우

17. 제32조제2항에 따라 금융위원회가 정하여 고시한 사항을 위반한 경우
18. 제33조제1항을 위반하여 같은 항에 정하여진 기간 이내에 업무보고서를 제출하지 아니하거나 거짓으로 작성·제출한 경우
19. 제33조제2항을 위반하여 공시서류를 비치 또는 공시하지 아니하거나 거짓으로 작성하여 비치 또는 공시한 경우
20. 제33조제3항을 위반하여 보고 또는 공시를 하지 아니하거나 거짓으로 보고 또는 공시한 경우
20의2. 제33조제4항(제350조, 제357조제2항 또는 제361조에서 준용하는 경우를 포함한다)을 위반하여 보고서를 제출하지 아니하거나 거짓으로 작성하여 제출하는 경우
21. 제34조제1항부터 제5항까지의 규정을 위반하여 대주주와의 거래 등의 제한과 관련된 의무를 이행하지 아니한 경우
22. 제34조제6항에 따른 자료의 제출명령을 위반하거나, 같은 조 제7항에 따른 제한을 위반한 경우
23. 제35조를 위반하여 같은 조 각 호의 어느 하나에 해당하는 행위를 한 경우
24. 금융투자업자가 제36조에 따른 자료의 제출명령을 위반한 경우
25. 제38조를 위반하여 상호를 사용한 경우
26. 제39조를 위반하여 자기의 명의를 대여하여 타인에게 금융투자업을 영위하게 한 경우
27. 제40조를 위반하여 같은 조 각 호의 금융업무를 영위한 경우
28. 제40조 후단에 따른 신고를 하지 아니하거나 거짓으로 신고한 경우
29. 제41조제1항에 따른 신고를 하지 아니하거나 거짓으로 신고한 경우
30. 제41조제2항에 따른 제한 또는 시정명령을 위반한 경우
31. 제42조제1항을 위반하여 업무를 위탁한 경우
32. 제42조제2항을 위반하여 위탁계약을 체결한 경우
33. 제42조제2항에 따른 보고를 하지 아니하거나 거짓으로 보고한 경우
34. 제42조제3항에 따른 제한 또는 시정명령을 위반한 경우
35. 제42조제4항을 위반하여 업무위탁을 하거나 받은 경우 또는 같은 조 제5항을 위반하여 재위탁을 하거나 재위탁을 받은 경우

36. 제42조제6항을 위반하여 정보를 제공하거나 제공받은 경우
37. 제42조제7항을 위반하여 업무위탁 운영기준을 정하지 아니한 경우
38. 제42조제8항 또는 제11항을 위반한 경우
39. 제42조제10항에서 준용하는 제54조·제55조 또는 「금융실명거래 및 비밀보장에 관한 법률」 제4조제1항 또는 제3항부터 제5항까지의 규정을 위반한 경우
40. 제43조제1항 전단에 따른 검사를 거부·방해 또는 기피한 경우
41. 제43조제1항 후단에서 준용하는 제419조제5항에 따른 보고 등의 요구에 불응한 경우
42. 제43조제2항에 따른 위탁계약의 취소 또는 변경명령을 위반한 경우
43. 제44조를 위반하여 이해상충의 관리에 관한 의무를 이행하지 아니한 경우
44. 제45조제1항을 위반하여 같은 항 각 호의 어느 하나에 해당하는 행위를 한 경우
45. 제45조제2항을 위반하여 같은 항 각 호의 어느 하나에 해당하는 행위를 한 경우
46. 제46조제1항을 위반하여 확인 의무를 이행하지 아니하거나, 같은 조 제2항을 위반하여 정보 파악·서명 등을 통한 확인, 유지·관리 또는 확인 내용 제공 의무를 이행하지 아니한 경우
46의2. 제46조의2제1항을 위반하여 정보파악 의무를 이행하지 아니하거나 같은 조 제2항을 위반하여 해당 사실의 고지·확인의무를 이행하지 아니한 경우
47. 제47조에 따른 설명 또는 확인의무를 이행하지 아니한 경우
48. 제49조를 위반하여 같은 조 각 호의 어느 하나에 해당하는 행위를 한 경우
49. 제50조제1항을 위반하여 투자권유준칙을 정하지 아니한 경우
50. 제50조제2항을 위반하여 투자권유준칙을 공시하지 아니하거나 거짓으로 공시한 경우
51. 제51조제1항 각 호의 요건을 모두 갖춘 자 외의 자에게 투자권유를 위탁한 경우

52. 제51조제3항을 위반하여 위탁받은 자를 등록하지 아니한 경우
53. 제52조제1항을 위반하여 투자권유대행인 외의 자에게 투자권유를 대행하게 한 경우
54. 제52조제4항을 위반하여 투자권유대행기준을 정하지 아니한 경우
55. 제54조를 위반하여 자기 또는 제삼자의 이익을 위하여 정보를 이용한 경우
56. 제55조를 위반하여 같은 조 각 호의 어느 하나에 해당하는 행위를 한 경우
57. 제56조제1항을 위반하여 신고 또는 보고를 하지 아니하거나 거짓으로 신고 또는 보고를 한 경우
58. 제56조제2항을 위반하여 공시를 하지 아니하거나 거짓으로 공시한 경우
59. 제56조제6항에 따른 변경명령을 위반한 경우
60. 제57조 또는 제249조의5를 위반하여 투자광고를 한 경우
61. 제58조제1항을 위반하여 수수료 부과기준 및 절차를 정하지 아니한 경우 또는 공시를 하지 아니하거나 거짓으로 공시한 경우
62. 제58조제2항을 위반하여 투자자를 차별하여 수수료 부과기준을 정한 경우
63. 제58조제3항을 위반하여 통보하지 아니하거나 거짓으로 통보한 경우
64. 제59조제1항을 위반하여 계약서류를 제공하지 아니한 경우, 같은 조 제4항을 위반하여 손해배상금 또는 위약금의 지급을 청구한 경우 또는 같은 조 제5항을 위반하여 해당 계약과 관련하여 미리 지급받은 대가를 투자자에게 반환하지 아니한 경우
65. 제60조제1항을 위반하여 자료를 기록·유지하지 아니하거나 거짓으로 기록·유지한 경우
66. 제60조제2항에 따른 대책을 수립·시행하지 아니한 경우
67. 제61조를 위반하여 예탁하지 아니한 경우
68. 제62조제1항에 따른 공고 또는 통지를 하지 아니하거나 거짓으로 공고 또는 통지한 경우
69. 제62조제2항을 위반하여 금융투자상품의 매매, 그 밖의 거래를 종결시키지 아니한 경우

70. 제63조제1항을 위반하여 같은 항 각 호의 방법에 따르지 아니하고 금융투자상품을 매매한 경우
71. 제63조제2항에 따른 기준 및 절차를 정하지 아니한 경우
72. 제63조제3항에 따른 확인을 하지 아니한 경우
73. 국내지점등이 제65조제2항부터 제5항까지의 규정을 위반한 경우
74. 제66조를 위반하여 사전에 자기가 투자매매업자인지 투자중개업자인지를 밝히지 아니하고 금융투자상품의 매매에 관한 청약 또는 주문을 받은 경우
75. 제67조를 위반하여 금융투자상품을 매매한 경우
76. 제68조제1항을 위반하여 최선집행기준을 마련하지 아니한 경우
76의2. 제68조제1항을 위반하여 최선집행기준을 공표하지 아니한 경우
76의3. 제68조제2항을 위반하여 최선집행기준에 따라 금융투자상품의 매매에 관한 청약 또는 주문을 집행하지 아니한 경우
76의4. 제68조제3항전단을 위반하여 최선집행기준의 내용을 점검하지 아니한 경우
76의5. 제68조제3항후단을 위반하여 최선집행기준의 변경사실을 공표하지 아니한 경우
76의6. 제68조제4항을 위반하여 최선집행기준을 기재 또는 표시한 설명서를 투자자에게 교부하지 아니한 경우
77. 제69조 후단을 위반하여 자기주식을 처분하지 아니한 경우
78. 제70조를 위반하여 투자자로부터 예탁받은 재산으로 금융투자상품의 매매를 한 경우
79. 제71조를 위반하여 같은 조 각 호의 어느 하나에 해당하는 행위를 한 경우
80. 제72조를 위반하여 금전의 융자, 그 밖의 신용공여를 한 경우
81. 제73조를 위반하여 매매명세를 통지하지 아니하거나 거짓으로 통지한 경우
82. 투자자예탁금의 예치 또는 신탁과 관련하여 제74조제1항 또는 제3항부터 제8항까지의 규정을 위반한 경우
83. 제75조를 위반하여 예탁하지 아니한 경우

84. 제76조제1항 또는 제2항을 위반하여 집합투자증권을 판매한 경우
85. 제76조제3항을 위반하여 집합투자증권을 판매하거나 판매를 위한 광고를 한 경우
86. 제76조제4항부터 제6항까지의 규정을 위반하여 판매수수료나 판매보수를 받은 경우
86의2. 제77조의2에 따라 금융위원회로부터 종합금융투자사업자로 지정받지 아니하고 전담중개업무 또는 제77조의3제3항 각 호의 어느 하나에 해당하는 업무를 영위한 경우
86의3. 거짓, 그 밖의 부정한 방법으로 제77조의2제1항에 따른 지정을 받은 경우
87. 제78조제1항에 따른 업무기준을 준수하지 아니한 경우
88. 제78조제5항을 위반하여 다자간매매체결회사가 발행한 주식을 소유한 경우
88의2. 제78조제5항 각 호 외의 부분 후단에서 준용하는 제406조제3항을 위반하여 의결권을 행사한 경우
88의3. 제78조제5항 각 호 외의 부분 후단에서 준용하는 제406조제4항을 위반하여 처분명령을 위반한 경우
88의4. 제78조제6항에서 준용하는 제383조제1항·제2항 또는 제408조를 위반하거나 및 제413조에 따른 조치를 이행하지 아니한 경우
88의5. 제78조제7항을 위반하여 조치를 하지 아니한 경우
89. 자산운용의 지시·실행 등과 관련하여 제80조를 위반한 경우
90. 제81조제1항, 제83조 또는 제84조를 위반하여 집합투자재산을 운용한 경우
91. 제82조를 위반하여 집합투자기구의 집합투자증권을 취득하거나 질권의 목적으로 받은 경우
92. 제85조를 위반하여 같은 조 각 호의 어느 하나에 해당하는 행위를 한 경우
93. 제86조를 위반하여 성과보수를 받은 경우
94. 제87조제2항부터 제5항까지의 규정을 위반하여 의결권을 행사한 경우
95. 제87조제6항에 따른 처분명령을 위반한 경우

96. 제87조제7항을 위반하여 기록·유지하지 아니하거나 거짓의 기록을 한 경우
97. 제87조제8항 또는 제9항에 따른 공시를 하지 아니하거나 거짓으로 공시한 경우
98. 제88조를 위반하여 같은 조에 따라 자산운용보고서를 제공하지 아니한 경우 또는 거짓으로 작성하거나 그 기재사항을 누락하고 작성하여 제공한 경우
99. 제89조에 따른 공시를 하지 아니하거나 거짓으로 공시한 경우
100. 제90조제1항 또는 제2항을 위반하여 영업보고서나 결산서류를 제출하지 아니하거나 거짓으로 작성하여 제출한 경우
101. 제91조제1항을 위반하여 열람 또는 교부 청구에 응하지 아니한 경우
102. 제91조제3항을 위반하여 집합투자규약을 공시하지 아니하거나 거짓으로 공시한 경우
103. 제92조를 위반하여 투자매매업자 또는 투자중개업자에게 즉시 통지하지 아니한 경우
104. 제93조제1항 전단에 따른 공시를 하지 아니하거나 거짓으로 공시한 경우
105. 제93조제1항 후단을 위반하여 투자설명서에 위험에 관한 지표의 개요 및 위험에 관한 지표가 공시된다는 사실을 기재하지 아니한 경우
106. 제93조제2항에 따른 신고를 하지 아니하거나 거짓으로 신고한 경우
107. 제94조제1항 또는 제2항을 위반하여 금전을 차입하거나 대여한 경우
108. 제94조제3항을 위반하여 실사보고서를 작성·비치하지 아니하거나 거짓으로 작성·비치한 경우
109. 제94조제4항을 위반하여 사업계획서를 공시하지 아니하거나 감정평가업자의 확인을 받지 아니하고 공시한 경우
110. 제95조제2항(제117조에서 준용하는 경우를 포함한다)에 따른 명령을 위반한 경우
111. 제95조제5항 후단(제117조에서 준용하는 경우를 포함한다)에 따른 고시를 위반하여 보수를 지급한 경우
112. 제97조를 위반하여 투자자문계약 또는 투자일임계약을 체결한 경우

113. 제98조제1항(제101조제4항에서 준용하는 경우를 포함한다)을 위반하여 같은 항 각 호의 어느 하나에 해당하는 행위를 한 경우
114. 제98조제2항을 위반하여 같은 항 각 호의 어느 하나에 해당하는 행위를 한 경우
115. 제99조를 위반하여 같은 조에 따라 투자일임보고서를 제공하지 아니하거나 거짓으로 작성·제공한 경우
116. 역외투자자문업자 또는 역외투자일임업자가 제100조제2항부터 제8항까지의 규정을 위반한 경우
117. 제101조제1항에 따른 신고를 하지 아니하고 유사투자자문업을 영위한 경우
118. 제101조제2항을 위반하여 같은 항에 따라 보고를 하지 아니하거나 거짓으로 보고한 경우
119. 제101조제3항에 따른 자료제출요구에 불응한 경우
120. 제103조제1항·제3항 또는 제4항을 위반하여 재산을 수탁한 경우
121. 제104조제2항을 위반하여 신탁재산을 고유재산으로 취득한 경우
122. 제105조를 위반하여 신탁재산을 운용한 경우
123. 제106조를 위반하여 여유자금을 운용한 경우
124. 삭제 <2009.2.3>
125. 제108조를 위반하여 같은 조 각 호의 어느 하나에 해당하는 행위를 한 경우
126. 제109조를 위반하여 신탁계약을 체결한 경우
127. 제110조제2항 또는 제5항을 위반하여 수익증권을 발행한 경우
128. 제110조제6항을 위반하여 수익권을 양도하거나 행사한 경우
129. 제111조를 위반하여 수익증권을 고유재산으로 매수한 경우
130. 제112조제2항부터 제5항까지의 규정을 위반하여 의결권을 행사한 경우
131. 제112조제6항에 따른 주식처분명령을 위반한 경우
132. 제112조제7항에 따른 공시를 하지 아니하거나 거짓으로 공시한 경우
133. 제113조제1항을 위반하여 열람 또는 교부 청구에 응하지 아니한 경우
134. 제114조제1항을 위반하여 신탁재산에 관하여 회계처리를 하거나, 같

은 조 제3항을 위반하여 회계감사를 받지 아니한 경우
135. 제114조제4항에 따른 보고를 하지 아니하거나 거짓으로 보고한 경우
136. 제114조제7항에 따른 자료제출요구에 불응한 경우
137. 신탁업자가 제114조제9항을 위반한 경우
138. 제116조제3항에 따른 명령을 위반한 경우
138의2. 제117조의3을 위반하여 온라인소액투자중개업자로 등록(변경등록을 포함한다)하지 아니하고 온라인소액투자중개를 한 경우
138의3. 거짓, 그 밖의 부정한 방법으로 제117조의4에 의한 등록(변경등록을 포함한다)을 한 경우
138의4. 제117조의5를 위반하여 상호 등에 금융투자 또는 온라인소액투자중개라는 문자를 사용한 경우
138의5. 제117조의6제1항을 위반하여 보고를 하지 아니하거나 거짓으로 보고한 경우
138의6. 제117조의6제2항을 위반하여 온라인소액투자중개업자 내부통제기준을 정하지 아니한 경우
138의7. 제117조의7제2항을 위반하여 자신이 중개하는 증권을 자기의 계산으로 취득하거나, 증권의 발행 또는 청약을 주선 또는 대리하는 행위를 한 경우
138의8. 제117조의7제3항을 위반하여 자문에 응한 경우
138의9. 제117조의7제4항을 위반하여 청약의 의사 표시를 받은 경우
138의10. 제117조의7제6항을 위반하여 투자자의 재산으로 증권의 청약을 한 경우
138의11. 제117조의7제7항을 위반하여 특정한 온라인소액증권발행인 또는 투자자를 우대하거나 차별한 경우
138의12. 제117조의7제8항에 따른 통지를 하지 아니하거나, 거짓으로 통지한 경우
138의13. 제117조의7제9항을 위반하여 필요한 조치를 취하지 아니한 경우
138의14. 제117조의7제10항을 위반하여 증권의 청약을 권유하는 행위를 한 경우
138의15. 제117조의8제1항을 위반하여 투자자의 재산을 보관·예탁받은 경

우

138의16. 제117조의9를 위반하여 투자광고를 한 경우

138의17. 제117조의10제8항에 따라 청약증거금을 지체 없이 반환하지 아니한 경우

138의18. 제117조의11제1항에 따른 조치를 취하지 아니한 경우

138의19. 제117조의13제1항을 위반하여 자료를 제공하지 아니하거나, 같은 조 제2항에 따라 필요한 사항을 위탁하지 아니한 경우

139. 다음 각 목의 어느 하나에 해당하는 공고 또는 서류 중 중요사항에 관하여 거짓의 기재 또는 표시가 있거나 중요사항이 기재 또는 표시되지 아니한 경우

가. 제119조에 따른 증권신고서 또는 일괄신고추가서류

나. 제122조에 따른 정정신고서

다. 제123조에 따른 투자설명서(예비투자설명서 및 간이투자설명서를 포함한다)

라. 제128조에 따른 증권발행실적보고서

마. 제134조에 따른 공개매수공고 또는 공개매수신고서

바. 제136조에 따른 정정신고서 또는 공고

사. 제137조제1항에 따른 공개매수설명서

아. 제143조에 따른 공개매수결과보고서

자. 제159조에 따른 사업보고서

차. 제160조에 따른 반기보고서 또는 분기보고서

카. 제161조에 따른 주요사항보고서

타. 제164조제2항에 따른 정정명령에 따라 제출하는 사업보고서등

140. 다음 각 목의 어느 하나에 해당하는 서류를 제출하지 아니한 경우

가. 제119조에 따른 증권신고서 또는 일괄신고추가서류

나. 제122조제3항 후단에 따른 정정신고서

다. 제123조에 따른 투자설명서

라. 제128조에 따른 증권발행실적보고서

마. 제134조에 따른 공개매수신고서

바. 제136조제3항에 따른 정정신고서

사. 제137조제1항에 따른 공개매수설명서
아. 제143조에 따른 공개매수결과보고서
자. 제147조에 따른 보고서류
차. 제153조에 따른 위임장 용지 및 참고서류
카. 제156조제3항 후단에 따른 정정서류
타. 제159조에 따른 사업보고서
파. 제160조에 따른 반기보고서 또는 분기보고서
하. 제161조에 따른 주요사항보고서

141. 제119조제3항부터 제7항까지 또는 제122조제4항을 위반하여 증권을 모집하거나 매출한 경우

141의2. 제98조의2를 위반하여 성과보수를 받은 경우

141의3. 제119조의2제1항을 위반하여 자료의 제출 요구에 불응한 경우

141의4. 제119조의2제2항에 따른 조사를 거부·방해 또는 기피한 경우

142. 제120조제4항을 위반하여 철회신고서를 제출하지 아니하고 증권신고를 철회한 경우

143. 제121조를 위반하여 증권에 관한 취득 또는 매수의 청약에 대한 승낙을 한 경우

144. 다음 각 목의 어느 하나에 해당하는 서류를 비치하지 아니하거나 일반인이 열람할 수 있도록 하지 아니한 경우
가. 제123조에 따른 투자설명서(예비투자설명서 및 간이투자설명서를 포함한다)
나. 제137조에 따른 공개매수설명서
다. 제153조에 따른 위임장 용지 및 참고서류

145. 제123조제2항을 위반하여 투자설명서에 증권신고서에 기재된 내용과 다른 내용을 표시하거나 그 기재사항을 누락한 경우

146. 제124조제1항을 위반하여 투자설명서(집합투자업자의 경우 투자자가 제123조에 적합한 투자설명서의 교부를 요구하지 아니하는 경우에는 제124조제2항제3호에 따른 간이투자설명서를 말한다)를 미리 교부하지 아니하고 증권을 취득하게 하거나 매도한 경우

147. 제124조제2항을 위반하여 같은 항 각 호의 어느 하나에 해당하는 방

법에 따르지 아니하고 청약의 권유 등을 한 경우

147의2. 제124조제4항을 위반하여 투자자에게 제123조에 따른 투자설명서를 별도로 요청할 수 있음을 알리지 아니한 경우

148. 제130조에 따른 조치를 하지 아니한 경우

149. 제131조제1항, 제146조제1항, 제151조제1항, 제158조제1항 또는 제164조제1항에 따른 보고 또는 자료의 제출명령을 위반한 경우

150. 제131조제1항, 제146조제1항, 제151조제1항, 제158조제1항 또는 제164조제1항에 따른 조사를 거부·방해 또는 기피한 경우

151. 제132조, 제146조제2항, 제151조제2항, 제158조제2항 또는 제164조제2항에 따른 금융위원회의 처분을 위반한 경우

152. 제133조제3항 또는 제140조를 위반하여 공개매수에 의하지 아니하고 주식등의 매수등을 한 경우

153. 제134조제1항 또는 제136조제5항을 위반하여 공고를 하지 아니한 경우

154. 제134조제3항에 따른 공개매수기간을 지키지 아니한 경우

155. 제135조, 제136조제6항, 제139조제3항 또는 제148조를 위반하여 신고서 또는 보고서의 사본을 송부하지 아니한 경우

156. 제135조, 제136조제6항, 제139조제3항에 따른 신고서 사본 또는 제148조에 따른 보고서 사본에 신고서 또는 보고서에 기재된 내용과 다른 내용을 표시하거나 그 내용을 누락하여 송부한 경우

157. 제137조제2항을 위반하여 공개매수설명서에 공개매수신고서에 기재된 내용과 다른 내용을 표시하거나 그 기재사항을 누락한 경우

158. 제137조제3항을 위반하여 공개매수설명서를 미리 교부하지 아니하고 그 주식등을 매수한 경우

159. 제138조제2항 또는 제155조를 위반하여 문서 또는 서류를 지체 없이 제출하지 아니한 경우

160. 제139조제1항 또는 제2항을 위반하여 공개매수를 철회한 경우

161. 공개매수의 조건 및 방법 등에 관하여 제141조를 위반한 경우

162. 제145조를 위반하여 의결권을 행사하거나, 같은 조에 따른 처분명령을 위반한 경우

163. 第147조에 따른 보고서류 또는 第151조第2항에 따른 정정보고서 중 대통령령으로 정하는 중요한 사항(이하 이 호에서 "중요한 사항"이라 한다)에 관하여 거짓의 기재 또는 표시가 있거나 중요한 사항이 기재 또는 표시되지 아니한 경우

164. 第150조를 위반하여 의결권을 행사하거나, 같은 조 第1항 또는 第3항에 따른 처분명령을 위반한 경우

165. 第152조를 위반하여 의결권 대리행사의 권유를 한 경우

165의2. 第152조의2를 위반하여 요구에 응하지 아니한 경우

166. 第154조에 따른 위임장 용지 및 참고서류 또는 第156조에 따른 정정서류 중 의결권피권유자의 의결권 위임 여부 판단에 중대한 영향을 미칠 수 있는 사항(이하 이 호에서 "의결권 위임 관련 중요사항"이라 한다)에 관하여 거짓의 기재 또는 표시가 있거나 의결권 위임 관련 중요사항이 기재 또는 표시되지 아니한 경우

166의2. 第161조의2第1항에 따른 관련 자료의 제출 요구에 응하지 아니한 경우

166의3. 第161조의2第2항에 따른 조사를 거부·방해 또는 기피한 경우

167. 第166조를 위반하여 금융투자상품(장내파생상품을 제외한다)의 매매, 그 밖의 거래를 한 경우

167의2. 第166조의2를 위반하여 장외파생상품을 매매·중개하는 경우

167의3. 第166조의3을 위반하여 청산의무거래를 하는 경우 금융투자상품거래청산회사, 그 밖에 이에 준하는 자로서 대통령령으로 정하는 자에게 자기와 거래상대방의 채무를 부담하게 하지 아니한 경우

168. 第167조第1항을 위반하여 주식을 소유한 경우

169. 第167조第3항을 위반하여 의결권을 행사하거나, 같은 조 같은 항에 따른 시정명령을 위반한 경우

170. 第169조第1항을 위반하여 회계감사를 받지 아니한 경우

171. 第169조第2항(같은 조 第3항에서 준용하는 경우를 포함한다)에 따른 자료의 제출 또는 보고명령이나 조치를 위반한 경우

172. 第172조第3항 후단에 따른 공시의무를 위반한 경우

173. 第173조第1항에 따른 보고를 하지 아니하거나 거짓으로 보고한 경우

174. 제174조에 따른 미공개중요정보 이용행위 금지 의무를 위반한 경우
175. 제176조에 따른 시세조종행위 등의 금지 의무를 위반한 경우
176. 제178조에 따른 부정거래행위 등의 금지 의무를 위반한 경우
177. 제180조를 위반하여 공매도를 하거나 그 위탁 또는 수탁을 한 경우
177의2. 제180조의2제1항 또는 제2항을 위반하여 순보유잔고를 보고하지 아니하거나 순보유잔고의 보고에 관하여 거짓의 기재 또는 표시를 한 경우
177의3. 제180조의2제3항을 위반하여 자료를 보관하지 아니하거나 금융위원회의 자료제출 요구에 응하지 아니한 경우
177의4. 제180조의3을 위반하여 공시를 하지 아니하거나 거짓으로 공시한 경우
178. 투자신탁이나 투자익명조합의 집합투자업자 또는 투자회사등의 법인이사·업무집행사원·업무집행자·업무집행조합원이 제182조를 위반하여 등록이나 변경등록을 하지 아니하거나 거짓, 그 밖의 부정한 방법으로 등록이나 변경등록을 한 경우
179. 투자신탁이나 투자익명조합의 집합투자업자 또는 투자회사등의 법인이사·업무집행사원·업무집행자·업무집행조합원이 제183조제1항을 위반하여 집합투자기구의 종류를 표시하는 문자를 사용하지 아니한 경우
180. 제183조제2항을 위반하여 명칭을 사용한 경우
181. 투자신탁이나 투자익명조합의 집합투자업자 또는 투자회사등의 법인이사·업무집행사원·업무집행자·업무집행조합원이 집합투자기구의 업무수행에 관하여 제184조를 위반한 경우
182. 투자회사등의 법인이사·업무집행사원·업무집행자·업무집행조합원이 제186조제1항을 위반하여 자기가 발행한 집합투자증권을 취득하거나 질권의 목적으로 받은 경우
183. 투자회사등의 법인이사·업무집행사원·업무집행자·업무집행조합원이 제186조제2항에서 준용하는 제87조, 제89조, 제90조제1항·제2항, 제91조제1항·제3항 또는 제92조를 위반한 경우
184. 투자회사등의 법인이사·업무집행사원·업무집행자·업무집행조합원이 제

187조제1항을 위반하여 자료를 기록·유지하지 아니하거나 거짓의 기록 또는 유지를 한 경우

185. 투자회사등의 법인이사·업무집행사원·업무집행자·업무집행조합원이 제187조제2항에 따른 대책을 수립·시행하지 아니한 경우

186. 신탁계약의 체결·변경 등에 관하여 제188조제1항 또는 제2항을 위반한 경우

187. 제188조제3항에 따른 공시 또는 통지를 하지 아니하거나 거짓으로 공시 또는 통지한 경우

188. 제188조제4항을 위반하여 신탁원본 전액을 금전으로 납입하지 아니한 경우

189. 투자신탁 업무와 관련하여 제189조제3항부터 제6항까지의 규정을 위반한 경우

190. 제190조제3항 및 제7항(제201조제3항, 제210조제3항, 제215조제4항, 제217조5제4항, 제220조제4항 또는 제226조제4항에서 준용하는 경우를 포함한다)을 위반하여 집합투자자총회를 소집하지 아니한 경우

191. 제190조제4항(제210조제3항, 제215조제4항, 제217조의5제4항, 제220조제4항 또는 제226조제4항에서 준용하는 경우를 포함한다)에서 준용하는 「상법」 제363조제1항 또는 제2항을 위반한 경우

192. 제190조제9항(제201조제3항, 제210조제3항, 제215조제4항, 제217조의5제4항, 제220조제4항 또는 제226조제4항에서 준용하는 경우를 포함한다)을 위반하여 집합투자자총회를 개최한 경우

193. 제190조제10항(제210조제3항, 제215조제4항, 제217조의5제4항, 제220조제4항 또는 제226조제4항에서 준용하는 경우를 포함한다)에서 준용하는 「상법」 제364조 또는 제373조를 위반한 경우

194. 수익증권 등의 매수청구와 관련하여 제191조제2항부터 제4항(제201조제4항에서 준용하는 경우를 포함한다)까지의 규정을 위반한 경우

195. 제192조제1항을 위반하여 승인을 받지 아니하고 투자신탁을 해지하거나 거짓, 그 밖의 부정한 방법으로 승인을 받은 경우

196. 제192조제1항 단서에 따라 보고를 하지 아니하거나 거짓으로 보고한 경우

197. 제192조제2항을 위반하여 투자신탁을 해지하지 아니한 경우 또는 같은 항 각 호 외의 부분 후단에 따른 보고를 하지 아니하거나 거짓으로 보고한 경우
198. 투자신탁의 해지와 관련하여 제192조제3항부터 제5항까지의 규정을 위반한 경우
199. 제193조제2항을 위반하여 수익자총회의 결의를 거치지 아니하고 투자신탁을 합병한 경우
200. 제193조제3항에서 준용하는 「상법」 제527조의5제1항 또는 제3항을 위반한 경우
201. 제193조제4항 각 호 외의 부분 전단{제204조제3항(제211조제2항 또는 제216조제3항에서 준용하는 경우를 포함한다)에서 준용하는 경우를 포함한다}을 위반하여 서류를 비치하지 아니한 경우
202. 제193조제4항 각 호 외의 부분 후단{제204조제3항(제211조제2항 또는 제216조제3항에서 준용하는 경우를 포함한다)에서 준용하는 경우를 포함한다}에 따른 열람 또는 교부 청구에 응하지 아니한 경우
203. 제193조제5항[제204조제3항(제211조제2항 또는 제216조제3항에서 준용하는 경우를 포함한다)에서 준용하는 경우를 포함한다}에 따른 보고를 하지 아니하거나 거짓으로 보고한 경우
204. 제193조제8항{제204조제3항(제211조제2항 또는 제216조제3항에서 준용하는 경우를 포함한다)에서 준용하는 경우를 포함한다}을 위반하여 합병한 경우
205. 집합투자기구의 정관·조합계약 또는 익명조합계약 작성 등에 관하여 제194조제2항, 제207조제1항, 제213조제1항, 제217조의2제1항, 제218조제1항 또는 제224조제1항을 위반한 경우
206. 투자회사의 설립 등에 관하여 제194조제6항 또는 제8항부터 제11항까지의 규정을 위반한 경우
207. 제194조제7항(제196조제6항에서 준용하는 경우를 포함한다)을 위반하여 금전 외의 자산으로 납입한 경우
208. 투자회사등의 법인이사·업무집행사원·업무집행자·업무집행조합원 또는 투자익명조합의 영업자가 제207조제2항·제4항, 제213조제2항·제4항,

제217조의2제2항·제4항, 제218조제2항 또는 제224조제2항을 위반하여 금전 외의 자산을 납입받거나 출자받은 경우

209. 투자회사등의 법인이사·업무집행사원·업무집행자 또는 업무집행조합원이 제195조제1항(제211조제1항, 제216조제1항, 제217조의6제1항, 제222조제1항 또는 제227조제1항에서 준용하는 경우를 포함한다)을 위반하여 정관, 그 밖의 집합투자규약을 변경한 경우

210. 투자회사등의 법인이사·업무집행사원·업무집행자 또는 업무집행조합원이 제195조제3항(제211조제1항, 제216조제1항, 제217조의6제1항, 제222조제1항 또는 제227조제1항에서 준용하는 경우를 포함한다)에 따른 공시 또는 통지를 하지 아니하거나 거짓으로 공시 또는 통지한 경우

211. 투자회사등의 법인이사·업무집행사원·업무집행자 또는 업무집행조합원이 신주의 발행 등과 관련하여 제196조제2항부터 제5항{제208조제3항(제216조제2항, 제217조의3제3항, 제222조제2항 또는 제227조제2항에서 준용하는 경우를 포함한다)에서 준용하는 경우를 포함한다}까지의 규정을 위반한 경우

212. 투자회사의 법인이사가 제197조제2항에 따른 감독이사 선임의무를 위반한 경우

213. 제198조제2항을 위반하여 이사회 결의를 거치지 아니한 경우

214. 제198조제3항을 위반하여 이사회에 보고하지 아니하거나 거짓으로 보고한 경우

215. 제199조제3항을 위반하여 보고의 요구에 불응한 경우

216. 투자회사의 법인이사가 이사회 소집에 관하여 제200조제2항을 위반한 경우

217. 투자회사의 법인이사가 제200조제4항을 위반하여 이사를 선임하기 위한 주주총회를 즉시 소집하지 아니한 경우

218. 투자회사·투자유한회사·투자합자회사·투자유한책임회사의 청산인인 법인이사, 업무집행사원 또는 업무집행자가 제202조제1항(제211조제2항, 제216조제3항 또는 제217조의6제2항에서 준용하는 경우를 포함한다)에 따른 보고를 하지 아니하거나 거짓으로 보고한 경우

219. 투자회사등의 청산인인 법인이사·업무집행사원·업무집행자·업무집행조합원 또는 투자익명조합의 영업자가 투자회사등 및 투자익명조합의 청산과 관련하여 제203조제1항{제211조제2항, 제216조제3항, 제217조의6제2항 또는 제221조제6항(제227조제3항에서 준용하는 경우를 포함한다)에서 준용하는 경우를 포함한다} 또는 제3항부터 제7항{제211조제2항, 제216조제3항, 제217조의6제2항 또는 제221조제6항(제227조제3항에서 준용하는 경우를 포함한다)에서 준용하는 경우를 포함한다}까지의 규정을 위반한 경우

220. 투자회사·투자유한회사·투자합자회사·투자유한책임회사의 법인이사 또는 업무집행사원·업무집행자가 제204조제1항(제211조제2항, 제216조제3항 또는 제217조의6제2항에서 준용하는 경우를 포함한다) 또는 제2항(제211조제2항 또는 제216조제3항에서 준용하는 경우를 포함한다)을 위반하여 합병한 경우

221. 투자유한회사의 법인이사, 투자합자회사의 업무집행사원, 투자유한책임회사의 업무집행자, 투자합자조합의 업무집행조합원 또는 투자익명조합의 영업자가 제207조제5항, 제213조제5항, 제217조의2제5항, 제218조제3항 또는 제224조제3항을 위반하여 사원·조합원 또는 익명조합원을 가입시킨 경우

222. 투자유한회사의 법인이사, 투자합자회사의 업무집행사원, 투자유한책임회사의 업무집행자, 투자합자조합의 업무집행조합원 또는 투자익명조합의 영업자가 제208조제2항(제216조제2항, 제217조의3제2항, 제222조제2항 또는 제227조제2항에서 준용하는 경우를 포함한다)을 위반하여 지분증권을 발행한 경우

223. 투자합자회사의 업무집행사원 또는 투자합자조합의 업무집행조합원이 제217조제5항 또는 제223조제4항을 위반하여 손실을 배분한 경우

224. 투자합자조합·투자익명조합의 청산인인 업무집행조합원 또는 영업자가 해산 및 청산과 관련하여 제221조제1항(제227조제3항에서 준용하는 경우를 포함한다) 또는 제5항(제227조제3항에서 준용하는 경우를 포함한다)을 위반한 경우

225. 투자신탁이나 투자익명조합의 집합투자업자 또는 투자회사등의 법인

이사·업무집행사원·업무집행자·업무집행조합원이 제230조제2항을 위반하여 집합투자증권을 추가로 발행한 경우

226. 투자신탁의 집합투자업자 또는 투자회사의 법인이사가 제230조제3항을 위반하여 집합투자증권을 증권시장에 상장하지 아니한 경우

227. 제230조제5항을 위반하여 환매금지형집합투자기구로 설정·설립하지 아니한 경우

228. 종류형집합투자기구에 관하여 제231조제3항을 위반한 경우

229. 전환형집합투자기구에 관하여 제232조를 위반한 경우

230. 모자형집합투자기구에 관하여 제233조제1항 또는 제3항을 위반한 경우

231. 상장지수집합투자기구에 관하여 제234조제4항을 위반한 경우

232. 제235조제3항을 위반하여 환매에 응할 것을 요구하지 아니한 경우

233. 투자신탁이나 투자익명조합의 집합투자업자 또는 투자회사등의 법인이사·업무집행사원·업무집행자·업무집행조합원이 환매대금의 지급에 관하여 제235조제4항 또는 제5항을 위반한 경우

234. 제235조제6항을 위반하여 집합투자증권을 자기의 계산으로 취득하거나 타인에게 취득하게 한 경우

235. 투자신탁이나 투자익명조합의 집합투자업자·신탁업자 또는 투자회사등의 법인이사·업무집행사원·업무집행자·업무집행조합원이 제235조제7항을 위반하여 집합투자증권을 소각하지 아니한 경우

236. 투자신탁이나 투자익명조합의 집합투자업자 또는 투자회사등의 법인이사·업무집행사원·업무집행자·업무집행조합원이 제236조를 위반하여 집합투자증권을 환매한 경우

237. 투자신탁이나 투자익명조합의 집합투자업자 또는 투자회사등의 법인이사·업무집행사원·업무집행자·업무집행조합원이 집합투자증권 환매의 연기 및 별도의 집합투자기구 설정·설립에 관하여 제237조제1항부터 제7항까지의 규정을 위반한 경우

238. 투자신탁이나 투자익명조합의 집합투자업자 또는 투자회사등의 법인이사·업무집행사원·업무집행자·업무집행조합원이 제237조제8항 각 호의 어느 하나에 해당하지 아니함에도 환매청구에 응하지 아니한 경우

239. 투자신탁이나 투자익명조합의 집합투자업자 또는 투자회사등의 법인이사·업무집행사원·업무집행자·업무집행조합원이 집합투자재산의 평가 및 기준가격의 산정 등에 관하여 제238조제1항부터 제4항까지 또는 제6항을 위반한 경우
240. 제238조제5항에 따른 확인을 하지 아니한 경우
241. 투자신탁이나 투자익명조합의 집합투자업자 또는 투자회사등의 법인이사·업무집행사원·업무집행자·업무집행조합원이 제238조제7항을 위반하여 집합투자증권의 기준가격을 공고·게시하지 아니하거나 거짓으로 공고·게시한 경우
242. 투자신탁이나 투자익명조합의 집합투자업자 또는 투자회사등의 법인이사·업무집행사원·업무집행자·업무집행조합원이 제238조제8항에 따른 위탁명령을 위반한 경우
243. 투자신탁이나 투자익명조합의 집합투자업자 또는 투자회사등의 법인이사·업무집행사원·업무집행자·업무집행조합원이 결산서류의 작성·비치·보존 등에 관하여 제239조제1항부터 제4항까지 또는 제6항을 위반한 경우
244. 투자신탁이나 투자익명조합의 집합투자업자, 투자회사등의 법인이사·업무집행사원·업무집행자·업무집행조합원 또는 해당 집합투자증권을 판매한 투자매매업자·투자중개업자가 제239조제5항에 따른 열람 또는 교부 청구에 응하지 아니한 경우
245. 투자신탁이나 투자익명조합의 집합투자업자 또는 투자회사등의 법인이사·업무집행사원·업무집행자·업무집행조합원이 제240조제1항을 위반하여 회계처리를 한 경우
246. 투자신탁이나 투자익명조합의 집합투자업자 또는 투자회사등의 법인이사·업무집행사원·업무집행자·업무집행조합원이 제240조제3항을 위반하여 회계감사를 받지 아니한 경우
247. 투자신탁이나 투자익명조합의 집합투자업자 또는 투자회사등의 법인이사·업무집행사원·업무집행자·업무집행조합원이 제240조제4항에 따른 통지 또는 보고를 하지 아니하거나 거짓으로 통지 또는 보고한 경우

248. 第240조第7항을 위반하여 자료제출요구에 불응한 경우
249. 투자신탁이나 투자익명조합의 집합투자업자 또는 투자회사등의 법인이사·업무집행사원·업무집행자·업무집행조합원이 회계감사인의 선임기준 등에 관하여 第240조第10항을 위반한 경우
250. 투자신탁이나 투자익명조합의 집합투자업자 또는 투자회사등의 법인이사·업무집행사원·업무집행자·업무집행조합원이 第242조를 위반하여 이익금을 분배하거나 유보한 경우
251. 삭제 <2015.7.24.>
252. 第246조第1항을 위반하여 집합투자재산의 보관·관리업무를 위탁하거나 위탁받은 경우
253. 第246조第2항을 위반하여 집합투자재산을 구분하여 관리하지 아니한 경우
254. 第246조第3항을 위반하여 예탁하지 아니한 경우
255. 第246조第4항을 위반하여 집합투자업자의 지시를 각각의 집합투자기구별로 이행하지 아니한 경우
255의2. 第246조第5항 및 第6항을 위반하여 거래한 경우
255의3. 第246조第7항을 위반하여 정보를 이용한 경우
256. 집합투자재산의 운용행위 감시 등에 관하여 第247조를 위반한 경우
257. 第248조第1항 또는 第3항을 위반하여 자산보관·관리보고서를 투자자에게 제공하지 아니하거나 거짓으로 작성하여 제공한 경우
258. 第248조第2항을 위반하여 자산보관·관리보고서를 제출하지 아니하거나 거짓으로 작성하여 제출한 경우
259. 第249조를 위반하여 전문사모집합투자업 등록을 하지 아니하고 전문사모집합투자업을 영위한 경우
259의2. 第249조의2를 위반하여 적격투자자가 아닌 자에게 전문투자형 사모집합투자기구의 집합투자증권을 발행한 경우
259의3. 第249조의3第1항부터 第3항까지에 따른 전문사모투자업의 등록을 하지 아니하거나 거짓, 그 밖의 부정한 방법으로 등록을 한 경우
259의4. 第249조의4第1항에 따른 확인을 하지 아니한 경우

260. 제249조의6제1항의 요건을 위반하여 전문투자형 사모집합투자기구를 설정·설립한 경우

260의2. 제249조의6제2항에 따른 보고 또는 같은 조 제4항에 따른 변경보고를 하지 아니하거나 거짓으로 보고한 경우

260의3. 제249조의7제1항에 따른 비율을 초과하여 운용한 경우

260의4. 제249조의7제2항의 각 호에 해당하는 행위를 한 경우

260의5. 제249조의7제3항에 따른 보고 또는 같은 조 제4항에 따른 보고를 하지 아니하거나 거짓으로 보고한 경우

260의6. 제249조의8제2항을 위반하여 집합투자증권을 적격투자자가 아닌 자에게 양도한 경우

260의7. 자산의 납입에 관하여 제249조의8제3항을 위반한 경우

260의8. 제249조의9제1항에 따른 전문투자형 사모집합투자기구의 해지·해산명령을 따르지 아니한 경우

260의9. 제249조의10제4항에 따른 보고 또는 같은 조 제6항에 따른 변경보고를 하지 아니한 경우

261. 제250조제1항 또는 제251조제1항을 위반하여 집합투자업을 영위한 경우

262. 집합투자재산운용위원회의 설치·운영 등에 관하여 제250조제2항을 위반한 경우

263. 제250조제3항(제251조제2항 또는 제341조제1항에서 준용하는 경우를 포함한다)을 위반하여 같은 항 각 호의 어느 하나에 해당하는 행위를 한 경우

264. 제250조제4항(제251조제2항에서 준용하는 경우를 포함한다) 또는 제5항(제251조제2항 또는 제341조제1항에서 준용하는 경우를 포함한다)을 위반하여 집합투자재산에 관한 정보를 이용한 경우

265. 제250조제6항(제251조제2항 또는 제341조제1항에서 준용하는 경우를 포함한다)을 위반하여 같은 항 각 호의 어느 하나에 해당하는 행위를 한 경우

266. 제250조제7항, 제251조제3항 또는 제341조제2항을 위반하여 임원을 두지 아니하거나 임직원에게 겸직하게 한 경우 또는 이해상충방지체

계를 갖추지 아니한 경우

267. 투자회사등의 법인이사, 업무집행사원, 업무집행자 또는 업무집행조합원이 제252조제1항에 따른 명령을 위반한 경우

268. 제254조제1항, 제258조제1항, 제263조제1항 또는 제365조제1항을 위반하여 등록을 하지 아니하고 해당 업무를 영위한 경우

269. 삭제 <2015.7.24.>

270. 제279조제1항에 따른 등록 없이 외국 집합투자증권을 판매한 경우

271. 거짓, 그 밖의 부정한 방법으로 제279조제1항에 따른 등록을 하거나 제279조제3항에서 준용하는 제182조제8항에 따른 변경등록을 한 경우

272. 제279조제3항에서 준용하는 제182조제8항에 따른 변경등록을 하지 아니한 경우

273. 제280조제1항을 위반하여 투자매매업자 또는 투자중개업자를 통하지 아니하고 외국 집합투자증권을 국내에서 판매한 경우

274. 제280조제2항을 위반하여 같은 항에 따라 자산운용보고서를 제공하지 아니한 경우 또는 거짓으로 작성하거나 그 기재사항을 누락하고 작성하여 제공한 경우

275. 제280조제3항을 위반하여 열람 또는 교부 청구에 응하지 아니한 경우

276. 제280조제4항을 위반하여 외국 집합투자증권의 기준가격을 공고·게시하지 아니하거나 거짓으로 공고·게시한 경우

277. 외국 집합투자증권의 국내 판매와 관련한 판매방법·보고서 제공 등에 관하여 제280조제5항을 위반한 경우

278. 제281조제1항에 따른 명령을 위반한 경우

279. 제282조제1항에 따라 등록이 취소된 후 그 취소된 외국 집합투자증권을 판매한 경우

280. 제284조, 제295조, 제325조, 제338조, 제356조 또는 제379조를 위반하여 해당 각 조에 규정된 명칭 또는 이와 유사한 명칭을 사용한 경우

281. 제298조를 위반하여 업무를 영위한 경우

282. 제310조제1항에 따른 투자자계좌부를 작성·비치하지 아니하거나 거짓으로 작성한 경우

283. 제310조제2항을 위반하여 예탁하지 아니한 경우
284. 제310조제3항을 위반하여 구분하여 보관하지 아니한 경우
285. 제313조를 위반하여 부족분을 보전하지 아니한 경우
286. 삭제 <2013.5.28>
287. 제315조제3항·제4항을 위반하여 예탁결제원에 통지·통보를 하지 아니하거나 거짓으로 통지·통보한 경우
288. 제316조제1항에 따른 실질주주명부를 작성·비치하지 아니하거나 거짓으로 작성한 경우
289. 제322조제1항(같은 조 제4항 후단 또는 제5항에서 준용하는 경우를 포함한다)에 따른 증권등 취급규정을 위반한 경우
290. 제322조제3항(같은 조 제4항 후단 또는 제5항에서 준용하는 경우를 포함한다)에 따른 자료제출요구에 불응한 경우
291. 제322조제4항 전단에 따른 승인을 받지 아니하고 증권등 취급규정에 따른 용지를 사용한 경우
292. 제323조제1항 또는 제2항에 따른 통지를 하지 아니하거나 거짓으로 통지한 경우
292의2. 제323조의2, 제323조의21, 제335조의2 및 제373조를 위반하여 허가 또는 인가(변경허가 또는 변경인가를 포함한다)를 받지 아니하고 해당 업무를 영위한 경우
292의3. 제323조의18을 위반하여 금융투자상품거래청산회사의 주식을 소유한 경우
292의4. 제323조의18 후단에서 준용하는 제406조제3항을 위반하여 의결권을 행사한 경우
292의5. 제323조의18 후단에서 준용하는 제406조제4항에 따른 처분명령을 위반한 경우
293. 제335조제1항, 제360조제1항 또는 제370조제1항을 위반하여 허가 또는 인가(변경허가 또는 변경인가를 포함한다)를 받지 아니하고 해당 업무를 영위한 경우
293의2. 제335조의13제1항을 위반하여 의결권을 행사한 경우
293의3. 제335조의13제2항에 따른 처분명령을 위반한 경우

294. 삭제 <2013.5.28>
295. 제406조제1항을 위반하여 거래소 주식을 소유한 경우
296. 제406조제3항을 위반하여 의결권을 행사한 경우
297. 제406조제4항에 따른 처분명령을 위반한 경우
298. 제416조에 따른 금융위원회의 명령을 위반한 경우
299. 제417조제1항에 따른 승인을 받지 아니하고 같은 항 각 호(겸영금융투자업자의 경우에는 제4호부터 제7호까지에 한한다)의 어느 하나에 해당하는 행위를 한 경우
300. 제418조를 위반하여 보고를 하지 아니하거나 거짓으로 보고한 경우
301. 제419조제1항(제252조제2항 또는 제281조제2항에서 준용하는 경우를 포함한다)에 따른 검사를 거부·방해 또는 기피한 경우
302. 제419조제5항(제252조제2항 또는 제281조제2항에서 준용하는 경우를 포함한다)에 따른 보고 등의 요구에 불응한 경우
303. 제420조제3항제2호·제4호·제7호, 제422조제1항제1호 또는 같은 조 제2항에 따른 조치를 위반한 경우
304. 제421조제2항(같은 조 제4항에서 준용하는 경우를 포함한다)에 따른 보고를 하지 아니하거나 거짓으로 보고한 경우
305. 제424조제4항을 위반하여 그 내용을 기록·유지 또는 관리하지 아니한 경우
306. 제426조제1항에 따른 보고 또는 자료의 제출명령을 위반하거나 조사를 거부·방해 또는 기피한 경우
307. 제426조제2항에 따른 요구에 불응한 경우
308. 제426조제3항에 따른 조치에 불응한 경우
309. 제426조제4항에 따른 자료제출요구에 불응한 경우
310. 제427조제1항에 따른 심문이나 압수·수색에 불응한 경우
311. 제435조제5항을 위반하여 신고자등에게 불리한 대우를 한 경우
312. 그 밖에 투자자 보호 또는 건전한 거래질서를 해할 우려가 있는 경우로서 대통령령으로 정하는 경우

■[별표 2] 자본시장과 금융투자업에 관한 법률 <개정 2015.7.24.>

# 투자회사등에 대한 처분 사유

(제253조제1항제7호·제2항 관련)

1. 자산운용의 지시·실행 등과 관련하여 제80조를 위반한 경우
2. 제81조제1항, 제83조 또는 제84조를 위반하여 집합투자재산을 운용한 경우
3. 제82조 또는 제186조제1항을 위반하여 집합투자증권을 취득하거나 질권의 목적으로 받은 경우
4. 제85조를 위반하여 같은 조 각 호의 어느 하나에 해당하는 행위를 한 경우
5. 제86조를 위반하여 성과보수를 받은 경우
6. 제87조제2항부터 제5항(제186조제2항에서 준용하는 경우를 포함한다)까지의 규정을 위반하여 의결권을 행사한 경우
7. 제87조제6항(제186조제2항에서 준용하는 경우를 포함한다)에 따른 처분명령을 위반한 경우
8. 제87조제7항(제186조제2항에서 준용하는 경우를 포함한다)을 위반하여 기록·유지하지 아니하거나 거짓의 기록을 한 경우
9. 제87조제8항(제186조제2항에서 준용하는 경우를 포함한다) 또는 제9항(제186조제2항에서 준용하는 경우를 포함한다)에 따른 공시를 하지 아니하거나 거짓으로 공시한 경우
10. 제88조를 위반하여 같은 조에 따라 자산운용보고서를 제공하지 아니한 경우 또는 거짓으로 작성하거나 그 기재사항을 누락하고 작성하여 제공한 경우
11. 제89조(제186조제2항에서 준용하는 경우를 포함한다)에 따른 공시를 하지 아니하거나 거짓으로 공시한 경우
12. 제90조제1항(제186조제2항에서 준용하는 경우를 포함한다) 또는 제2항(제186조제2항에서 준용하는 경우를 포함한다)을 위반하여 영업보고서나 결산서류를 제출하지 아니하거나 거짓으로 작성하여 제출한

경우

13. 제91조제1항(제186조제2항에서 준용하는 경우를 포함한다)을 위반하여 열람 또는 교부 청구에 응하지 아니한 경우
14. 제91조제3항(제186조제2항에서 준용하는 경우를 포함한다)을 위반하여 집합투자규약을 공시하지 아니하거나 거짓으로 공시한 경우
15. 제92조(제186조제2항에서 준용하는 경우를 포함한다)를 위반하여 투자매매업자 또는 투자중개업자에게 즉시 통지하지 아니한 경우
16. 제93조제1항 전단에 따른 공시를 하지 아니하거나 거짓으로 공시한 경우
17. 제93조제1항 후단을 위반하여 투자설명서에 위험에 관한 지표의 개요 및 위험에 관한 지표가 공시된다는 사실을 기재하지 아니한 경우
18. 제93조제2항에 따른 신고를 하지 아니하거나 거짓으로 신고한 경우
19. 제94조제1항 또는 제2항을 위반하여 금전을 차입하거나 대여한 경우
20. 제94조제3항을 위반하여 실사보고서를 작성·비치하지 아니하거나 거짓으로 작성·비치한 경우
21. 제94조제4항을 위반하여 사업계획서를 공시하지 아니하거나 감정평가업자의 확인을 받지 아니하고 공시한 경우
22. 제183조제1항을 위반하여 집합투자기구의 종류를 표시하는 문자를 사용하지 아니한 경우
23. 집합투자기구의 업무수행에 관하여 제184조를 위반한 경우
24. 제187조제1항을 위반하여 자료를 기록·유지하지 아니하거나 거짓의 기록 또는 유지를 한 경우
25. 제187조제2항에 따른 대책을 수립·시행하지 아니한 경우
26. 집합투자기구의 정관이나 조합계약 작성 등에 관하여 제194조제2항, 제207조제1항, 제213조제1항, 제217조의2제1항 또는 제218조제1항을 위반한 경우
27. 제194조제7항(제196조제6항에서 준용하는 경우를 포함한다), 제207조제2항·제4항, 제213조제2항 · 제4항, 제217조의2제2항 · 제4항 또는 제218조제2항을 위반하여 금전 외의 자산으로 납입받거나 출자받은 경우

28. 제194조제11항을 위반하여 같은 항 각 호의 어느 하나에 해당하도록 투자회사의 정관을 변경한 경우
29. 제195조제1항(제211조제1항, 제216조제1항, 제217조의6제1항 전단 또는 제222조제1항에서 준용하는 경우를 포함한다)을 위반하여 정관, 그 밖의 집합투자규약을 변경한 경우
30. 제195조제3항(제211조제1항, 제216조제1항, 제217조의6제1항 전단 또는 제222조제1항에서 준용하는 경우를 포함한다)에 따른 공시 또는 통지를 하지 아니하거나 거짓으로 공시 또는 통지한 경우
31. 지분증권의 발행과 관련하여 제196조제2항부터 제5항{제208조제3항(제216조제2항, 제217조의3제3항 또는 제222조제2항에서 준용하는 경우를 포함한다)에서 준용하는 경우를 포함한다}까지의 규정을 위반한 경우
32. 제197조제2항을 위반하여 이사를 선임하지 아니한 경우
33. 제198조제2항을 위반하여 이사회 결의를 거치지 아니한 경우
34. 제198조제3항을 위반하여 이사회에 보고하지 아니하거나 거짓으로 보고한 경우
35. 제199조제4항을 위반하여 같은 항 각 호의 어느 하나에 해당하는 자를 감독이사로 선임한 경우
36. 이사회 소집에 관하여 제200조제2항을 위반한 경우
37. 이사회 결의 등과 관련하여 제200조제3항부터 제5항까지의 규정을 위반한 경우
38. 제201조제3항, 제210조제3항, 제215조제4항, 제217조의5제4항 및 제220조제4항에서 준용하는 제190조제3항 또는 제7항 후단을 위반하여 집합투자자총회를 소집하지 아니한 경우
39. 주식의 매수청구와 관련하여 제201조제4항에서 준용하는 제191조제2항부터 제4항까지의 규정을 위반한 경우
40. 제202조제1항(제211조제2항, 제216조제3항 또는 제217조의6제2항에서 준용하는 경우를 포함한다)에 따른 보고를 하지 아니하거나 거짓으로 보고한 경우
41. 집합투자기구의 청산과 관련하여 제203조(제211조제2항, 제216조제3

항, 제217조의6제2항 또는 제221조제6항에서 준용하는 경우를 포함한다)를 위반한 경우

42. 제204조제1항(제211조제2항, 제216조제3항 또는 제217조의6제2항에서 준용하는 경우를 포함한다) 또는 제2항(제211조제2항, 제216조제3항 또는 제217조의6제2항에서 준용하는 경우를 포함한다)을 위반하여 합병한 경우
43. 집합투자기구의 합병과 관련하여 제204조제3항(제211조제2항, 제216조제3항 또는 제217조의6제2항에서 준용하는 경우를 포함한다)에서 준용하는 제193조제4항·제5항 또는 제8항을 위반한 경우
44. 제207조제5항, 제213조제5항, 제217조의2제5항 또는 제218조제3항을 위반하여 사원 또는 조합원을 가입시킨 경우
45. 제208조제2항(제216조제2항, 제217조의3제2항 또는 제222조제2항에서 준용하는 경우를 포함한다)을 위반하여 지분증권을 발행한 경우
46. 제217조제5항 또는 제223조제4항을 위반하여 손실을 배분한 경우
47. 투자합자조합의 해산 및 청산과 관련하여 제221조제1항 또는 제5항을 위반한 경우
48. 제230조제2항을 위반하여 집합투자증권을 추가로 발행한 경우
49. 제230조제3항을 위반하여 집합투자증권을 증권시장에 상장하지 아니한 경우
50. 제230조제5항을 위반하여 환매금지형집합투자기구로 설정·설립하지 아니한 경우
51. 종류형집합투자기구에 관하여 제231조제3항을 위반한 경우
52. 전환형집합투자기구에 관하여 제232조를 위반한 경우
53. 모자형집합투자기구에 관하여 제233조제1항 또는 제3항을 위반한 경우
54. 상장지수집합투자기구에 관하여 제234조제4항을 위반한 경우
55. 환매대금의 지급에 관하여 제235조제4항 또는 제5항을 위반한 경우
56. 제235조제6항을 위반하여 집합투자증권을 자기의 계산으로 취득하거나 타인에게 취득하게 한 경우
57. 제235조제7항을 위반하여 집합투자증권을 소각하지 아니한 경우
58. 제236조를 위반하여 집합투자증권을 환매한 경우

59. 집합투자증권 환매의 연기 및 별도의 집합투자기구 설정·설립에 관하여 제237조제1항부터 제7항까지의 규정을 위반한 경우
60. 제237조제8항 각 호의 어느 하나에 해당하지 아니함에도 환매청구에 응하지 아니한 경우
61. 집합투자재산의 평가 및 기준가격의 산정 등에 관하여 제238조제1항부터 제4항까지 또는 제6항을 위반한 경우
62. 제238조제7항을 위반하여 집합투자증권의 기준가격을 공고·게시하지 아니하거나 거짓으로 공고·게시한 경우
63. 제238조제8항에 따른 위탁명령을 위반한 경우
64. 결산서류의 작성·비치·보존 등에 관하여 제239조제1항부터 제4항까지 또는 제6항을 위반한 경우
65. 제239조제5항에 따른 열람 또는 교부 청구에 응하지 아니한 경우
66. 제240조제1항을 위반하여 회계처리를 한 경우
67. 제240조제3항을 위반하여 회계감사를 받지 아니한 경우
68. 제240조제4항에 따른 통지 또는 보고를 하지 아니하거나 거짓으로 통지 또는 보고한 경우
69. 제240조제7항을 위반하여 자료제출요구에 불응한 경우
70. 회계감사인의 선임기준 등에 관하여 제240조제10항을 위반한 경우
71. 제242조를 위반하여 이익금을 분배하거나 유보한 경우
72. 삭제 <2015.7.24.>
73. 제246조제1항을 위반하여 집합투자재산의 보관·관리업무를 위탁한 경우
74. 제247조제2항을 위반하여 시정을 요구하지 아니한 경우
75. 제247조제3항 본문에 따른 보고 또는 공시를 하지 아니하거나 거짓으로 보고 또는 공시한 경우
76. 제247조제6항을 위반하여 자료제출요구에 불응한 경우
77. 제249조의2를 위반하여 적격투자자가 아닌 자에게 전문투자형 사모집합투자기구의 집합투자증권을 발행한 경우
78. 자산의 납입에 관하여 제249조의8제3항을 위반한 경우
78의2. 제249조의8제2항을 위반하여 집합투자증권을 적격투자자가 아닌

자에게 양도한 경우
78의3. 제249조의6제1항의 요건을 갖추지 아니하고 전문투자형 사모집합투자기구를 설정·설립한 경우
78의4. 제249조의6제2항에 따른 보고 또는 같은 조 제4항에 따른 변경보고를 하지 아니하거나 거짓으로 보고한 경우
78의5. 제249조의7제1항을 위반하여 파생상품 투자, 금전차입, 채무보증 및 담보제공을 한 경우
78의6. 제249조의7제2항의 각 호에 해당하는 행위를 한 경우
78의7. 제249조의7제3항에 따른 보고 또는 같은 조 제4항에 따른 보고를 하지 아니하거나 거짓으로 보고한 경우
78의8. 제249조의9제3항제1호 또는 제2호의 경우
78의9. 제249조의9제2항제2호·제4호·제7호 또는 제253조제2항제2호·제4호·제7호에 따른 조치를 위반한 경우
78의10. 제249조의9제3항 또는 제253조에 따른 해임요구에 불응한 경우
79. 제252조제1항에 따른 명령을 위반한 경우
80. 제252조제2항에서 준용하는 제419조제1항에 따른 검사를 거부·방해 또는 기피한 경우
81. 제252조제2항에서 준용하는 제419조제5항에 따른 보고 등의 요구에 불응한 경우
82. 삭제 <2015.7.24.>
83. 제253조제5항에서 준용하는 제424조제4항을 위반하여 그 내용을 기록·유지 또는 관리하지 아니한 경우
84. 제426조제1항에 따른 보고 또는 자료의 제출명령을 위반하거나 조사를 거부·방해 또는 기피한 경우
85. 제426조제2항에 따른 요구에 불응한 경우
86. 제426조제3항에 따른 조치에 불응한 경우
87. 제426조제4항에 따른 자료제출 요구에 불응한 경우
88. 제427조제1항에 따른 심문이나 압수·수색에 불응한 경우
89. 그 밖에 투자자 보호 또는 건전한 거래질서를 해할 우려가 있는 경우로서 대통령령으로 정하는 경우

■[별표 3] 자본시장과 금융투자업에 관한 법률 <개정 2008.2.29>

# 일반사무관리회사 및 그 임직원에 대한 처분 사유

(제257조제1항부터 제4항까지의 규정 관련)

1. 거짓, 그 밖의 부정한 방법으로 제254조제1항에 따른 등록을 한 경우
2. 제184조제6항에 따라 위탁받은 업무를 수행하지 아니하거나 법령을 위반하여 업무를 수행한 경우
3. 제254조제8항에 따른 등록요건 유지의무를 위반한 경우
4. 업무의 위탁과 관련하여 제255조에서 준용하는 제42조제1항부터 제8항까지 또는 제10항을 위반한 경우
5. 제255조에서 준용하는 제54조를 위반하여 자기 또는 제삼자의 이익을 위하여 정보를 이용한 경우
6. 제255조에서 준용하는 제60조를 위반하여 자료를 기록·유지하지 아니하거나 거짓으로 기록·유지한 경우
7. 제256조제1항에 따른 명령을 위반한 경우
8. 제256조제2항에서 준용하는 제419조제1항에 따른 검사를 거부·방해 또는 기피한 경우
9. 제256조제2항에서 준용하는 제419조제5항에 따른 보고 등의 요구에 불응한 경우
10. 제257조제2항제1호에 따른 업무의 정지기간 중에 업무를 한 경우
11. 제257조제2항제3호에 따른 금융위원회의 시정명령 또는 중지명령을 이행하지 아니한 경우
12. 제257조제2항제2호·제4호·제7호, 같은 조 제3항제1호 또는 같은 조 제4항에 따른 조치를 위반한 경우
13. 제257조제5항에서 준용하는 제424조제4항을 위반하여 그 내용을 기록·유지 또는 관리하지 아니한 경우
14. 제426조제1항에 따른 보고 또는 자료의 제출명령을 위반하거나 조사를 거부·방해 또는 기피한 경우

15. 제426조제2항에 따른 요구에 불응한 경우
16. 제426조제3항에 따른 조치에 불응한 경우
17. 제427조제1항에 따른 심문이나 압수·수색에 불응한 경우
18. 제435조제5항을 위반하여 신고자등에게 불리한 대우를 한 경우
19. 그 밖에 투자자 보호 또는 건전한 거래질서를 해할 우려가 있는 경우로서 대통령령으로 정하는 경우

■[별표 4] 자본시장과 금융투자업에 관한 법률 <개정 2008.2.29>

# 집합투자기구평가회사 및 그 임직원에 대한 처분 사유

(제262조제1항부터 제4항까지의 규정 관련)

1. 거짓, 그 밖의 부정한 방법으로 제258조제1항에 따른 등록을 한 경우
2. 제258조제8항에 따른 등록요건 유지의무를 위반한 경우
3. 제259조제1항에 따른 영업행위준칙을 제정하지 아니하거나 영업행위준칙을 위반한 경우
4. 제260조에서 준용하는 제54조를 위반하여 자기 또는 제삼자의 이익을 위하여 정보를 이용한 경우
5. 제260조에서 준용하는 제60조를 위반하여 자료를 기록·유지하지 아니한 경우
6. 제261조제1항에 따른 명령을 위반한 경우
7. 제261조제2항에서 준용하는 제419조제1항에 따른 검사를 거부·방해 또는 기피한 경우
8. 제261조제2항에서 준용하는 제419조제5항에 따른 보고 등의 요구에 불응한 경우
9. 제262조제2항제1호에 따른 업무의 정지 기간 중에 업무를 한 경우
10. 제262조제2항제2호·제4호·제7호, 같은 조 제3항제1호 또는 같은 조 제4항에 따른 조치를 위반한 경우
11. 제262조제2항제3호에 따른 금융위원회의 시정명령 또는 중지명령을 이행하지 아니한 경우
12. 제262조제5항에서 준용하는 제424조제4항을 위반하여 기록·유지 또는 관리하지 아니한 경우
13. 제426조제1항에 따른 보고 또는 자료의 제출명령을 위반하거나 조사를 거부·방해 또는 기피한 경우
14. 제426조제2항에 따른 요구에 불응한 경우
15. 제426조제3항에 따른 조치에 불응한 경우

16. 제427조제1항에 따른 심문이나 압수·수색에 불응한 경우
17. 제435조제5항을 위반하여 신고자등에게 불리한 대우를 한 경우
18. 그 밖에 투자자 보호 또는 건전한 거래질서를 해할 우려가 있는 경우로서 대통령령으로 정하는 경우

■[별표 5] 자본시장과 금융투자업에 관한 법률 <개정 2008.2.29>

# 채권평가회사 및 그 임직원에 대한 처분 사유

(제267조제1항부터 제4항까지의 규정 관련)

1. 거짓, 그 밖의 부정한 방법으로 제263조제1항에 따른 등록을 한 경우
2. 제263조제8항에 따른 등록요건 유지의무를 위반한 경우
3. 제264조제1항에 따른 업무준칙을 제정하지 아니하거나 업무준칙을 위반한 경우
4. 제264조제2항에 따른 증권평가기준을 공시하지 아니하거나 거짓으로 공시한 경우
5. 제265조에서 준용하는 제54조를 위반하여 자기 또는 제삼자의 이익을 위하여 정보를 이용한 경우
6. 제265조에서 준용하는 제60조를 위반하여 자료를 기록·유지하지 아니한 경우
7. 제266조제1항에 따른 명령을 위반한 경우
8. 제266조제2항에서 준용하는 제419조제1항에 따른 검사를 거부·방해 또는 기피한 경우
9. 제266조제2항에서 준용하는 제419조제5항에 따른 보고 등의 요구에 불응한 경우
10. 제267조제2항제1호에 따른 업무의 정지 기간 중에 업무를 한 경우
11. 제267조제2항제2호·제4호·제7호, 같은 조 제3항제1호 또는 같은 조 제4항에 따른 조치를 위반한 경우
12. 제267조제2항제3호에 따른 금융위원회의 시정명령 또는 중지명령을 이행하지 아니한 경우
13. 제267조제5항에서 준용하는 제424조제4항을 위반하여 그 내용을 기록·유지 또는 관리하지 아니한 경우
14. 제426조제1항에 따른 보고 또는 자료의 제출명령을 위반하거나 조사를 거부·방해 또는 기피한 경우
15. 제426조제2항에 따른 요구에 불응한 경우

16. 제426조제3항에 따른 조치에 불응한 경우
17. 제427조제1항에 따른 심문이나 압수·수색에 불응한 경우
18. 제435조제5항을 위반하여 신고자등에게 불리한 대우를 한 경우
19. 그 밖에 투자자 보호 또는 건전한 거래질서를 해할 우려가 있는 경우로서 대통령령으로 정하는 경우

■[별표 6] 자본시장과 금융투자업에 관한 법률 <개정 2016.12.20.>

# 경영참여형 사모집합투자기구 및 그 업무집행사원에 대한 처분 사유

(제249조의21제1항제4호·제2항·제3항 관련)

1. 제252조제1항에 따른 명령을 위반한 경우
2. 제252조제2항에서 준용하는 제419조제1항에 따른 검사를 거부·방해 또는 기피한 경우
3. 제252조제2항에서 준용하는 제419조제5항에 따른 보고 등의 요구에 불응한 경우
4. 정관의 작성에 관하여 제249조의10제1항을 위반한 경우

4의2. 제249조의10제2항에 따라 등기하지 아니한 경우

4의3. 제249조의10제3항의 요건을 갖추지 아니한 경우

4의4. 제249조의10제4항에 따른 보고 또는 같은 조 제6항에 따른 변경보고를 하지 아니하거나 거짓으로 보고한 경우

5. 제249조의11제1항을 위반하여 사원을 가입시킨 경우
6. 제249조의11제4항을 위반하여 유한책임사원이 의결권 행사 및 업무집행사원의 업무에 관여한 경우
7. 제249조의11제5항을 위반하여 금전 외의 자산을 출자한 경우
8. 제249조의11제6항을 위반하여 유한책임사원을 가입시킨 경우

8의2. 제249조의11제8항을 위반하여 보고하지 아니하거나 거짓으로 보고한 경우

9. 제249조의12제1항부터 제5항까지 및 제7항을 위반하여 경영참여형 사모집합투자기구의 집합투자재산을 운용한 경우

9의2. 제249조의12제6항 또는 제9항을 위반하여 보고하지 아니하거나 거짓으로 보고한 경우

9의3. 제249조의13제3항을 위반하여 차입 또는 채무보증을 하는 경우

10. 업무집행사원과 관련한 제249조의14제1항 또는 제2항을 위반한 경우
11. 제249조의14제6항을 위반하여 같은 항 각 호의 어느 하나에 해당하는

행위를 한 경우

12. 제249조의14제7항 전단에 따른 행위준칙을 제정하지 아니한 경우
13. 제249조의14제7항 전단에 따른 행위준칙의 제정 또는 변경 보고를 하지 아니하거나 거짓으로 보고한 경우
14. 제249조의14제7항 후단에 따른 변경명령 또는 보완명령을 위반한 경우
15. 제249조의14제8항을 위반하여 재무제표 등의 제공 및 설명의무를 위반한 경우 또는 재무제표 등의 제공 및 설명사실에 관한 내용의 기록·유지의무를 위반한 경우

15의2. 제249조의15제1항을 위반하여 금융위원회에 등록을 하지 아니하고 경영참여형 사모집합투자기구의 집합투자재산의 운용업무를 영위한 경우

15의3. 거짓, 그 밖의 부정한 방법으로 제249조의15제1항에 따른 등록을 한 경우

15의4. 제249조의15제6항에 따른 등록유지요건을 갖추지 못한 경우

15의5. 제249조의16제1항을 위반하여 이해관계인과 거래행위를 한 경우

15의6. 제249조의16제2항을 위반하여 신탁업자에게 통보하지 아니하거나 거짓으로 통보한 경우

15의7. 제249조의16제3항 또는 제4항을 위반하여 증권을 취득한 경우

16. 제249조의17제1항부터 제3항까지 및 제5항을 위반하여 지분을 양도한 경우
17. 제249조의17제4항을 위반하여 다른 회사와 합병한 경우
18. 제249조의18제1항을 위반하여 지분증권을 처분하지 아니하거나, 같은 조 제3항을 위반하여 지분증권을 취득한 경우
19. 제249조의18제4항을 위반하여 지분증권을 취득하거나 소유한 경우
20. 제249조의19제2항을 위반하여 보고를 하지 아니하거나 거짓으로 보고한 경우
21. 제249조의21제2항제2호·제4호·제7호, 같은 조 제3항제1호(가목으로 한정한다)·제2호(가목으로 한정한다)·제3호에 따른 조치를 따르지 아니한 경우

21의2. 제249조의22제2항을 위반하여 기업재무안정 경영참여형 사모집합투자기구를 운용한 경우

21의3. 제249조의22제4항에 따른 한도를 위반하여 차입 및 채무보증을 한 경우

21의4. 제249조의22제6항을 위반하여 지분증권을 처분한 경우

21의5. 제249조의23제2항을 위반하여 창업·벤처전문 경영참여형 사모집합투자기구를 운용한 경우

21의6. 제249조의23제5항을 위반하여 보고를 하지 아니하거나 거짓으로 보고한 경우

22. 제249조의21제4항에서 준용하는 제424조제4항을 위반하여 그 내용을 기록·유지 또는 관리하지 아니한 경우

23. 제426조제1항에 따른 보고 또는 자료의 제출명령을 위반하거나 조사를 거부·방해 또는 기피한 경우

24. 제426조제2항에 따른 요구에 불응한 경우

25. 제426조제3항에 따른 조치에 불응한 경우

26. 제427조제1항에 따른 심문이나 압수·수색에 불응한 경우

27. 그 밖에 투자자 보호 또는 건전한 거래질서를 해할 우려가 있는 경우로서 대통령령으로 정하는 경우

■[별표 7] 자본시장과 금융투자업에 관한 법률 <개정 2015.7.31.>

# 협회 및 그 임직원에 대한 처분 사유

(제293조제1항부터 제3항까지의 규정 관련)

1. 제56조제4항에 따른 신고 또는 보고를 하지 아니한 경우
2. 제56조제6항에 따른 변경명령을 위반한 경우
3. 제58조제4항 또는 제90조제4항에 따른 공시를 하지 아니하거나 거짓으로 공시한 경우
4. 제286조제1항 각 호 외의 업무를 영위한 경우 또는 같은 조 제2항을 위반한 경우
5. 제287조제2항을 위반하여 승인을 받지 아니한 경우
6. 임원의 자격에 관하여 제289조에서 준용하는 「금융회사의 지배구조에 관한 법률」 제5조를 위반한 경우
7. 제289조에서 준용하는 제54조를 위반하여 자기 또는 제삼자의 이익을 위하여 정보를 이용한 경우
8. 임직원의 금융투자상품 매매와 관련하여 제289조에서 준용하는 제63조를 위반한 경우
9. 제289조에서 준용하는 제413조(제286조제1항제4호의 업무에 한한다)에 따른 조치를 이행하지 아니한 경우
10. 제290조에 따른 보고를 하지 아니한 경우
11. 제292조에서 준용하는 제419조제1항에 따른 검사를 거부·방해 또는 기피한 경우
12. 제292조에서 준용하는 제419조제5항에 따른 보고 등의 요구에 불응한 경우
13. 제293조제1항제2호부터 제4호까지·제7호, 같은 조 제2항제1호 또는 같은 조 제3항에 따른 조치를 위반한 경우
14. 제293조제4항에서 준용하는 제424조제4항을 위반하여 그 내용을 기록·유시 또는 관리하지 아니한 경우
15. 제414조제2항에 따른 심의를 거치지 아니한 경우

16. 제426조제1항에 따른 보고 또는 자료의 제출명령을 위반하거나 조사를 거부·방해 또는 기피한 경우
17. 제426조제2항에 따른 요구에 불응한 경우
18. 제426조제3항에 따른 조치에 불응한 경우
19. 제426조제4항에 따른 자료제출요구에 불응한 경우
20. 제427조제1항에 따른 심문이나 압수·수색에 불응한 경우
21. 제435조제5항을 위반하여 신고자등에게 불리한 대우를 한 경우
22. 그 밖에 투자자 보호 또는 건전한 거래질서를 해할 우려가 있는 경우로서 대통령령으로 정하는 경우

■[별표 8] 자본시장과 금융투자업에 관한 법률 <개정 2016.3.22.>

# 예탁결제원 및 그 임직원에 대한 처분 사유

(제307조제1항부터 제3항까지의 규정 관련)

1. 제117조의14제3항 또는 제189조제8항을 위반하여 정보를 타인에게 제공한 경우
2. 삭제 <2016.3.22.>
3. 제296조제1항 각 호, 제2항 각 호 및 제3항 각 호 외의 업무를 영위한 경우
4. 제299조제2항에 따른 승인을 받지 아니하고 정관을 변경한 경우
5. 제301조제2항을 위반하여 승인을 받지 아니한 경우
6. 임원의 자격에 관하여 제301조제4항에서 준용하는 「금융회사의 지배구조에 관한 법률」 제5조를 위반한 경우
7. 제301조제5항을 위반하여 자금의 공여, 손익의 분배, 그 밖에 영업에 관하여 특별한 이해관계를 가진 경우
8. 제304조에서 준용하는 제54조, 제63조, 제408조, 제413조(제296조제1항제1호·제2호·제4호의 업무에 한한다) 또는 「금융실명거래 및 비밀보장에 관한 법률」 제4조제1항 또는 제3항부터 제5항까지의 규정을 위반한 경우
9. 제305조제1항을 위반하여 승인을 받지 아니한 경우
10. 제305조제3항을 위반하여 보고를 하지 아니한 경우
11. 제306조에서 준용하는 제419조제1항에 따른 검사를 거부·방해 또는 기피한 경우
12. 제306조에서 준용하는 제419조제5항에 따른 보고 등의 요구에 불응한 경우
13. 제307조제1항제2호부터 제4호까지·제7호, 같은 조 제2항제1호 또는 같은 조 제3항에 따른 조치를 위반한 경우
14. 제307조제4항에서 준용하는 제424조제4항을 위반하여 그 내용을 기록·유지 또는 관리하지 아니한 경우

15. 제309조제3항에 따른 예탁자계좌부를 작성·비치하지 아니하거나 거짓으로 작성한 경우
16. 제312조제3항에 따른 기준 및 방법을 위반한 경우
17. 제313조제1항을 위반하여 부족분을 보전하지 아니한 경우
18. 삭제 <2013.5.28>
19. 제315조제3항 또는 제318조제2항에 따른 통지를 하지 아니한 경우
20. 삭제 <2016. 3. 22.>
21. 제323조제3항을 위반하여 공표하지 아니한 경우
22. 제414조제2항에 따른 심의를 거치지 아니한 경우
23. 제426조제1항에 따른 보고 또는 자료의 제출명령을 위반하거나 조사를 거부·방해 또는 기피한 경우
24. 제426조제2항에 따른 요구에 불응한 경우
25. 제426조제3항에 따른 조치에 불응한 경우
26. 제426조제4항에 따른 자료제출요구에 불응한 경우
27. 제427조제1항에 따른 심문이나 압수·수색에 불응한 경우
28. 제435조제5항을 위반하여 신고자등에게 불리한 대우를 한 경우
29. 그 밖에 투자자 보호 또는 건전한 거래질서를 해할 우려가 있는 경우로서 대통령령으로 정하는 경우

■[별표 8의2] 자본시장과 금융투자업에 관한 법률 <개정 2015.7.31.>

# 금융투자상품거래청산회사 및 그 임직원에 대한 처분사유

(제323조의20제1항부터 제4항까지의 규정 관련)

1. 거짓, 그 밖의 부정한 방법으로 제323조의3제1항에 따른 인가를 받거나 제323조의5에 따른 예비인가를 받은 경우
2. 제323조의9제1항을 위반하여 청산대상업자의 임직원을 상근임원으로 선임한 경우 또는 같은 조 제2항에서 준용하는 「금융회사의 지배구조에 관한 법률」 제5조를 위반한 경우
3. 제323조의9제3항을 위반하여 자금의 공여, 손익의 분배, 그 밖에 영업에 관하여 특별한 이해관계를 가진 경우
4. 제323조의10제1항 각 호 및 제2항 각 호 외의 업무를 영위한 경우
5. 제323조의11을 위반하여 승인을 받지 아니하고 정관 또는 청산업무규정을 변경한 경우
6. 제323조의12를 위반하여 특정한 청산대상업자를 차별적으로 대우한 경우
7. 제323조의14제2항을 위반하여 손해배상공동기금을 구분하여 적립하지 아니한 경우
8. 제323조의16제1항을 위반하여 거래정보를 보관·관리하지 아니한 경우
9. 제323조의16제2항을 위반하여 보고를 하지 아니하거나 거짓으로 보고한 경우
10. 제323조의17에서 준용하는 제54조, 제63조, 제383조제1항, 제408조, 제413조 및 「금융실명거래 및 비밀보장에 관한 법률」 제4조를 위반한 경우
11. 제323조의19에서 준용하는 제419조(제2항부터 제4항까지 및 제8항은 제외한다)에 따른 검사를 거부·방해 또는 기피한 경우
12. 그 밖에 투자자 보호 또는 건전한 거래질서를 해할 우려가 있는 경우로서 대통령령으로 정하는 경우

■[별표 9] 자본시장과 금융투자업에 관한 법률 <개정 2015.7.31.>

# 증권금융회사 및 그 임직원에 대한 처분 사유

(제335조제1항제6호·제2항부터 제4항까지의 규정 관련)

1. 제74조제6항을 위반하여 투자자예탁금을 우선하여 지급하지 아니한 경우
2. 제74조제7항 또는 제8항을 위반하여 투자자예탁금을 운용하거나 관리한 경우
3. 제326조제1항 각 호, 제2항 각 호 및 제3항 각 호 외의 업무를 영위한 경우
4. 제327조제1항을 위반하여 금융투자업자의 임직원을 상근임원으로 선임한 경우 또는 같은 조 제2항에서 준용하는 「금융회사의 지배구조에 관한 법률」 제5조를 위반한 경우
5. 제327조제3항을 위반하여 자금의 공여, 손익의 분배, 그 밖에 영업에 관하여 특별한 이해관계를 가진 경우

5의2. 제328조에서 준용하는 「금융회사의 지배구조에 관한 법률」 제31조제1항을 위반하여 승인을 받지 아니하고 주식을 취득한 경우

5의3. 제328조에서 준용하는 「금융회사의 지배구조에 관한 법률」 제31조제3항에 따른 처분명령을 위반하여 주식을 처분하지 아니한 경우

5의4. 제328조에서 준용하는 「금융회사의 지배구조에 관한 법률」 제31조제4항을 위반하여 의결권을 행사한 경우

6. 제328조에서 준용하는 제54조를 위반하여 자기 또는 제삼자의 이익을 위하여 정보를 이용한 경우
7. 임직원의 금융투자상품 매매와 관련하여 제328조에서 준용하는 제63조를 위반한 경우
8. 제329조제1항을 위반하여 사채를 발행한 경우
9. 제329조제2항 후단을 위반하여 같은 조 제1항의 한도에 적합하도록 하지 아니한 경우
10. 제330조제1항을 위반하여 자금의 예탁을 받은 경우
11. 제331조제1항에 따른 금융위원회의 명령을 위반한 경우

12. 제331조제2항에 따라 감독업무를 위탁받은 금융위원회의 명령을 위반한 경우
13. 제331조제3항 후단에 따른 경영지도기준을 위반한 경우
14. 제332조제1항에 따른 승인을 받지 아니하고 업무를 폐지하거나 해산한 경우
15. 제333조를 위반하여 보고를 하지 아니한 경우
16. 제334조에서 준용하는 제419조제1항에 따른 검사를 거부·방해 또는 기피한 경우
17. 제334조에서 준용하는 제419조제5항에 따른 보고 등의 요구에 불응한 경우
18. 제335조제2항제2호·제4호·제7호, 같은 조 제3항제1호 또는 같은 조 제4항에 따른 조치를 위반한 경우
19. 제335조제5항에서 준용하는 제424조제4항을 위반하여 그 내용을 기록·유지 또는 관리하지 아니한 경우
20. 제426조제1항에 따른 보고 또는 자료의 제출명령을 위반하거나 조사를 거부·방해 또는 기피한 경우
21. 제426조제2항에 따른 요구에 불응한 경우
22. 제426조제3항에 따른 조치에 불응한 경우
23. 제426조제4항에 따른 자료제출요구에 불응한 경우
24. 제427조제1항에 따른 심문이나 압수·수색에 불응한 경우
25. 제435조제5항을 위반하여 신고자등에게 불리한 대우를 한 경우
26. 그 밖에 투자자 보호 또는 건전한 거래질서를 해할 우려가 있는 경우로서 대통령령으로 정하는 경우

■[별표 9의2] 자본시장과 금융투자업에 관한 법률 <개정 2015.7.31.>

## 신용평가회사 및 그 임직원에 대한 처분사유

(제335조의15제1항부터 제4항까지의 규정 관련)

1. 거짓, 그 밖의 부정한 방법으로 제335조의3제1항에 따른 인가를 받거나 제335조의5에 따른 예비인가를 받은 경우
2. 임원의 자격에 관하여 제335조의8제1항에서 준용하는 「금융회사의 지배구조에 관한 법률」 제5조를 위반한 경우
3. 제335조의8을 위반하여 신용평가내부통제기준 및 준법감시인에 관한 의무를 이행하지 아니하거나 준법감시인에 대하여 인사상의 불이익을 주는 경우
4. 제335조의10제3항을 위반하여 신고하지 아니한 경우
5. 제335조의11제1항 또는 제2항을 위반하여 신용평가를 한 경우
6. 제335조의11제3항을 위반하여 다음 각 목의 어느 하나에 해당하는 행위를 한 경우

   가. 신용평가서를 작성하지 아니한 경우

   나. 신용평가서에 기재하여야 할 사항 중 중요사항에 관하여 거짓의 기재 또는 표시를 하거나 중대한 과실로 사실과 다른 내용을 기재 또는 표시한 경우

   다. 신용평가서에 기재하여야 할 사항 중 중요사항에 관하여 중요사항을 기재 또는 표시하지 아니한 경우
7. 제335조의11제4항을 위반하여 신용평가실적서등을 제공하지 아니한 경우
8. 제335조의11제6항을 위반하여 비밀을 누설하거나 이용한 경우
9. 제335조의11제7항제1호를 위반하여 신용평가회사와 특수한 관계에 있는 자와 관련된 신용평가를 한 경우
10. 제335조의11제7항제2호를 위반하여 신용평가회사 또는 그 계열회사의 상품이나 서비스를 구매하거나 이용하도록 강요한 경우
11. 제335조의12제1항을 위반하여 서류를 제출하지 아니하거나 거짓으로 작성하여 제출한 경우
12. 제335조의12제2항을 위반하여 신용평가서를 제출하지 아니하거나 거

짓으로 작성하여 제출한 경우

13. 제335조의14에서 준용하는 제33조(제2항부터 제4항까지는 제외한다), 제63조(금융투자상품의 신용평가를 담당하는 임직원으로 한정한다), 제417조제1항 및 제418조의 규정을 위반한 경우
14. 그 밖에 투자자 보호 또는 건전한 거래질서를 해할 우려가 있는 경우로서 대통령령으로 정하는 경우

■[별표 10] 자본시장과 금융투자업에 관한 법률 <개정 2015.7.31.>

# 종합금융회사 및 그 임직원에 대한 처분 사유

(제354조제1항제4호·제2항부터 제4항까지의 규정 관련)

1. 제336조제1항 각 호 및 제2항 각 호 외의 업무를 영위한 경우
2. 제337조에 따른 인가를 받지 아니하고 지점등을 설치한 경우
3. 제339조제1항을 위반하여 인가를 받지 아니하고 업무를 폐지하거나 해산한 경우
4. 제339조제2항을 위반하여 보고를 하지 아니하거나 거짓으로 보고한 경우 또는 신고를 하지 아니하고 같은 항 제3호에 해당하는 행위를 한 경우
5. 제340조제1항을 위반하여 채권을 발행한 경우
6. 제341조제1항에서 준용하는 제250조제3항(제1호 및 제2호에 한한다), 제5항 또는 제6항을 위반한 경우
7. 제341조제2항을 위반하여 임원을 두지 아니하거나 임직원에게 겸직하게 한 경우 또는 이해상충방지체계를 갖추지 아니한 경우
8. 제342조제1항부터 제4항까지의 규정을 위반하여 신용공여를 한 경우
9. 제342조제6항을 위반하여 신용공여 한도에 적합하도록 하지 아니한 경우
10. 제343조제1항부터 제7항까지의 규정을 위반하여 대주주에게 신용공여를 하거나 대주주가 발행한 주식을 취득한 경우
11. 제343조제8항에 따른 자료의 제출명령을 위반한 경우
12. 제343조제9항에 따른 조치를 위반한 경우
13. 제344조를 위반하여 증권에 투자한 경우
14. 제345조제1항을 위반하여 같은 항 각 호의 어느 하나에 해당하는 행위를 한 경우
15. 제345조제2항 또는 제3항을 위반하여 의결권을 행사하거나 신용공여를 한 경우
16. 제345조제4항에 따른 조치를 위반한 경우
17. 제346조를 위반하여 지급준비자산을 보유하지 아니한 경우
18. 제347조제1항 또는 제2항을 위반하여 부동산을 취득하거나 소유한 경우

19. 第347条第3항을 위반하여 부동산을 처분하지 아니한 경우
20. 삭제 <2015.7.31.>
21. 第350条에서 준용하는 第31条第1항・第4항, 第32条, 第33条, 第35条, 第36条, 第416조 또는 第418条(第4호부터 第9호까지에 한한다)를 위반한 경우
22. 第353조에서 준용하는 第419조第1항에 따른 검사를 거부·방해 또는 기피한 경우
23. 第353条에서 준용하는 第419조第5항에 따른 보고 등의 요구에 불응한 경우
24. 第354조第2항第2호·第4호·第7호, 같은 조 第3항第1호 또는 같은 조 第4항에 따른 조치를 위반한 경우
25. 第354조第5항에서 준용하는 第424조第4항을 위반하여 그 내용을 기록·유지 또는 관리하지 아니한 경우
26. 第426조第1항에 따른 보고 또는 자료의 제출명령을 위반하거나 조사를 거부·방해 또는 기피한 경우
27. 第426조第2항에 따른 요구에 불응한 경우
28. 第426조第3항에 따른 조치에 불응한 경우
29. 第427조第4항에 따른 자료제출요구에 불응한 경우
30. 第427조第1항에 따른 심문이나 압수·수색에 불응한 경우
31. 第435조第5항을 위반하여 신고자등에게 불리한 대우를 한 경우
32. 그 밖에 투자자 보호 또는 건전한 거래질서를 해할 우려가 있는 경우로서 대통령령으로 정하는 경우

■[별표 11] 자본시장과 금융투자업에 관한 법률 <개정 2015.7.31.>

# 자금중개회사 및 그 임직원에 대한 처분 사유

(제359조제1항제6호·제2항부터 제4항까지의 규정 관련)

1. 제357조제1항을 위반하여 금융투자업을 영위한 경우
2. 제357조제2항에서 준용하는 제31조제1항을 위반하여 경영건전성기준을 준수하지 아니한 경우
3. 제357조제2항에서 준용하는 제31조제4항에 따른 명령을 위반한 경우
4. 제357조제2항에서 준용하는 제32조를 위반하여 회계처리를 한 경우
5. 제357조제2항에서 준용하는 제33조제1항을 위반하여 업무보고서를 제출하지 아니하거나 거짓으로 작성하여 제출한 경우
6. 제357조제2항에서 준용하는 제33조제2항을 위반하여 공시서류를 비치 또는 공시하지 아니하거나 거짓으로 작성하여 비치 또는 공시한 경우
7. 제357조제2항에서 준용하는 제33조제3항을 위반하여 보고 또는 공시를 하지 아니하거나 거짓으로 보고 또는 공시한 경우
8. 제357조제2항에서 준용하는 제339조제1항을 위반하여 인가를 받지 아니하고 업무를 폐지하거나 해산한 경우
9. 제357조제2항에서 준용하는 제339조제2항(제3호를 제외한다)을 위반하여 보고를 하지 아니하거나 거짓으로 보고한 경우
10. 제357조제4항에 따른 승인을 받지 아니하고 다른 영리법인의 상시적인 업무에 종사한 경우
11. 제357조제2항에서 준용하는 제416조에 따른 명령을 위반한 경우
12. 제358조에서 준용하는 제419조제1항에 따른 검사를 거부·방해 또는 기피한 경우
13. 제358조에서 준용하는 제419조제5항에 따른 보고 등의 요구에 불응한 경우
14. 제359조제2항제2호·제4호·제7호, 같은 조 제3항제1호 또는 같은 조 제4항에 따른 조치를 위반한 경우
15. 제359조제5항에서 준용하는 제424조제4항을 위반하여 그 내용을 기

록·유지 또는 관리하지 아니한 경우

16. 제426조제1항에 따른 보고 또는 자료의 제출명령을 위반하거나 조사를 거부·방해 또는 기피한 경우
17. 제426조제2항에 따른 요구에 불응한 경우
18. 제426조제3항에 따른 조치에 불응한 경우
19. 제426조제4항에 따른 자료제출요구에 불응한 경우
20. 제427조제1항에 따른 심문이나 압수·수색에 불응한 경우
21. 제435조제5항을 위반하여 신고자등에게 불리한 대우를 한 경우
22. 그 밖에 투자자 보호 또는 건전한 거래질서를 해할 우려가 있는 경우로서 대통령령으로 정하는 경우

■[별표 12] 자본시장과 금융투자업에 관한 법률

# 단기금융회사 및 그 임직원에 대한 처분 사유

(제364조제1항제6호·제2항부터 제4항까지의 규정 관련)

1. 제361조에서 준용하는 제33조제1항을 위반하여 업무보고서를 제출하지 아니하거나 거짓으로 작성하여 제출한 경우
2. 제361조에서 준용하는 제33조제2항을 위반하여 공시서류를 비치 또는 공시하지 아니하거나 거짓으로 작성하여 비치 또는 공시한 경우
3. 제361조에서 준용하는 제33조제3항을 위반하여 보고 또는 공시를 하지 아니하거나 거짓으로 보고 또는 공시한 경우
4. 제361조에서 준용하는 제339조제1항을 위반하여 인가를 받지 아니하고 업무를 폐지하거나 해산한 경우
5. 제361조에서 준용하는 제339조제2항(제1호 및 제3호를 제외한다)을 위반하여 보고를 하지 아니하거나 거짓으로 보고한 경우
6. 제361조에서 준용하는 제342조제1항부터 제4항까지의 규정을 위반하여 신용공여를 한 경우
7. 제361조에서 준용하는 제342조제6항을 위반하여 신용공여 한도에 적합하도록 하지 아니한 경우
8. 제361조에서 준용하는 제416조에 따른 명령을 위반한 경우
9. 제363조에서 준용하는 제419조제1항에 따른 검사를 거부·방해 또는 기피한 경우
10. 제363조에서 준용하는 제419조제5항에 따른 보고 등의 요구에 불응한 경우
11. 제364조제2항제2호·제4호·제7호, 같은 조 제3항제1호 또는 같은 조 제4항에 따른 조치를 위반한 경우
12. 제364조제5항에서 준용하는 제424조제4항을 위반하여 그 내용을 기록·유지 또는 관리하지 아니한 경우
13. 제426조제1항에 따른 보고 또는 자료의 제출명령을 위반하거나 조사를 거부·방해 또는 기피한 경우

14. 제426조제2항에 따른 요구에 불응한 경우
15. 제426조제3항에 따른 조치에 불응한 경우
16. 제426조제4항에 따른 자료제출요구에 불응한 경우
17. 제427조제1항에 따른 심문이나 압수·수색에 불응한 경우
18. 제435조제5항을 위반하여 신고자등에게 불리한 대우를 한 경우
19. 그 밖에 투자자 보호 또는 건전한 거래질서를 해할 우려가 있는 경우로서 대통령령으로 정하는 경우

■[별표 13] 자본시장과 금융투자업에 관한 법률

## 명의개서대행회사 및 그 임직원에 대한 처분 사유

(제369조제1항제5호·제2항부터 제4항까지의 규정 관련)

1. 제316조제1항에 따른 실질주주명부를 작성·비치하지 아니하거나 거짓으로 작성한 경우
2. 제322조제1항에 따른 증권등 취급규정에 따르지 아니한 경우
3. 제322조제3항에 따른 자료제출요구에 불응한 경우
4. 제322조제3항에 따른 확인을 거부·방해 또는 기피한 경우
5. 제367조에서 준용하는 제54조를 위반하여 자기 또는 제삼자의 이익을 위하여 정보를 이용한 경우
6. 임직원의 금융투자상품 매매와 관련하여 제367조에서 준용하는 제63조를 위반한 경우
7. 제367조에서 준용하는 제416조에 따른 명령을 위반한 경우
8. 제368조에서 준용하는 제419조제1항에 따른 검사를 거부·방해 또는 기피한 경우
9. 제368조에서 준용하는 제419조제5항에 따른 보고 등의 요구에 불응한 경우
10. 제369조제2항제2호·제4호·제7호, 같은 조 제3항제1호 또는 같은 조 제4항에 따른 조치를 위반한 경우
11. 제369조제5항에서 준용하는 제424조제4항을 위반하여 그 내용을 기록·유지 또는 관리하지 아니한 경우
12. 제426조제1항에 따른 보고 또는 자료의 제출명령을 위반하거나 조사를 거부·방해 또는 기피한 경우
13. 제426조제2항에 따른 요구에 불응한 경우
14. 제426조제3항에 따른 조치에 불응한 경우
15. 제426조제4항에 따른 자료제출요구에 불응한 경우
16. 제427조제1항에 따른 심문이나 압수·수색에 불응한 경우
17. 제435조제5항을 위반하여 신고자등에게 불리한 대우를 한 경우

18. 그 밖에 투자자 보호 또는 건전한 거래질서를 해할 우려가 있는 경우로서 대통령령으로 정하는 경우

■[별표 14] 자본시장과 금융투자업에 관한 법률 <개정 2015.7.31.>

# 거래소 및 그 임직원에 대한 처분 사유

(제411조제1항부터 제3항까지의 규정 관련)

1. 거짓, 그 밖의 부정한 방법으로 제373조의2에 따른 허가 또는 제373조의4에 따른 예비허가를 받은 경우

1의2. 제376조제2항에 따른 승인을 받지 아니하고 정관을 변경한 경우

2. 제377조제1항 각 호 및 제2항 각 호 외의 업무를 영위한 경우

3. 임원의 선임 등과 관련하여 제380조제3항·제5항 또는 제6항을 위반한 경우

4. 이사회의 구성 및 소위원회의 설치 등과 관련하여 제381조를 위반한 경우

5. 제382조제1항에서 준용하는 「금융회사의 지배구조에 관한 법률」 제5조를 위반하여 임원을 선임한 경우 또는 제382조제2항에서 준용하는 「금융회사의 지배구조에 관한 법률」 제6조제1항(제1호는 제외한다) 및 제2항을 위반하여 사외이사를 선임한 경우

5의2. 제382조제3항을 위반하여 둘 이상의 거래소의 임원의 지위를 겸직하는 경우

6. 제383조제1항을 위반하여 비밀을 누설하거나 이용한 경우

7. 제383조제2항을 위반하여 자금의 공여, 손익의 분배, 그 밖에 영업에 관하여 특별한 이해관계를 가진 경우

8. 임직원의 금융투자상품 매매와 관련하여 제383조제3항에서 준용하는 제63조를 위반한 경우

9. 제384조제1항을 위반하여 감사위원회를 설치하지 아니한 경우

10. 제384조제2항부터 제5항까지의 규정을 위반한 경우

11. 제385조제1항을 위반하여 후보추천위원회를 두지 아니한 경우

12. 제394조제2항을 위반하여 공동기금을 구분하여 적립하지 아니한 경우

13. 제395조제2항을 위반하여 채권을 회원보증금과 상계한 경우

14. 제401조를 위반하여 시세를 공표하지 아니한 경우

15. 제408조 또는 제409조제1항을 위반하여 승인을 받지 아니한 경우
16. 제409조제2항에 따른 보고를 하지 아니한 경우
17. 제410조제1항에 따른 보고 등의 명령을 위반하거나 검사를 거부·방해 또는 기피한 경우
18. 제411조제1항제2호부터 제4호까지·제7호, 같은 조 제2항제1호 또는 같은 조 제3항에 따른 조치를 위반한 경우
19. 제411조제4항에서 준용하는 제424조제4항을 위반하여 그 내용을 기록·유지 또는 관리하지 아니한 경우
20. 제412조제1항을 위반하여 승인을 받지 아니한 경우
21. 제413조에 따른 조치를 이행하지 아니한 경우
22. 제414조제2항에 따른 심의를 거치지 아니한 경우
23. 제426조제1항에 따른 보고 또는 자료의 제출명령을 위반하거나 조사를 거부·방해 또는 기피한 경우
24. 제426조제2항에 따른 요구에 불응한 경우
25. 제426조제3항에 따른 조치에 불응한 경우
26. 제426조제4항에 따른 자료제출요구에 불응한 경우
27. 제426조제6항에 따른 통보를 하지 아니한 경우
28. 제427조제1항에 따른 심문이나 압수·수색에 불응한 경우
29. 제435조제5항을 위반하여 신고자등에게 불리한 대우를 한 경우
30. 그 밖에 투자자 보호 또는 건전한 시장질서를 해할 우려가 있는 경우로서 대통령령으로 정하는 경우

■[별표 15] 자본시장과 금융투자업에 관한 법률 <개정 2015.7.24.>

# 금융위원회의 처분 사유

(제426조제5항 관련)

1. 제43조제2항 각 호(제4호를 제외한다)의 어느 하나에 해당하는 경우
2. 제53조제2항 각 호의 어느 하나에 해당하는 경우
3. 제253조제1항 각 호(제7호를 제외한다) 또는 제3항 각 호의 어느 하나에 해당하는 경우
4. 제249조의21제1항 각 호(제4호는 제외한다)의 어느 하나에 해당하는 경우
5. 제282조제1항 각 호의 어느 하나에 해당하는 경우

5의2. 제323조의20제1항 각 호(제6호는 제외한다)의 어느 하나에 해당하는 경우

6. 제335조제1항 각 호(제6호를 제외한다)의 어느 하나에 해당하는 경우

6의2. 제335조의15제1항 각 호(제6호는 제외한다)의 어느 하나에 해당하는 경우

7. 제354조제1항 각 호(제4호를 제외한다)의 어느 하나에 해당하는 경우
8. 제359조제1항 각 호(제6호를 제외한다)의 어느 하나에 해당하는 경우
9. 제364조제1항 각 호(제6호를 제외한다)의 어느 하나에 해당하는 경우
10. 제369조제1항 각 호(제5호를 제외한다)의 어느 하나에 해당하는 경우
11. 제420조제1항 각 호(제6호를 제외한다)의 어느 하나에 해당하는 경우
12. 별표 1부터 별표 8까지, 별표 8의2, 별표 9, 별표 9의2 및 별표 10부터 별표 14까지의 규정 각 호의 어느 하나에 해당하는 경우
13. 그 밖에 투자자 보호 또는 건전한 거래질서를 해할 우려가 있는 경우로서 대통령령으로 정하는 경우

# 자본시장법과 분쟁해결방법

초판 1쇄 인쇄 2021년 01월 05일
초판 1쇄 발행 2021년 01월 10일

편 저 대한법률편찬연구회
발행인 김현호
발행처 법문북스
공급처 법률미디어

주소 서울 구로구 경인로 54길4(구로동 636-62)
전화 02)2636-2911~2, 팩스 02)2636-3012
홈페이지 www.lawb.co.kr
등록일자 1979년 8월 27일
등록번호 제5-22호

ISBN 978-89-7535-888-3
정가 24000 원



이 도서의 국립중앙도서관 출판예정도서목록(CIP)은 서지정보유통지원시스템 홈페이지(http://seoji.nl.go.kr)와 국가자료종합목록 구축시스템(http://kolis-net.nl.go.kr)에서 이용하실 수 있습니다.

자본시장법의 시행으로 증권사·자산운용사·선물회사의 겸영 허용, 금융투자상품의 범위가 열거주의에서 포괄주의로 변화되는 등 규제가 많이 완화되었습니다. 또 투자자 보호 차원에서 투자상품에 대한 설명의무를 의무화했고, 고객 수준에 맞는 투자위험상품을 추천하도록 하는 등의 적합성 원칙을 명문화하기도 하였습니다.

자본시장법은 총 6개의 법을 통합한 법인만큼, 내용이 방대하고 일반인이 이해하기 어려운 부분이 많습니다. 따라서 이 책은 자본시장법의 내용을 일반인이 이해하기 쉽도록 최대한 간략하게 설명하도록 노력하였습니다. 그리고 관련 판례와 질의응답을 추가하여 이론적인 내용에 대한 이해를 쉽도록 하였습니다.

ISBN 978-89-7535-888-3

24,000